Endlich Familienzeit

IN UND UM

MÜNCHEN

44 FAMILIENFREUNDLICHE FREIZEITERLEBNISSE

IN UND UM
MÜNCHEN
44 FAMILIENFREUNDLICHE FREIZEITERLEBNISSE

Endlich
Familie

Inhalt

Tourenübersicht

Übersichtskarte

Endlich... geht es los!

Packliste

Verhaltenskodex

Endlich Feierabend

Endlich Erfrischung & Endlich Fahrtwind

Endlich aufs Wasser & Endlich Sonne

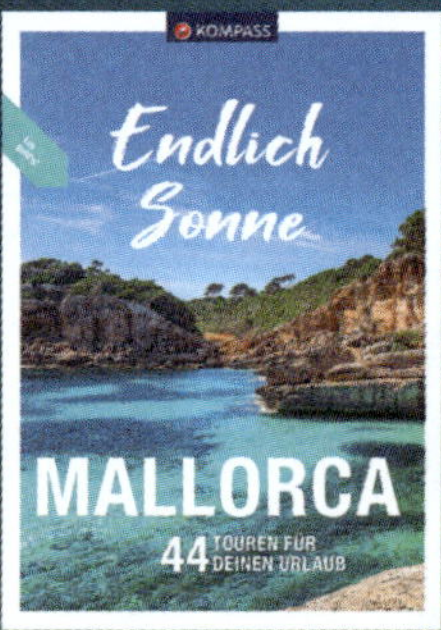

Endlich Wildnis & Endlich hoch hinaus

Entdecke mehr aus unserer neuen Reihe Endlich...

Vom Stand-Up-Paddleführer über Hüttenführer bis hin zu entspannten Feierabendtouren haben wir für jedes Vorhaben das Richtige. Wir motivieren dich, geben dir alle nötigen Informationen mit auf den Weg und zeigen dir, worauf es ankommt, um perfekte Momente zu erleben. Schau doch mal auf unserer Website vorbei: www.kompass.at.

Endlich Hüttenzeit & Endlich Genuss

Tourenübersicht

TOUREN 1–11

TOUREN 12–22

Tourenübersicht

TOUREN 23–33

TOUREN 34–44

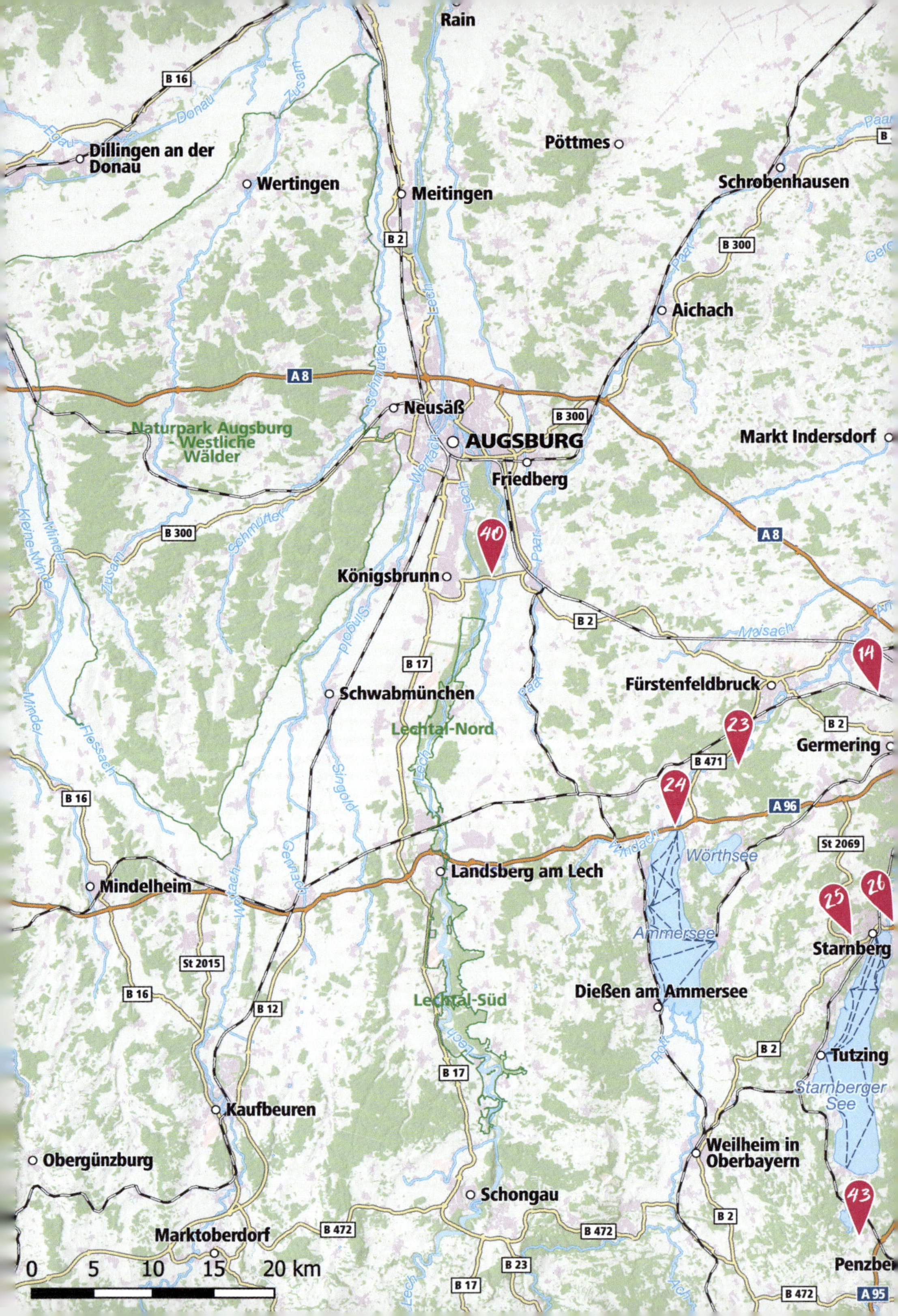
Rain
B 16
Donau
Zusam
Egau
Dillingen an der Donau
Wertingen
Meitingen
Pöttmes
Schrobenhausen
B 300
Paar
B 2
Lech
Aichach
A 8
Schmutter
Neusäß
AUGSBURG
B 300
Markt Indersdorf
Naturpark Augsburg - Westliche Wälder
Wertach
Friedberg
Lech
40
B 300
Schmutter
Zusam
Mindel
Kleine Mindel
Königsbrunn
Paar
A 8
B 2
Singold
Maisach
14
B 17
Schwabmünchen
Fürstenfeldbruck
Lechtal-Nord
23
B 2
Germering
Mindel
Flossach
Singold
Lech
B 471
24
B 16
A 96
Windach
Wörthsee
St 2069
Landsberg am Lech
Mindelheim
Wertach
Gennach
Ammersee
25
26
Starnberg
St 2015
B 16
B 12
Lechtal-Süd
Dießen am Ammersee
Rott
B 2
Tutzing
B 17
Starnberger See
Kaufbeuren
Weilheim in Oberbayern
Obergünzburg
Schongau
43
B 2
B 472
B 472
Marktoberdorf
0 5 10 15 20 km
B 23
B 17
B 472
Penzberg
A 95

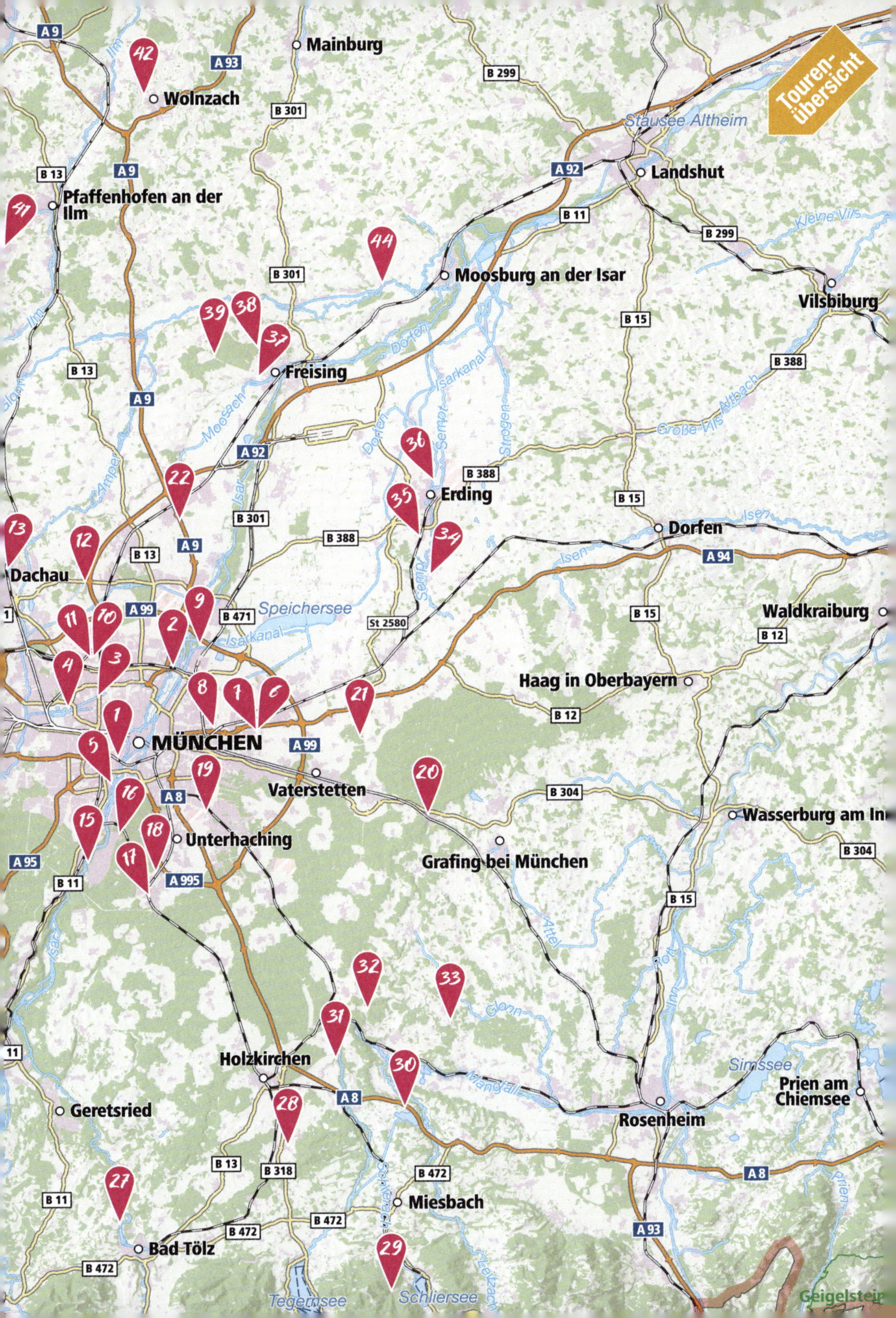

Touren-
übersicht
Mainburg
Wolnzach
Pfaffenhofen an der Ilm
Landshut
Moosburg an der Isar
Vilsbiburg
Freising
Erding
Dorfen
Dachau
Speichersee
Waldkraiburg
Haag in Oberbayern
MÜNCHEN
Vaterstetten
Unterhaching
Grafing bei München
Wasserburg am In
Holzkirchen
Rosenheim
Prien am Chiemsee
Simssee
Geretsried
Miesbach
Bad Tölz
Tegernsee
Schliersee
Geigelstein
Stausee Altheim

Endlich …

geht es los!

44 OUTDOORERLEBNISSE FÜR DEINE FAMILIE UND DICH

München ist eine herrliche Stadt – nicht umsonst wird sie als die nördlichste Stadt Italiens bezeichnet. Abwechslungsreich und vielfältig präsentiert sich die Landschaft um die Landeshauptstadt herum, mit wunderschönen Gegenden wie dem Erdinger Moos, den Isarauen, dem Hallertauer Hopfenland oder sogar auch Heidelandschaften wie dem Mallertshofer Forst. Zahlreiche Freizeitmöglichkeiten und Sehenswürdigkeiten locken die Tagesausflügler zu jeder Jahreszeit. In unserem Führer entdecken wir die Regionen rund um München auf unterschiedlichste Weise: wandernd, radelnd, kajakend oder sogar mit den Inlinern.

Für einzigartige Erlebnisse in der Natur rund um München haben wir die besten Touren für dich und deine Kinder zusammengestellt. Ob Entdeckungstouren direkt in der Stadt - wie im Olympiapark oder im Nymphenburger Schlosspark – oder Badespaß verbunden mit einer kleinen Wanderung wie am Karlsfelder - oder am Fasaneriesee. Die Auswahl in und um München ist groß – sie zu treffen, fällt beinahe schwer. Aber nicht nur Wandern und Baden bietet sich an. Viele Entdeckerouten absolvieren wir auch mit dem Rad. Am Flughafen München schauen wir dabei zwischendurch den großen Fliegern beim Starten und Landen zu, bei Eching entdecken wir ungeahnte Heidelandschaften. Naturschutzgebiete, Themenwege oder Lehrpfade machen nicht nur unsere Kids ein wenig schlauer. Oft gibt's dann unterwegs auch noch eine schöne Wirtschaft, die das Ausflugserlebnis abrundet.

Endlich Familienzeit München entführt dich und deine Kinder: raus aus dem Alltag, rein in die Auszeit! Ob kurzer Waldspaziergang, spannende Radltour oder spritziges Flussvergnügen – wir haben die schönsten Touren rund um München zusammengetragen und wünschen dir viele unvergessliche Naturerlebnisse!

Endlich alle 7 Sachen zusammen

Pack-tipps

Eure Packliste

MATERIALCHECK

Bei den vorgestellten Touren ist alles dabei: von kurz über ein bisschen länger, mit vielen und wenigen Höhenmetern. Für Radler, Wanderer und Flussfahrer bleibt kein Wunsch offen. Daher benötigen wir ein paar Dinge, die im Rucksack oder der Rad- bzw. Bootstasche nicht fehlen dürfen. Die wichtigsten Utensilien haben wir euch hier aber nochmal zusammengestellt:

- ○ Festes Schuhwerk mit griffiger Sohle
- ○ Wetterfeste & atmungsaktive Bekleidung
- ○ Getränke (mind. 1,5 Liter!)
- ○ Erste-Hilfe-Set
- ○ Handy (für den Notruf)
- ○ Rettungsweste für die Kajaktouren
- ○ Proviant
- ○ Gut sitzender Rucksack
- ○ Portmonnaie
- ○ Sonnenschutz (Brille, Hut, Sonnencreme)
- ○ Kälteschutz (Handschuhe, Mütze, Halstuch)
- ○ Flickzeug fürs Rad

Endlich gern gesehen

Verhaltenskodex

BEI OUTDOORAKTIVITÄTEN MIT KINDERN

Wandern, Radfahren oder Kanufahren als sanfte Natursportarten zu begreifen ist wichtig, sich dabei auch dementsprechend zu verhalten und dies auch den Kindern weiterzugeben, sollte selbstverständlich sein. Denn nur dann kann er uns durch einen gestärkten Naturbezug ein tolles Naturerlebnis bieten und uns auch als Vorbild für einen nachhaltigeren Lebensstil dienen. Bewusst durch die Natur ist die Devise, doch bewusst erleben kann man die Natur auch auf ausgewiesenen Wanderwegen und Flussrouten. Auch muss die nächste Wanderung keine stundenlange Anfahrt haben: jede Region hat ihre ganz eigenen Stärken und Besonderheiten. So kann das Wandern in der näheren Umgebung auch mit minimalem Verkehrsaufwand realisiert werden. Auf unseren Touren in „Endlich Familienzeit München" erreichen wir die meisten Ausgangsorte mit Bus oder Bahn.

Und das könnt ihr machen ...

01 „Bitte auf den Wegen bleiben": Nicht umsonst finden sich oft am Wegesrand diese Hinweisschilder, die auch eingehalten werden sollten.

02 Keine Pflanzen ausrupfen: Nicht nur die Blumen sind ein Tabu, auch alle anderen Pflanzen sollten weder gepflückt noch für den heimischen Garten ausgegraben werden.

03 Müll und Essensreste wieder mitnehmen: Weder Verpackungsmüll noch vermeintlicher „natürlicher" Abfall sollte einfach liegengelassen werden. Schalen exotischer Früchte verrotten nur langsam und stellen auch keine Nahrung für unsere heimischen Wildtiere dar.

04 Hunde an die Leine: Unsere vierbeinigen Freunde freuen sich auch über ein wenig Auslauf. Sie sollten jedoch an der Leine geführt werden, damit sie kein Wild aufschrecken oder es sogar jagen.

05 „Ruhezonen respektieren": Mancherorts wird mit einem Schild darauf hingewiesen. Hier sollte man unnötiges Herumschreien vermeiden und versuchen, eine Unterhaltung in leisem Tonfall fortzusetzen.

06 Absperrungen einhalten: Manche Teilgebiete sind aus verschiedenen Gründen gesperrt. Das sollte man dann respektieren. Am Besten vorher informieren, ob die gewünschten Wege auch begangen werden können. Oft kann man einen Weg unkompliziert umplanen.

07 Respektvoller Umgang untereinander: Auch untereinander ist es wichtig, sich respektvoll zu begegnen: gegenüber anderen Wanderern, Forst- und Almpersonal sowie Jägern oder Landwirten.

Grundwissen

Outdoor

SICHERHEIT UND BASICS

Raus in die Natur – das ist ein ideales Mittel, um einfach mal auszuspannen und den Alltag hinter sich zu lassen. Auf den vorgestellten Touren können sich die Kids so richtig austoben. Ob Badespaß am Fluss oder einem der wunderschönen bayerischen Seen, Radvergnügen durchs Flache oder im hügeligeren Voralpenland, spannende Klamm-und Wasserfalltouren. Damit wir alles auch in vollen Zügen genießen können, hier ein paar Tipps, besonders für Rauszeit-Neulinge.

Der richtige Einstieg: Ist die Motivation auch anfangs noch so groß; wer noch nicht viel Erfahrung hat, sollte erstmal klein beginnen. Lieber mal die kürzere Radtour testen, und auf einem „einfacheren" Fluss fahren, bevor man sich an tagesfüllende Touren macht. Und lieber einmal mehr pausieren. Auf unseren Touren sind jede Menge toller Rastplätze beschrieben.

Wettercheck: Raus bei Regen? Bei stabilem Wetter macht's sicherlich mehr Spaß. Sich bereits zwei, drei Tage vorher zu informieren und am Abend vor der Tour oder bei Unsicherheit sogar morgens nochmal das Wetter abzuklären, kann oft böse Überraschungen vermeiden. Am besten informiert man sich beim Deutschen Wetterdienst oder über das Bergwetter des Deutschen Alpenvereins. Bei unsicheren Verhältnissen lieber die Tour absagen und auf einen anderen Tag verschieben.

Notruf bei Unfällen: Im Falle eines Unfalls haben Ruhebewahren und überlegtes Handeln oberste Priorität. Erst einen Überblick über die Situation verschaffen, dann wird der Notruf abgesetzt. Ohne Netz kann die europaweit gültige Notrufnummer 112 gewählt werden. Funklöcher oder kein Handy erfordern das alpine Notsignal mittels Rufen, Pfiffen oder Licht: eine Minute lang alle zehn Sekunden ein Signal, dann eine Minute Pause, dann wieder eine Minute lang alle zehn Sekunden ein Signal geben u.s.w..

Grundwissen

Touren-1x1 & Lexikon

Die Klassifizierung der Touren ist als Richtwert zu verstehen. Schätze dein Können und das deiner Kinder richtig ein und richte deine Tourenauswahl danach aus.

LEICHT: Meist gut markierte, breite Wege ohne Gefahrenstellen, die stellenweise auch etwas steilere, wurzelige und felsige Passagen aufweisen können. Sind für Kinder besonders geeignet, und oftmals auch Sightseeingrunden.

MITTEL: Anspruchsvollere Wege und Pfade mit teils unwegsamem Untergrund, die meist gut markiert sind. Die Touren sind überwiegend länger und setzen etwas Erfahrung und Grundkondition voraus. Oftmals für etwas ältere Kinder geeignet.

SCHWER: Herausfordernde Touren, meist auf schmalen und steilen Steigen in alpinem Gelände. Stellenweise können kurze (durch Drahtseile versicherte) Kletter- und Kraxelpassagen vorkommen, bei denen die Hände zu Hilfe genommen werden müssen. (Kommen in diesem Buch nicht vor.)

Tourenzeiten: Die angeführten Zeitangaben verstehen sich als Richtwerte für die reine Bewegungszeit ohne Pausen. Ist man mit Kindern unterwegs können diese erheblich variieren. Plant genug Zeit für Zwischenstopps mit ein.

Outdoorsaison: Grundsätzlich kannst du in den flacheren Teilregionen rund um München das ganze Jahr über draußen sein, beim Wandern an exponierten Stellen und nordseitig solltest du aber mit Schnee rechnen, dieser hält sich in Waldgebieten länger. Im Groben dauert die Wandersaison von April bis Oktober, doch angesichts Klimawandel und Schneemangel gibt es seit ein paar Jahren auch im Winter geeignete Wandertage. Freilich musst du die Tageslänge und Öffnungszeiten der Einkehrstationen beachten, die meisten Almen (bis auf die mit Rodelbetrieb) sind im Winter zu. Manchmal gibt es auch im Sommer noch Schneereste, vor allem in nordseitigen Senken an Bergflanken, bei unklarer Lage rufst du vorher in der Region an (Touristinfos, Alpenvereinssektionen, Hütten und Berggasthöfe) und informierst dich über die Situation. Eine tolle Wanderzeit ist der Herbst, dann hast du oft eine sehr gute Fernsicht.

Bist du mit Kindern unterwegs, plane reichlich Stopps ein und packe dein Proviant dementspechend. Plane auch Zeit ein, die die Kinder zum Erkunden ihrer Umgebung brauchen und vermeide fade lange Tagestouren ohne Highlights. Kinder wollen endtecken und brauchen Platz zum Rumtoben.

TOUREN 01 – 44 BESCHREIBUNGEN

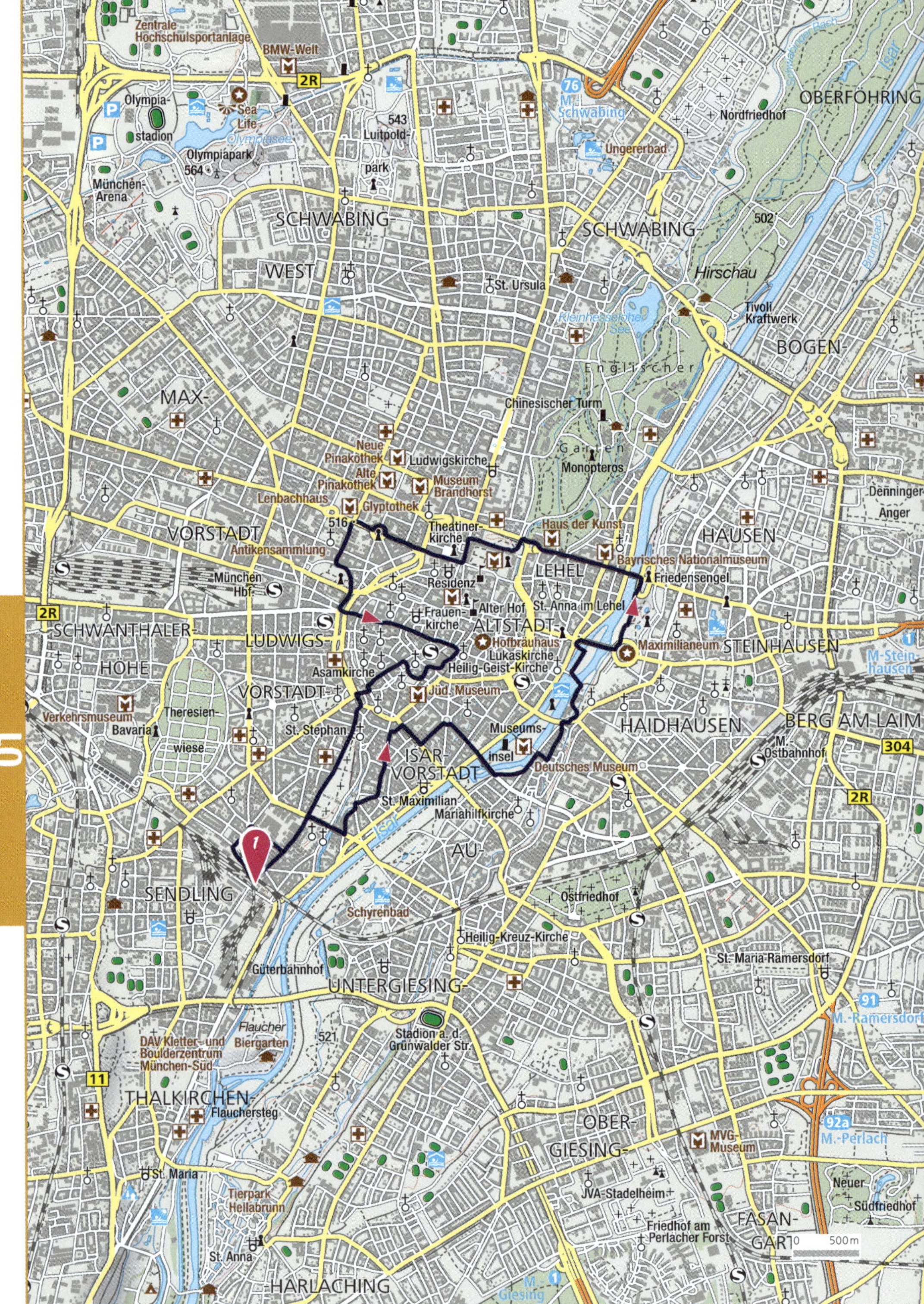
Zentrale Hochschulsportanlage
BMW-Welt
2R
Olympia-stadion
Sea Life
Olympiasee
Olympiapark
564
München-Arena
543
Luitpold-park
76
M.-Schwabing
Nordfriedhof
OBERFÖHRING
Ungererbad
SCHWABING-WEST
SCHWABING
502
Hirschau
St. Ursula
Kleinhesseloher See
Tivoli Kraftwerk
BOGEN-HAUSEN
Englischer Garten
MAX-VORSTADT
Chinesischer Turm
Monopteros
Neue Pinakothek
Ludwigskirche
Alte Pinakothek
Museum Brandhorst
Lenbachhaus
Glyptothek
516
Theatiner-kirche
Haus der Kunst
Denninger Anger
Antikensammlung
München Hbf.
Residenz
LEHEL
Bayrisches Nationalmuseum
Friedensengel
Alter Hof
St. Anna im Lehel
SCHWANTHALER-HÖHE
LUDWIGS-VORSTADT
Frauen-kirche
ALTSTADT
Hofbräuhaus
Maximilianeum
STEINHAUSEN
Asamkirche
Lukaskirche
Heilig-Geist-Kirche
M.-Steinhausen
Verkehrsmuseum
Bavaria
Theresien-wiese
Jüd. Museum
HAIDHAUSEN
BERG AM LAIM
St. Stephan
Museums-insel
M.-Ostbahnhof
304
ISAR-VORSTADT
Deutsches Museum
St. Maximilian
Mariahilfkirche
AU
SENDLING
Schyrenbad
Ostfriedhof
Heilig-Kreuz-Kirche
Güterbahnhof
UNTERGIESING
St.-Maria Ramersdorf
91
M.-Ramersdorf
Flaucher
Biergarten
DAV Kletter- und Boulderzentrum München-Süd
521
Stadion a. d. Grünwalder Str.
11
THALKIRCHEN
Flauchersteg
OBER-GIESING
MVG-Museum
92a
M.-Perlach
St. Maria
JVA-Stadelheim
Neuer Südfriedhof
Tierpark Hellabrunn
Friedhof am Perlacher Forst
FASAN-GARTEN
0
500 m
St. Anna
HARLACHING
M.-Giesing

01 Radtour

Münchner Altstadttour

Das Szeneviertel mit dem Rad erkunden

DAUER	2h 30min
LÄNGE	14 km
HÖHENMETER	20 hm
SCHWIERIGKEIT	LEICHT
MIT ÖPNV ERREICHBAR	ja

Das erwartet euch ...

Die Runde ist sehr angenehm, da die Strecke kurz ist und es keine Steigungen gibt. So ist sie auch für Kinder hervorragend geeignet. München wird von einem hervorragenden Radwegenetz durchzogen, das immer weiter ausgebaut wird. So fahren wir auf fast ausschließlich asphaltierten Wegen und Straßen. Unterwegs gibt es ein paar Spielplätze und andere Highlights für Kinder wie den Alten Botanischen Garten.

Radtour 01

Start & Ziel & Anreise

Unser Ausgangspunkt ist der Parkplatz an der Lagerhausstraße 15. Dieser liegt im Dreimühlenviertel, gegenüber der Location „Alte Utting". Mit dem Auto am besten erreichbar über den Mittleren Ring Süd, Ausfahrt Brudermühlstraße und weiter über die Schäftlarnstraße zur Lagerhausstraße. Die nächste U-Bahn Haltestelle ist die Implerstraße, die wir mit der U6 erreichen.

Tourenbeschreibung

Heute begeben wir uns auf einen Szenetrip, wie er im Buche steht: Vom Schlachthof übers Glockenbachviertel an die Sandstrände mit Liegestühlen und karibischen Cocktails zum Sonnenuntergang an die Isar. Am Eisbach, dem Hotspot für die beste Surfwelle Bayerns, schauen wir ein bisschen den mutigen Surfern zu. Aber auch die kleinen Radler kommen heute nicht zu kurz: Unterwegs gibt's den einen oder anderen Spielplatz, bei Niedrigwasser können die Kids super am Flaucherstrand planschen, im Alten Botanischen Garten auf Blumenentdeckungsreise gehen oder das Alpine Museum zu einer informativen Stippvisite besuchen.

Auf der Brücke über der Lagerhausstraße begrüßt uns zunächst einmal eine ganz besondere Münchner Event-Location: Die MS-Utting, ein ausgedienter Ammersee-Dampfer, lädt hier zu Live-Musik, Comedy und Workshops. Gleich ums Eck geht's am Bahnwärter Thiel vorbei. Wir radeln auf der Thalkirchner Straße und an der Tumblinger Straße rechts durch die Bahnbrücke. Hier im Schlachthofviertel erwartet uns ein kurioses Sammelsurium aus Münchner Tram- und U-Bahnwagen, ein pulsierender Ort der Kunst und Kultur. Am Münchner Volkstheater geht es nach rechts durch die Zenettistraße an Wirtshaus und Schlachthof vorbei in die Isarvorstadt. Am Ende der Zenettistraße schwenken wir nach links in die Thalkirchner Straße ein und erreichen die Kapuzinerstraße am Alten Südlichen Friedhof. Gleich hinter dem Westermühlbach liegen das absolute In-Viertel Münchens, das Glockenbachviertel mit dem Gärtnerplatz. Hier herrscht immer wuseliges Treiben in all den Bars, Wirtshäusern und Kneipen. Wir genießen die Atmosphäre in der Geyerstraße und der Straße Am Glockenbach, wo wir links in die Jahnstraße abbiegen. An der Westermühlstraße schwenken wir links-rechts durch die schmucke Hans-Sachs-Straße, dann rechts durch die Müllerstraße zur Fraunhoferstraße. An der Klenzestraße drehen wir nach links zum Gärtnerplatz. Ein idealer Platz zum Verweilen, bevor es durch die Corneliusstraße an die Isar geht.

Gegenüber des Isarstrandes befinden wir uns schon in der Au. Wir radeln weiter durch die Lilienstraße zum Biergarten an der Eventlocation Muffathalle. Ein toller Badestrand liegt gleich nebenan, direkt an der Isar mitten in der Stadt. Über den Kabelsteg geht's auf die Praterinsel mit seinem schönen Praterstrand. Von der Insel hinüber zum Maximilianeum und rechts hinunter ans Ufer zu den Maximiliansanlagen. Abends können wir hier tolle Sonnenuntergänge erleben, am Tage genießen wir den Blick auf die Altstadt und über den Friedensengel in die Prinzregentenstraße. An ihrem Ende treffen wir auf die Eisbachwelle, beliebter Hotspot für Surfer, Zuschauer und Fotografen.

Hinter dem Haus der Kunst geht's hinüber in den Dichtergarten und am Hofgarten entlang zum Odeonsplatz. Weiter durch die Brienner Straße Richtung Karolinenplatz mit dem großen Obelisken in der Mitte. Vor uns nun der Königsplatz mit den Propyläen, dem imposanten Stadttor im grichischen Stil, dessen prunkvolles Entree auf den Königsplatz mit Glyptothek und Antikensammlung einlädt. Nach links radeln wir weiter aufs Parkcafé am Alten Botanischen Garten zu.

Am Karlsplatz wechseln wir die Straßenseite zum Stachusbrunnen. Hier endet oder beginnt, je nachdem von wo man kommt, die Shoppingmeile der Münchner, die Neuhauser- und Kaufingerstraße. Das Radeln ist hier jedoch nur von abends 21:00 bis morgens 9:00 Uhr erlaubt. Dazwischen muss man schieben. Am Marienplatz und Viktualienmarkt können wir noch einen kleinen Einkaufsbummel machen. Ums Eck geht's dann an dem St. Jakobs-Platz mit der jüdischen Synagoge vorbei. Von hier radeln wir hinüber zur Sendlinger Straße und folgen ihr zum Sendlinger Tor an der Sonnenstraße. Von dort geht's nach links zur Thalkirchner Straße, wo wir am Alten Südlichen Friedhof entlang zurück zur Großmarkthalle radeln. Hinter der Bahnbrücke liegt immer noch die „Alte Utting" vor Anker.

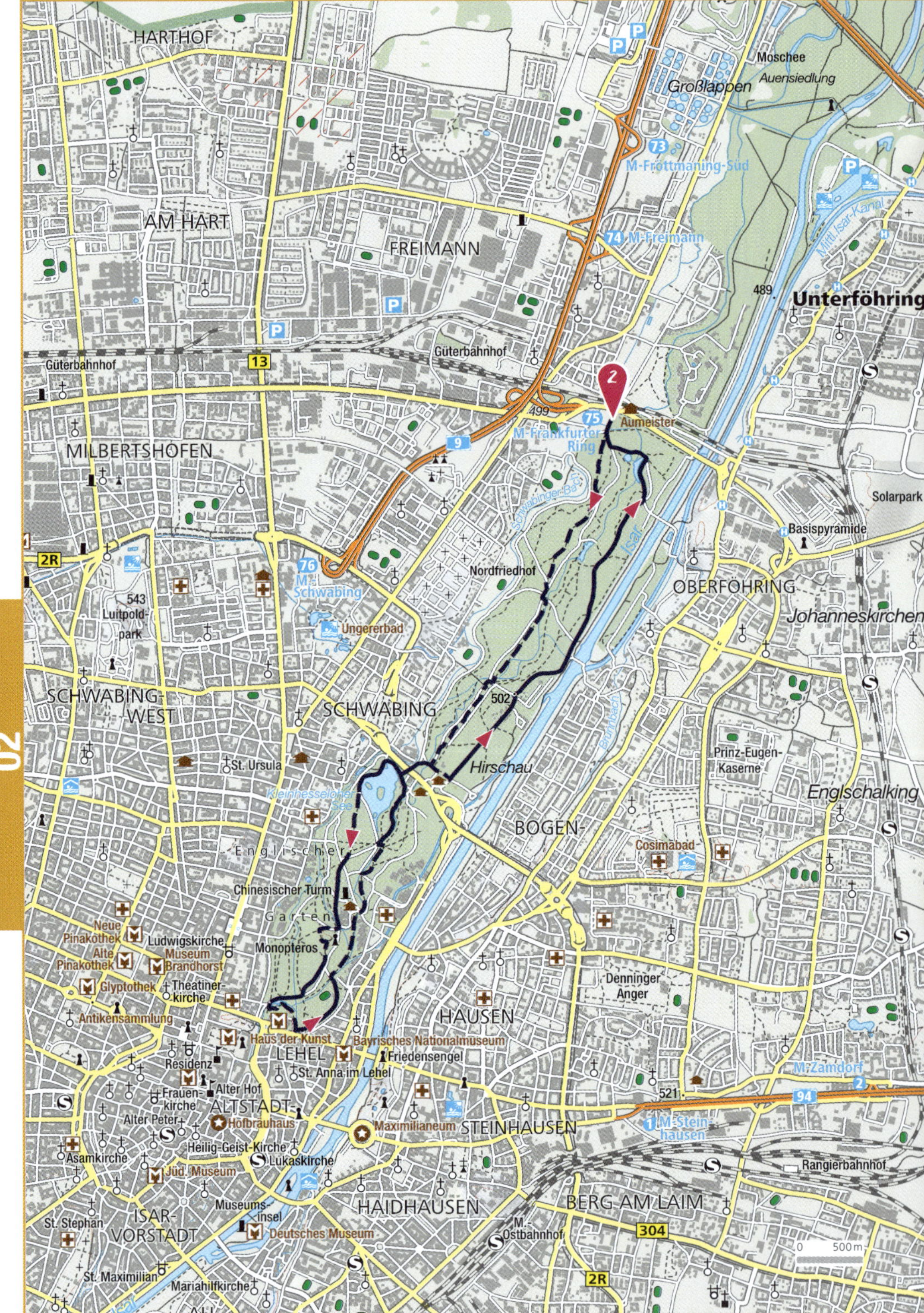

HARTHOF
AM HART
FREIMANN
Großlappen
Moschee
Auensiedlung
M-Fröttmaning-Süd
M-Freimann
Unterföhring
Güterbahnhof
Güterbahnhof
MILBERTSHOFEN
M-Frankfurter Ring
Aumeister
Nordfriedhof
Solarpark
Basispyramide
OBERFÖHRING
Johanneskirchen
M. Schwabing
Luitpold-park
Ungererbad
SCHWABING-WEST
SCHWABING
St. Ursula
Hirschau
Prinz-Eugen-Kaserne
Englschalking
Kleinhesseloher See
Englischer Garten
Chinesischer Turm
BOGEN-
Cosimabad
Monopteros
Neue Pinakothek
Alte Pinakothek
Ludwigskirche
Museum Brandhorst
Glyptothek
Theatinerkirche
Antikensammlung
Denninger Anger
HAUSEN
Haus der Kunst
LEHEL
Bayrisches Nationalmuseum
Friedensengel
St. Anna im Lehel
Residenz
Frauenkirche
Alter Hof
ALTSTADT
Alter Peter
Hofbräuhaus
Maximilianeum
STEINHAUSEN
M-Steinhausen
M.Zamdorf
Heilig-Geist-Kirche
Asamkirche
Lukaskirche
Jüd. Museum
Rangierbahnhof
ISAR-VORSTADT
St. Stephan
Museumsinsel
Deutsches Museum
HAIDHAUSEN
BERG AM LAIM
M.-Ostbahnhof
St. Maximilian
Mariahilfkirche
Isar
Schwabinger Bach
Mittl. Isar-Kanal
02

Tour 02

Spaziergang 02

Englischer Garten

In Münchens grüner Lunge

DAUER	3h 30min
LÄNGE	13,5 km
HÖHENMETER	30 hm
SCHWIERIGKEIT	LEICHT
MIT ÖPNV ERREICHBAR	ja

Das erwartet euch ...

Die heutige Runde gleicht eher einem ausgedehnten Spaziergang als einer Wanderung. Dennoch ist der Weg sehr abwechslungsreich und im Nordteil des Englischen Gartens erwartet uns Natur pur und himmlische Ruhe. Wuseliger wird's dagegen im südlichen Teil. Dafür gibt es aber auch für Kinder ein bisschen mehr zu tun.

Spaziergang 02

Start & Ziel & Anreise

Wir starten den schönen Ausflug in München Oberföhring, am Gasthaus Aumeister. Mit dem Auto erreichen wir das Wirtshaus von der Ungererstraße stadtauswärts nach dem McDonalds rechts in die Leinthalerstraße. Nach ca. 500 Metern rechts in die Sondermeierstraße und zum Parkplatz. Von der Autobahn über Heidemann-und Freisinger Landstraße bis zum McDonalds, dann links. Mit der U6 geht's bis zur Haltestelle Studentenstadt, dann gehen wir stadtauswärts rechts am Iphitos vorbei und in den Aumeisterweg.

Tourenbeschreibung

Vom Parkplatz beim Gasthaus Aumeister spazieren wir in den Englischen Garten hinein. Wir überqueren hinterm Biergarten ein Brücklein und folgen einem Fußweg lange geradeaus. Wir ignorieren alle Abzweigungen und erreichen eine ausgedehnte Wiese. An ihrem südlichen Ende schlendern wir leicht nach links wieder in den Wald hinein. Kurz darauf stoßen wir auf einen breiten Weg, dem wir schräg nach rechts folgen. Bei der ersten folgenden Verzweigung halten wir uns erst links und dann wieder rechts. Wir begleiten nun den idyllischen Lauf des Oberstjägermeisterbaches. In einer Rechtskurve des breiten Wegs verlassen wir ihn und passieren geradeaus eine breite Brücke. Ein Fußweg leitet uns danach in gleicher Richtung weiter. Schließlich schlendern wir am Kiosk „Mini-Hofbräuhaus" vorbei und gehen in einem sanften Rechtsbogen über den breiten Weg weiter Richtung Süden. Beim Eingang zum Biergarten und der Wirtschaft Hirschau drehen wir rechts ab und gehen zu einer Fußgängerbrücke, auf der wir den stark befahrenen Mittleren Ring queren. Gleich darauf funkelt uns schon das Wasser des Kleinhesseloher Sees entgegen. Wir biegen rechts ab und umrunden die Nordseite des schönen Parksees.

Gleich hinter der westlichsten Stelle des Sees zweigt nach rechts ein Wiesenweg ab. Er führt nach Süden dahin, quert einen Weg und einen Reitweg und bringt uns schließlich an einen breiten Weg. Hier wenden wir uns nach rechts, queren eine Straße und gehen am Rumfordhaus vorbei zum Chinesischen Turm mit herrlichem Biergarten. Dort queren wir den Entenvolierebach und biegen rechts ab, gleich darauf links und erklimmen den künstlichen Hügel, auf dem der Monopterostempel steht. Hier oben können wir durchaus ein Weilchen sitzen und die schöne Aussicht über die Baumkronen des Englischen Garten auf München genießen.

Wieder unten zweigen wir links ab und spazieren weiter zum Eisbach. Wir überqueren ihn neben einem künstlichen Wasserfall und gehen anschließend links weiter, um eine Runde ums Japanische Teehaus zu drehen. Hinter dem Haus der Kunst leitet uns der Rundweg in einem Rechtsbogen wieder zum Eisbach, dem wir nach Süden bis zur Prinzregentenstraße folgen. Wir erreichen einen Brücke, an der schon eine ganz Menschenansammlung steht: Hier wird eine Welle des Eisbaches von Surfern genutzt, und die Brücke ist ein idealer Beobachtungsposten.

Nach der Eisbachbrücke halten wir uns links und gehen wieder in den Englischen Garten zurück. Dabei kommen wir erst an einem Kiosk und dann am Rumford-Denkmal vorbei. Wir gelangen an eine Schulsportanlage, an der wir nochmals den Eisbach queren. Nach der Brücke geht's rechts, dann queren wir eine Straße nach rechts und nochmal einen Bach. Der Bachlauf führt uns nach Norden. Bald nach links gequert stehen wir schließlich vor dem Seehaus. Hier kann man sich Tret-oder Ruderboote ausleihen. Für Kinder ist es ein großer Spaß, über den See zu schippern, der oft von einer Vielzahl von Enten und Gänsen bevölkert ist.

Über die Fußgängerbrücke queren wir wieder den Mittleren Ring und gehen am Biergarten Hirschau rechts vorbei. An einem Parkplatz stoßen wir auf die Gyßlingstraße. Wir begleiten sie auf dem Fußweg nach Norden, biegen dann links ab und durchqueren eine Siedlung. Hinter der Baumschule der Schlösserverwaltung dreht der Weg rechts ab und wendet sich der Isar zu. Hinter dem Tivolikraftwerk halten wir uns links; bei der Wegtafel treffen wir auf eine Kreuzung: Dort biegen wir links ab und folgen dem schönen Weg zum Entenfallweiher samt Unterstandspavillon. Hinter dem Weiher stoßen wir schließlich wieder auf einen breiten Weg, folgen ihm nach links und erreichen schließlich wieder den Aumeister. Falls die Kids noch immer nicht müde sind, können sie sich hier am Spielplatz austoben.

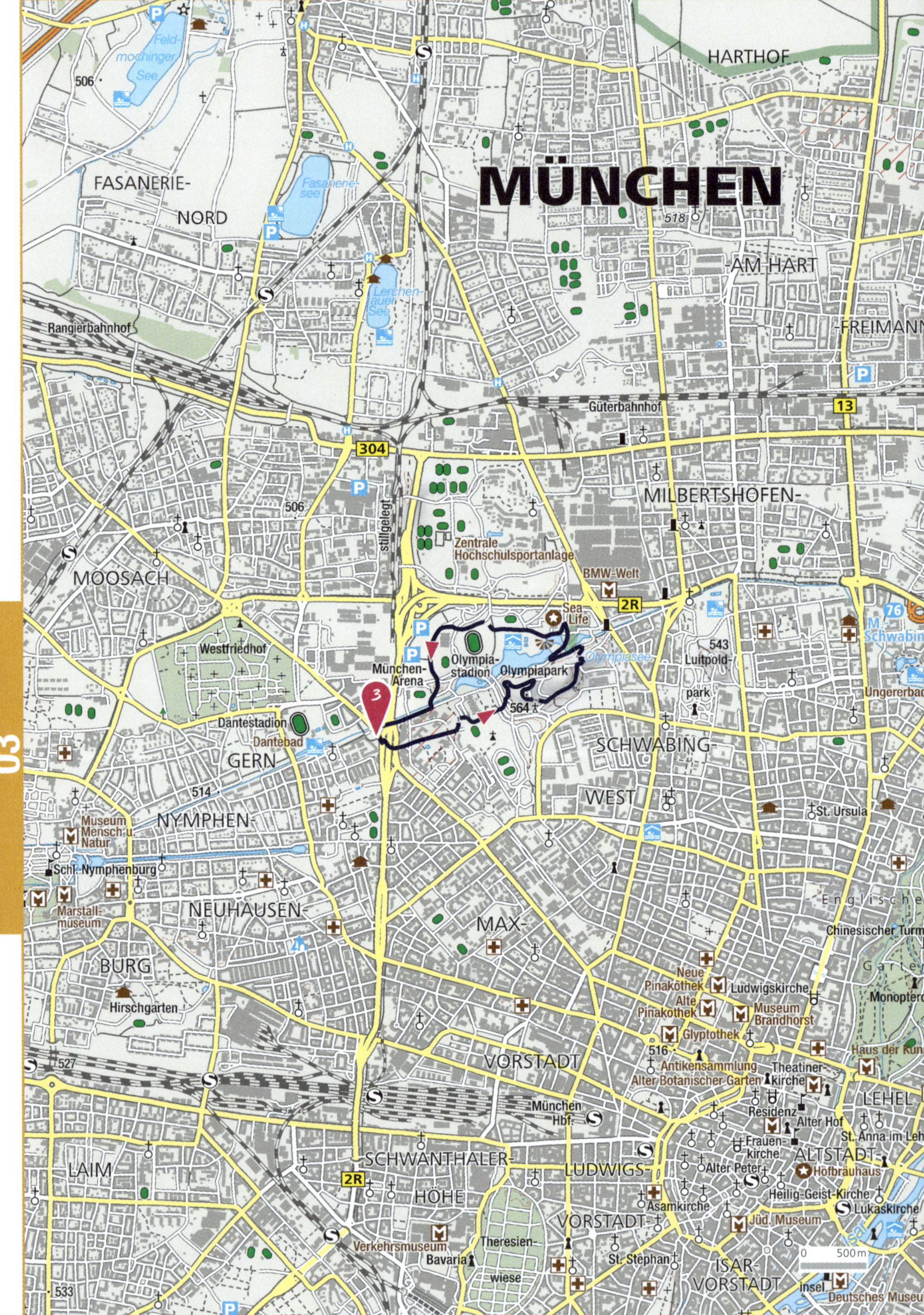

MÜNCHEN
HARTHOF
FASANERIE-
NORD
Feldmochinger See
Fasaneriesee
Lerchenauer See
AM HART
FREIMANN
Rangierbahnhof
Güterbahnhof
304
13
MILBERTSHOFEN-
Zentrale Hochschulsportanlage
BMW-Welt
2R
MOOSACH
Westfriedhof
Sea Life
Olympiastadion
Olympiapark
Olympiasee
München-Arena
Luitpoldpark
543
564
Dantestadion
Dantebad
GERN
SCHWABING-
WEST
St. Ursula
M. Schwabing
Ungererbad
Museum Mensch u. Natur
NYMPHEN-
Schl. Nymphenburg
Marstallmuseum
NEUHAUSEN-
BURG
Hirschgarten
MAX-
Englischer Garten
Chinesischer Turm
Monopteros
Neue Pinakothek
Ludwigskirche
Alte Pinakothek
Museum Brandhorst
Glyptothek
Antikensammlung
Alter Botanischer Garten
Theatinerkirche
Haus der Kunst
VORSTADT
LEHEL
München Hbf.
Residenz
Alter Hof
St. Anna im Lehel
Frauenkirche
ALTSTADT
Alter Peter
Hofbräuhaus
Heilig-Geist-Kirche
Lukaskirche
LAIM
SCHWANTHALER-
HÖHE
LUDWIGS-
VORSTADT
Asamkirche
Jüd. Museum
Verkehrsmuseum
Bavaria
Theresienwiese
St. Stephan
ISAR-
VORSTADT
Deutsches Museum
insel
0 500 m
506
518
514
516
527
533

Tour 03

03 Sporttour

Der Olympiapark

Spiel und Sport in ehemals olympischen Gefilden

DAUER	1h 30min
LÄNGE	5,4 km
HÖHENMETER	55 hm
SCHWIERIGKEIT	LEICHT
MIT ÖPNV ERREICHBAR	ja

Das erwartet euch ...

Die kurze Runde führt uns einmal mitten durch den Olympiapark. Dabei geht's stets auf geteerten oder gepflasterten Wegen. Der einzige Anstieg erfolgt auf den Olympiaberg. Lohnt sich aber auch, von hier oben haben wir eine phänomenale Weitsicht auf München, bei gutem Wetter zeigen sich sogar die Berge des Voralpenlandes. Für Kinder gibt es auf dem Olympiagelände jede Menge Spiel und Spaß.

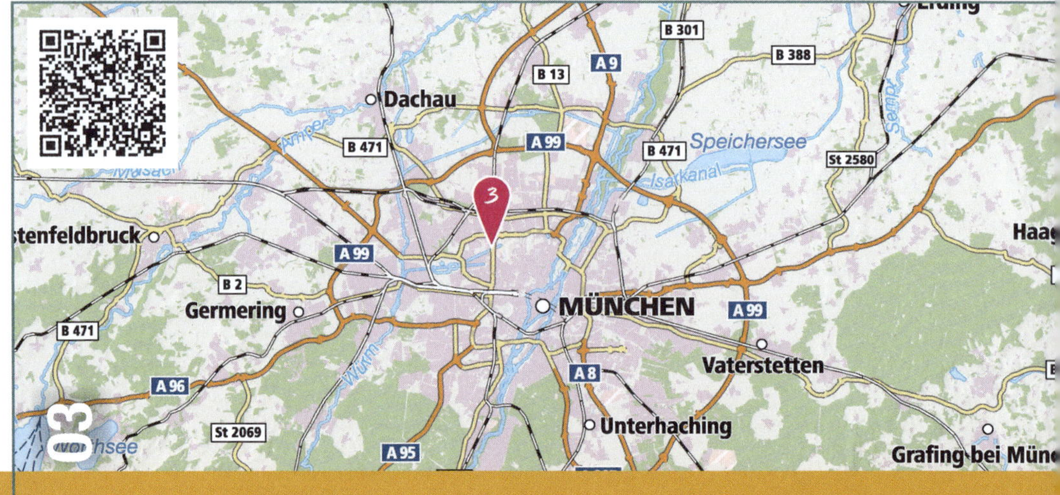

Sporttour 03

Start & Ziel & Anreise

Los geht's an der Tram Haltestelle Olympiapark West. Vom Hauptbahnhof fährt die Tram der Linie 20 Richtung Moosach Bhf über die Haltestelle Olympiapark West. Mit dem Auto fahren wir über die Dachauer Straße an. Direkt hinter der U-Bahn Station befindet sich ein Parkplatz. Alternativ können wir auch in der Parkharfe parken.

Tourenbeschreibung

Der kleine Spaziergang durch den Olympiapark hält jede Menge Überraschungen bereit. Wir kommen nicht nur an Spielplätzen und einigen Sportangeboten vorbei, es gibt auch jede Menge Attraktionen zu sehen. Aussichtspunkte und Wasserspaß im Sommer inklusive.

Los geht's an der Tram-Haltestelle Olympiapark West. Wir queren die Dachauer Straße und unterqueren dann zunächst einmal die Landshuter Allee. Die Route leitet uns zunächst nach Osten, am Verwaltungszentrum der Bundeswehr vorbei. Hier ist auch schon der erste Spielplatz, auf dem die Kids Schaukeln und Rutschen testen können. Vor dem Denkmal biegen wir links ab und schwenken jedoch gleich darauf wieder nach rechts. Wir treffen auf einen kleinen Gemeinschaftsgarten und eine Sportanlage. Hier folgen wir dem Weg um die Linkskurve bis an ein Sträßchen.

Wir queren den Spiridon-Louis-Bogen leicht schräg nach links – hier befindet sich auch eine Bushaltestelle – und steigen bald einen gepflasterten schmalen weg bergan. Er führt uns direkt auf den Olympiaberg. Der Anstieg ist zwar kurz, trotzdem auch ein bisschen anstrengend. Die Belohnung ist ein phänomenaler Blick über München. An föhnigen Tagen kann man sogar bis zu den Bergen sehen.

Unser nächstes Ziel ist der Olympiasee. Wir steigen den Olympiaberg wieder hinab. Der Weg schlängelt sich schon automatisch Richtung See. Am breiten Weg wenden wir uns nach links, kurz darauf schwenken wir rechts zur Brücke am See. Hier befindet sich auch der Outdoor Fitness Park, an dem wir an zwanzig Stationen unsere Kraft und Geschicklichkeit testen können. Das ist aber eher etwas für ältere Kinder. Wir spazieren über die Brücke geradewegs auf das Sea-Life zu. Das Münchener Großaquarium bietet einzigartige Einblicke in die artenreiche und faszinierende Unterwasserwelt.

Wir schwenken über den Minigolfplatz wieder zurück zum See. Rechts von uns sehen wir schon den imposanten Olympiaturm aufragen. Ihm sollten wir unbedingt einen Besuch abstatten. Mit seinen 291 Metern ist der Olympiaturm das größte Bauwerk der Stadt. Näher an den Himmel über München kommen wir wohl sonst nirgends. Neben dem spektakulären Stadt- und manchmal auch Alpenblick können wir hier auch in ein gemütliches Café einkehren. Bis 2021 war hier ein Rockmuseum untergebracht – das jetzt virtuell besichtigt werden kann. Unter www. munichcityofmusic.de/rockmuseum-munich erleben wir an 13 Stationen unvergessliche Momente des Rockmuseums.

Weiter geht's über den Coubertinplatz an der Olympiahalle und dann hinter dem Olympiastadion entlang der Parkharfe vorbei. Das Zeltdach des Olympiastadions ist eine ganz besondere Konstruktion. Bei einer Zeltdachtour kann man eben diesem mal aufs Haupt steigen. Geboten wird eine Tour mit ordentlich Nervenkitzel und vielen Geschichten über die Architektur und die großen Event-Highlights der letzten Jahrzehnte. Mit dabei sind unterhaltsame Episoden und unbekannte Anekdoten aus der Historie des Parks.

Ein weiteres spannendes Erlebnis ist sicherlich der Flying Fox über dem Olympiastadion. Die Rutschpartie für große und kleine Mutige geht einmal quer über das Stadion. In einer Höhe von 35 Metern über dem Rasen flitzen wir auf der Seilrutsche hinüber auf die Osttribüne des Olympiastadions. Adrenalin pur, aber auch eher etwas für ältere Kinder. Die letzten Meter geht's dann nach dem Stadion am Biedersteiner Kanal entlang zurück zur Tramhaltestelle Olympiapark West.

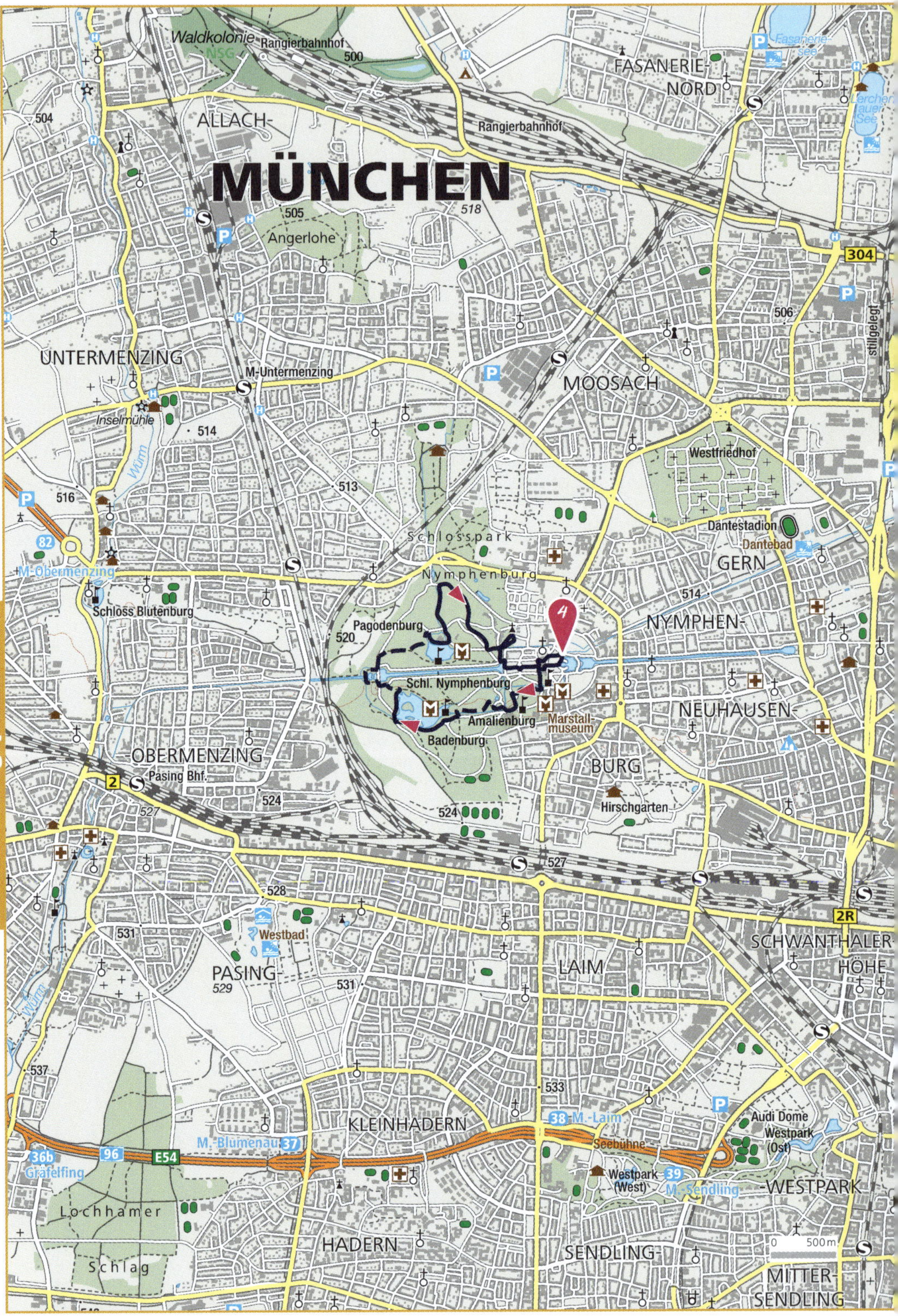

MÜNCHEN

Waldkolonie
NSG
Rangierbahnhof
500
FASANERIE-
NORD
Fasanerie-
see
Lercher-
auer
See
504
ALLACH-
Rangierbahnhof
505
Angerlohe
518
304
506
stillgelegt
UNTERMENZING
M-Untermenzing
MOOSACH
Inselmühle
514
Würm
Westfriedhof
516
513
82
Schlosspark
Dantestadion
Dantebad
M-Obermenzing
Nymphenburg
GERN
Schloss Blutenburg
514
NYMPHEN-
Pagodenburg
520
Schl. Nymphenburg
NEUHAUSEN-
Amalienburg
Marstall-
museum
Badenburg
OBERMENZING
BURG
2
Pasing Bhf.
527
524
Hirschgarten
524
527
528
2R
Westbad
531
SCHWANTHALER-
HÖHE
PASING-
529
531
LAIM
Würm
537
533
Audi Dome
Westpark
(Ost)
38 M.-Laim
KLEINHADERN
M.-Blumenau 37
Seebühne
36b
Gräfelfing
96
E54
Westpark
(West)
39
M.-Sendling
WESTPARK
Lochhamer
Schlag
HADERN
0 500m
SENDLING-
MITTER-
SENDLING

Tour 04

Spaziergang 04

Nymphenburg

Ein Spaziergang im Schlosspark

DAUER	1h 30min
LÄNGE	6,1 km
HÖHENMETER	10 hm
SCHWIERIGKEIT	LEICHT
MIT ÖPNV ERREICHBAR	ja

Das erwartet euch ...

Ein wunderschöner Schlosspark im englischen Landschaftsstil. Unser Parkspaziergang führt zuerst zum prächtigen Jagdschloss Amalienburg, dann zum Haus der Bäder, der Badenburg, zum Apollotempel am Badenburger See und zur Großen Kaskade. China-Flair und Teepavillon, das kennzeichnet die Pagodenburg am Kleinen See. Letztes Highlight ist die Magdalenenklause.

Spaziergang 04

Start & Ziel & Anreise

Ausgangspunkt ist das Schloss Nymphenburg, Parkplätze befinden sich am Schlossrondell. Mit dem Auto zu den Parkplätzen am nördlichen und südlichen Schlossrondell vor dem Schloss Nymphenburg. Mit der Trambahn Linie 17, den MVV-Bussen Linie 51 und 151, Haltestelle Schloss Nymphenburg.

Tourenbeschreibung

Den Rundgang beginnen wir am Schlossrondell vor Schloss Nymphenburg. Links gehen wir in den Schlosspark hinein. Gleich hinter dem Schloss biegen wir links ab, folgen dem Wegweiser zur Amalienburg. Nach dem Kanal gehen wir nach rechts zum Hexenhäuschen im Kronprinzengarten und sehen schon das Lust- und Jadgschlösschen der Kurfürstin Maria Amalia, die Amalienburg. Bei der Amalienburg biegen wir links ab, gehen bei der nächsten Abzweigung rechts weiter und halten uns gleich darauf wieder rechts über die Kanalbrücke zum Dörfchen, dessen Mittelpunkt das Brunnenhaus ist. Das Wasser, das vom Brunnenhaus gepumpt wird, versorgt zahlreiche Fontänen im Park.

Wir spazieren am südlichen Kanal entlang zur Brücke. Auf dem Mittelkanal des Parks fahren übrigens echte venezianische Gondeln, die von einem gelernten Gondoliere gesteuert werden. Spannung und venezianisches Feeling sind hier vorprogrammiert. Weiter geht der Weg links über die Brücke, da erblicken wir bereits die Badenburg. Sie diente dem Badevergnügen am Hofe und gilt als das erste beheizbare Hallenbad der Neuzeit. Unser Weg führt am Ufer des Badenburger Sees entlang zum Apollotempel auf der Halbinsel des Sees. Den Apollotempel im Rücken halten wir uns links und am Abzweig rechts hin zur Großen Kaskade, umgeben von zehn Figuren.

Wir gehen links um das Becken herum, halten uns dann links durch den Wald bis zum Abzweig und Wegweiser rechts zur Pagodenburg. An der Brücke führt rechts der Weg zur Pagodenburg am Kleinen See. Sie diente als Ruhestätte der hohen Herrschaften mit einem Saal und zwei Kabinetten und allerhand chinesischen Figuren und einem kleinen Teich. Hier kann man besonders gut allerlei Fische wie Karpfen, Schleie oder Zander beobachten. Sie tummeln sich auch in den Kanälen und in den Bächen des Schlossparks. Ein besonders einprägsames Erlebnis ist das Abfischen im Herbst – die Gewässer werden abgelassen und die herausgenommenen Fische direkt vor Ort verkauft.

Wir verlassen die Pagodenburg nach links und gehen nach der Brücke ebenfalls links. An der Wegekreuzung spazieren wir am Hartmannshofer Bach entlang. Am Ende des Weges biegen wir nach rechts ab und folgen dem Wegweiser zum Schloss. Bei der nächsten Kreuzung folgen wir dem Weg geradeaus, dann links zur Magdalenenklause. Sie wurde in einem ruinenartigen Stil erbaut, der Behausung eines Eremiten nachempfunden.

Wir gehen den Weg zurück und halten uns bis zur Brücke entlang des Kanals entlang. Durch das Große Parterre mit der Wasserfontäne und direktem Blick zum Schloss kommen wir zum Ausgangspunkt zurück.

Autoren Tipp

Gleich neben Schloss Nymphenburg liegt das Museum Mensch und Natur – ein absolutes Highlight nicht nur für Kinder. Auf 2.500 Quadratmetern werden die Entstehung des Sonnensystems, die Geschichte der Erde und die Entwicklung des Lebens, sowie die Anatomie und Biologie des Menschen und das Verhältnis des Menschen zur Natur auf spannende Art dargestellt. Bei den jüngeren Besuchern ist besonders die Abteilung „Spielerische Naturkunde" äußerst beliebt.

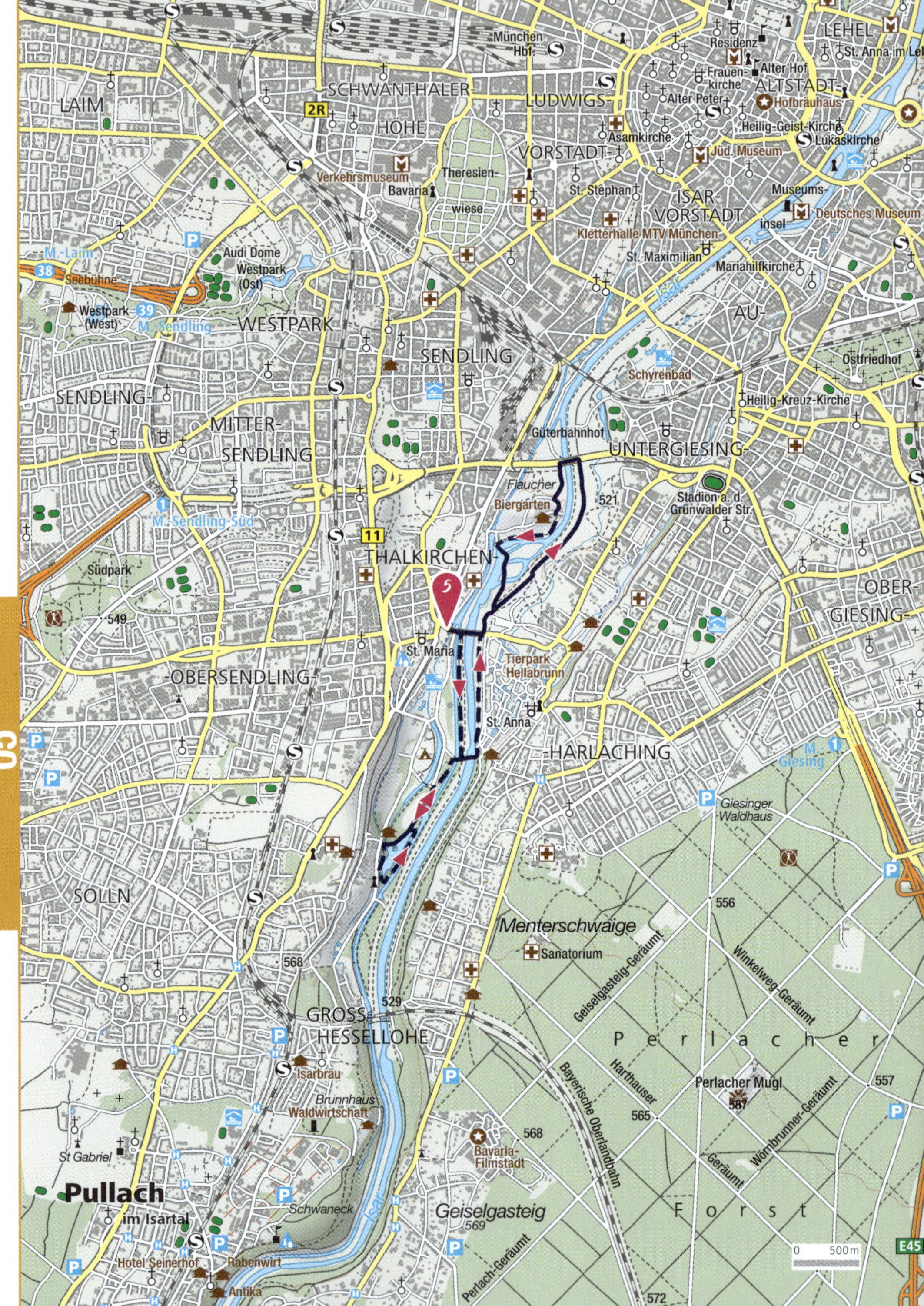

LAIM
SCHWANTHALER-
HÖHE
2R
München Hbf.
LUDWIGS-
VORSTADT-
Residenz
Frauen-kirche
Alter Hof
ALTSTADT-
Alter Peter
Hofbräuhaus
LEHEL
St. Anna im Lel
Asamkirche
Heilig-Geist-Kirche
Lukaskirche
Jüd. Museum
Verkehrsmuseum
Theresien-
wiese
Bavaria
St. Stephan
ISAR-
VORSTADT
Museums-
insel
Deutsches Museum
Kletterhalle MTV München
St. Maximilian
Mariahilfkirche
M.-Laim
38
Seebühne
Audi Dome
Westpark (Ost)
Westpark (West)
39
M.-Sendling
WESTPARK
AU-
Isar
SENDLING
Schyrenbad
Ostfriedhof
SENDLING-
MITTER-
SENDLING
Heilig-Kreuz-Kirche
Güterbahnhof
UNTERGIESING-
Flaucher
Biergarten
521
Stadion a. d. Grünwalder Str.
M.-Sendling-Süd
11
THALKIRCHEN-
Südpark
549
5
St. Maria
OBER-
GIESING-
Tierpark Hellabrunn
-OBERSENDLING-
St. Anna
-HARLACHING
M. Giesing
Giesinger Waldhaus
SOLLN
556
Menterschwaige
Sanatorium
Geiselgasteig-Geräumt
Winkelweg-Geräumt
568
GROSS-
HESSELLOHE
529
P e r l a c h e r
Bayerische Oberlandbahn
Harthauser
Isarbräu
Brunnhaus
Waldwirtschaft
565
Perlacher Mugl
587
557
568
Bavaria-Filmstadt
St Gabriel
Geräumt
Wörnbrunner-Geräumt
Pullach
im Isartal
Schwaneck
Geiselgasteig
569
F o r s t
Hotel Seinerhof
Rabenwirt
Antika
Perlach-Geräumt
572
0
500 m
E45

Spaziergang 05

Am Flaucher

Beliebter Treffpunkt bei Münchnern

DAUER	2h 15min
LÄNGE	8,7 km
HÖHENMETER	20 hm
SCHWIERIGKEIT	LEICHT
MIT ÖPNV ERREICHBAR	ja

Das erwartet euch ...

Der Flaucher, die Isarinsel mit urwüchsigem Auenwald, Biergarten und lebhaftem Badestrand, liegt nördlich des Tierparks Hellabrunn. Isaraufwärts an der Floßlände legen die Isarflöße aus Wolfratshausen an: ein feucht-fröhliches Event. Wenn die Isar wenig Waser führt, sind die flachen Flaucherstrände toll zum Baden und Planschen geeignet. Weiter südlich in den Isarauen liegt der kleine Hinterbrühler See mit dem Seehaus Hinterbrühl zum Einkehren und tollem Spielplatz.

Spaziergang 05

Start & Ziel & Anreise

Ausgangspunkt der Tour ist die U-Bahnstation Thalkirchen. Mit dem Auto auf dem südlichen Mittleren Ring bis zur Kreuzung mit der Schäftlarnstraße. Dort Richtung Thalkirchen und Zoo abbiegen zum U-Bahnhof Thalkirchen. Mit der U-Bahn Linie 3, Bahnhof Thalkirchen-Tierpark München, Ausgang Zoo, Thalkirchner Platz, oder mit dem Bus Linie 135, Haltestelle Thalkirchen-Tierpark.

Tourenbeschreibung

Wir beginnen die Wanderung bei der U-BahnstationThalkirchen und gehen gleich einmal bis zur Thalkirchner Brücke. Sie führt über die Isar hinüber zum Tierpark. Unser Weg biegt aber gleich hinter dem Isarwerkkanal links ab hinunter auf den Dammweg. Er bringt uns geradewegs zur Marienklausenbrücke. Dort halten wir uns rechts zur Floßlände, wo während der Sommermonate die Flöße mit Heidenspektakel anlanden. Bereits davor, am Bertschbrunnen, geht es nun links entlang dem Kanal zum Isarkraftwerk. Es ist das älteste noch betriebene Kraftwerk Münchens. Geradeaus gelangen wir an den Hinterbrühler See. Am Ufer entlang erreichen wir das Seehaus mit schönem Biergarten und Bootsverleih. An der Landspitze, zwischen See und Isarkanal, steht das Denkmal des Isarflößers. Er hat früher den Flößern den Weg durch den Ländkanal nach München gewiesen.

Am Ufer des Isarkanals entlang kommen wir wieder an die Marienklausenbrücke. Wir gehen hinüber und geradeaus weiter über den Steg zur Marienklause.

Die Kapelle liegt rechts etwas versteckt im Wald: ein Ort der Ruhe und Besinnung. Wer von der Kapelle zurückkommt, hält sich an der Isar rechts. Nun folgen wir der mit großem Erfolg renaturierten Isar zur Thalkirchner Brücke. Am Eingang zum Tierpark halten wir uns links, unterqueren die Brücke und kommen an den Flauchersteg. Dort steht das „Hexenhäusl", ein Kiosk mit Getränken und Snacks.

Hier halten wir uns rechts, linker Hand die Flaucherinseln. Der Fußweg führt uns zur Brudermühlbrücke, über die der dichte Verkehr auf dem Mittleren Ring rollt. Wir gehen ein paar Meter zur Brücke hinauf, dann links über die Isar und gleich wieder links hinunter auf die Flaucherinsel.

Der Weg zum schönen traditionellen Biergarten „Zum Flaucher" ist kurz. An ihm vorbei geht es an den Isarwerkkanal. Dort angekommen biegen wir vor der Schinderbrücke links ab zum E-Werk. Ab hier gehen wir auf der langen Holzbrücke, dem Flauchersteg mit herrlicher Aussicht über die Flaucherinseln, und gelangen wieder an das „Hexenhäusl". Hier stoßen wir auf den Hinweg und gehen zur Thalkirchner Brücke. Auf ihr queren wir nochmals die Isar und kommen an unseren Ausgangspunkt zurück.

Autoren Tipp

Ein Highlight für Kinder ist sicherlich der 1911 gegründete Tierpark Hellabrunn. Er ist der erste Geozoo der Welt und zeigt nach Kontinenten geordnet über 750 Tierarten. Ein Spaziergang durch Hellabrunn ähnelt einer Reise durch spannende Tierwelten. Grandios sind das Orang-Utan-Paradies, die Giraffensavanne, die Menschenaffenanlage, das Elefantenhaus und die Polarwelt. Das neue Hellabrunner Mühlendorf ist das Herzstück der Geozone Europa. Imposant ist die riesige Vogelvoliere. Ein dünnmaschiges Edelstahlgewebe überspannt eine Fläche von 5.000 m².

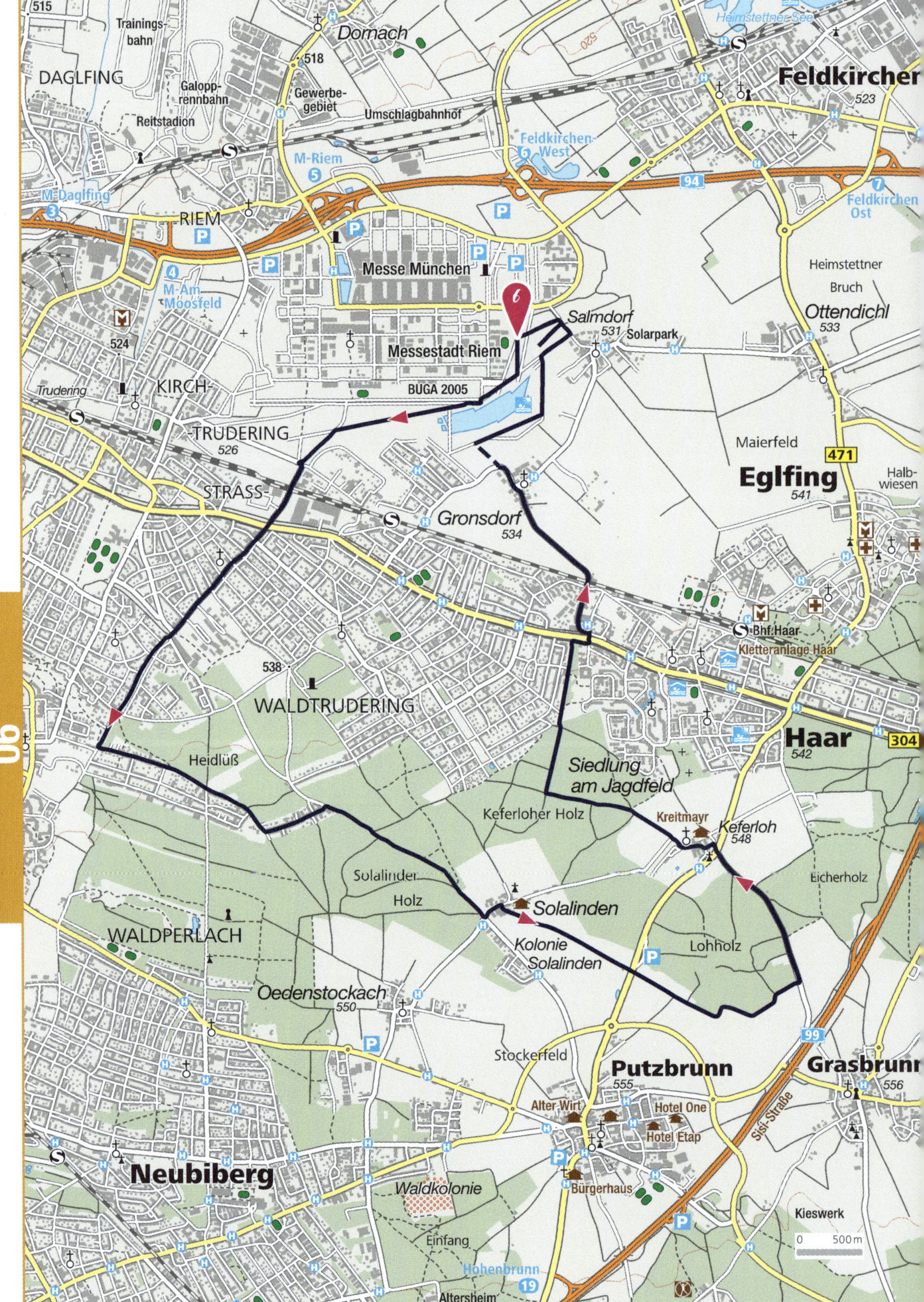

06
Dornach
Trainings-
bahn
DAGLFING
Galopp-
rennbahn
Reitstadion
Gewerbe-
gebiet
Umschlagbahnhof
Feldkirchen
Feldkirchen-West
Heimstettner See
M-Daglfing
M-Riem
RIEM
M-Am Moosfeld
Messe München
Messestadt Riem
BUGA 2005
Salmdorf
Solarpark
Heimstettner
Bruch
Ottendichl
Feldkirchen Ost
Trudering
KIRCH-
-TRUDERING
STRASS-
Gronsdorf
Maierfeld
Eglfing
Halb-
wiesen
Bhf.Haar
Kletteranlage Haar
Haar
WALDTRUDERING
Heidlüß
Siedlung
am Jagdfeld
Keferloher Holz
Kreitmayr
Keferloh
Eicherholz
Solalinder
Holz
Solalinden
Kolonie
Solalinden
Lohholz
WALDPERLACH
Oedenstockach
Stockerfeld
Putzbrunn
Grasbrunn
Alter Wirt
Hotel One
Hotel Etap
Bürgerhaus
Sisi-Straße
Neubiberg
Waldkolonie
Einfang
Hohenbrunn
Altersheim
Kieswerk
500 m

Radtour 06

Messestadt Riem

Abflug München Ost

DAUER	2h
LÄNGE	19,5 km
HÖHENMETER	30 hm
SCHWIERIGKEIT	LEICHT
MIT ÖPNV ERREICHBAR	ja

Das erwartet euch ...

Die Radrunde hat eine mittlere Länge, weist jedoch kaum Höhenmeter auf. Da können auch jüngere Kinder gut mithalten. Wir wechseln zwischen asphaltierten Sträßchen und Wegen mit losem Untergrund. Immer ziemlich eben geht es durch lichten Wald und über Felder. Alles in allem eine tolle Familientour. Badesachen nicht vergessen.

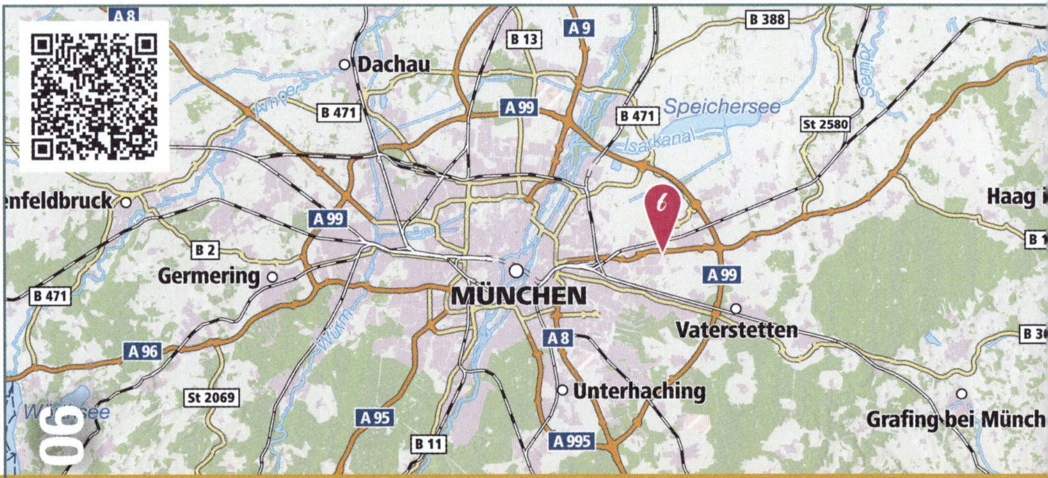

Radtour 06

Start & Ziel & Anreise

Los geht's beim Parkplatz am Riemer See. Mit dem Auto fahren wir auf der A94 München–Passau bis Ausfahrt 6 Feldkirchen-West. Hier biegen wir Richtung Messe ab und fahren vom De- Gaspari-Bogen links auf den Parkplatz am Riemer See in 81829 München. Mit den Öffentlichen fahren wir vom Hauptbahnhof mit der U2 bis Messestadt Ost.

Tourenbeschreibung

Die Messestadt Riem ist ein Stadtteil ohne Bögen und Schwünge, geradlinig besticht sie mit Ecken und Kanten. Der Stadtteil sollte modern und zweckmäßig sein, mit Park und See. Deshalb radeln wir nun „schnurgerade" vom Parkplatz am Riemer See an den See. Der See ist grandios: sauberes Wasser, flacher Kiesstrand und jede Menge Entspannung. Er wurde für die Bundesgartenschau angelegt. Nach der Tour können sich hier die Kids noch einmal ordentlich beim Badespaß austoben.

Wir rollen am Ufer rechts und auf dem asphaltierten Weg am 700 Meter langen See entlang. Im spitzen Winkel kommt von rechts ein weiterer Weg. Wir folgen ihm nach links zum Gewerbegebiet am Rappenweg. An der Schwablhofstraße halten wir uns links und radeln durch die Bahnunterführung zur Wasserburger Landstraße in München Trudering.

Gegenüber setzen wir unsere Tour durch die lang gezogene grüne Ader Friedenspromenade fort. Unterwegs, an der Kreuzung mit der Solalindenstraße, erwartet uns schon das Wirtshaus Lindengarten. Wenig später liegt rechts an der Kreuzung Vogesenstraße schon der Franziskaner Garten. Vor dem Haus steht eine echte Berghütte. Das Gasthaus selbst ist urgemütlich und hat einen tollen Biergarten mit altem Kastanienbestand. Weiter geht's über die Friedenspromenade Richtung Truderinger Grenzkolonie. An der Günderodestraße biegen wir links in die Grenzkolonie ein und radeln gemütlich am Rande der Siedlung entlang. Bald heißt sie Fauststraße und macht eine scharfe Linkskurve zur Schwedensteinstraße. Am Straßenende verlassen wir die Siedlung nach rechts und radeln durch den lichten Wald, dem Förchet, zum kleinen Dorf Solalinden.

Wir halten uns an der Straße links, unsere Route biegt dann kurz vor dem Gasthaus Zur EInkehr in die Straße Am Rehwinkel ab und führt uns über die weiten Felder und über die B 471 an den Waldrand des Waldgebietes Lohholz. Wir fahren in einem Linksbogen um das Lohholz herum, auf die Straße nach Keferloh. Nach links geschwenkt erreichen wir das Gut Keferloh. Im Innenhof können wir uns unter den vielen schönen Kastanien erst einmal eine kleine Pause gönnen. Das Herzstück vom Wirtshaus ist die Wirtsstube mit historischer Wandvertäfelung und einer umlaufenden Bank. Tische und Schränke sind noch aus der Gründerzeit. Auch das Künstlerzimmer mit Gemälden von Hans Prähofer ist eine Schau. Im Gasthof Gut Keferloh spielt das „Kleine Münchner Theater" mit viel Leidenschaft Mundarttheater, typisch bayerisch, aber keineswegs bierernst. Immer freitags, samstags und sonntags. In der Scheune nebenan findet jeden ersten Sonntag im Monat ein Antikmarkt statt. Toll zum Stöbern! Ein weiteres Highlight ist der Keferloher Markt am ersten Montag im September. Einst war er ein traditioneller Vieh-und Pferdemarkt, heute ist er ein gemütliches Landwirtschaftsfest.

Weiter geht unsere Fahrt kurz Richtung Solalinden, an der kleinen Kirche St. Ägidius vorbei und rechts auf den schmalen Weg über das Feld zum Waldrand. Mitten im Wald schwenken wir auf der zweiten Wegekreuzung rechts ein und fahren geradeaus nach Haar an die Münchener Straße. Rechts zur Ampel, dann rüber zur Keferloher Straße. Sie leitet uns nach Gronsdorf. An der Kirche in Gronsdorf halten wir uns links und an der folgenden Kurve geradeaus auf den Weg zum Ort der Besinnung am Riemer Park. Wir stehen wieder am Riemer See. Rechts geschwenkt geht's am Ufer entlang zum Aussichtspunkt. Wir umfahren den Hügel rechtsherum und können dann mit dem Rad hinauf. Unser Anstieg wird mit einer schönen Aussicht auf die Messestadt Riem belohnt. Hinunter lassen wir das Fahrrad rollen und biegen dann links ab zurück zum Ausgangspunkt der Tour, dem Parkplatz am Riemer See.

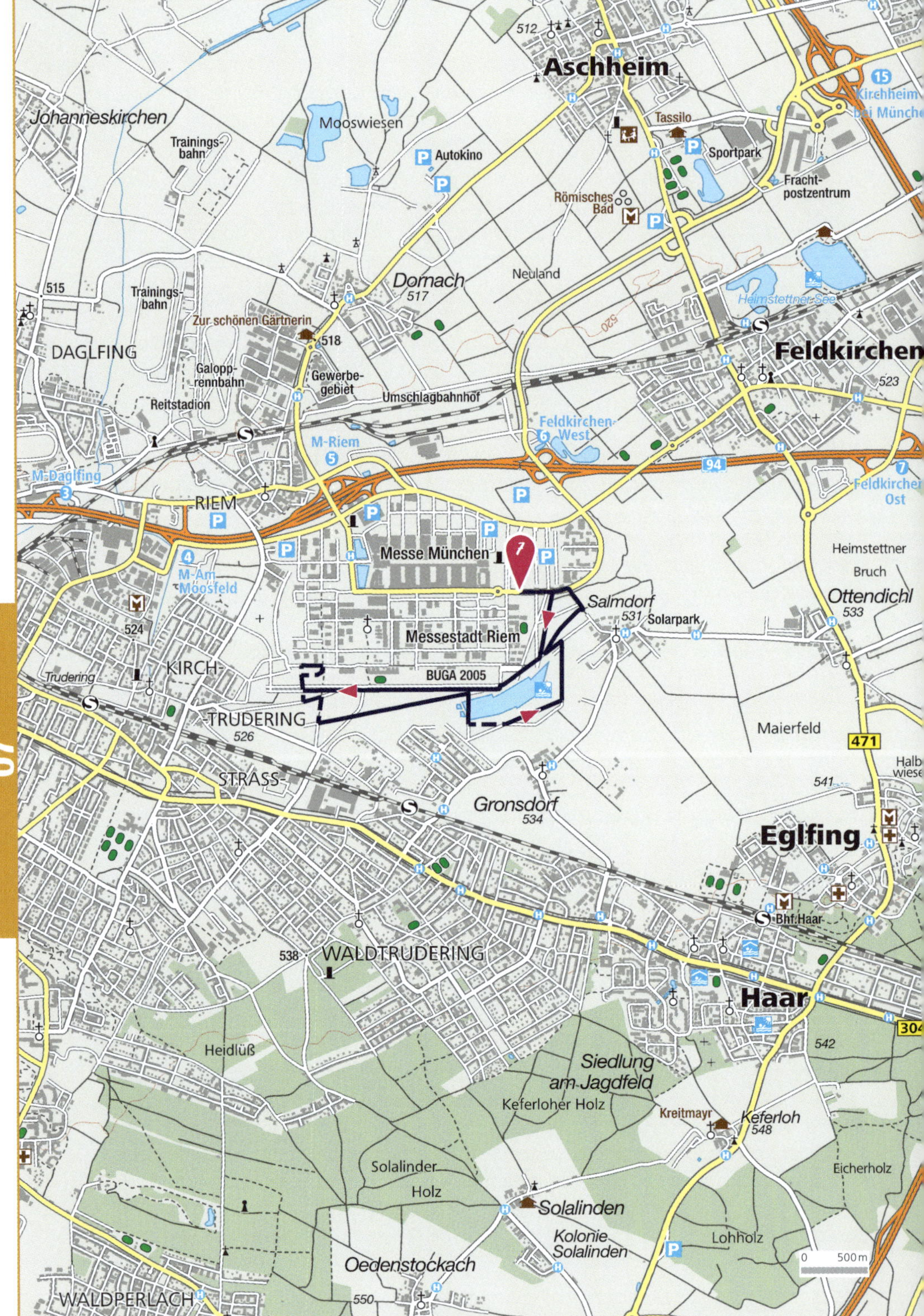
Aschheim
512
Johanneskirchen
Mooswiesen
Trainings-
bahn
Autokino
Tassilo
Sportpark
15
Kirchheim
bei Münche
Fracht-
postzentrum
Römisches
Bad
Neuland
515
Trainings-
bahn
Dornach
517
Zur schönen Gärtnerin
518
DAGLFING
Galopp-
rennbahn
Gewerbe-
gebiet
Heimstettner See
Feldkirchen
523
Umschlagbahnhof
Reitstadion
Feldkirchen-
West
M-Riem
M-Daglfing
94
Feldkirchen
Ost
RIEM
Messe München
M-Am
Moosfeld
Heimstettner
Bruch
Salmdorf
531
Solarpark
Ottendichl
533
524
Messestadt Riem
Trudering
KIRCH-
BUGA 2005
-TRUDERING
526
Maierfeld
471
STRASS-
541
Halb
wiese
Gronsdorf
534
Eglfing
Bhf. Haar
538
WALDTRUDERING
Haar
304
Heidlüß
542
Siedlung
am Jagdfeld
Keferloher Holz
Kreitmayr
Keferloh
548
Eicherholz
Solalinder
Holz
Solalinden
Lohholz
Kolonie
Solalinden
0
500 m
Oedenstockach
WALDPERLACH
550

07

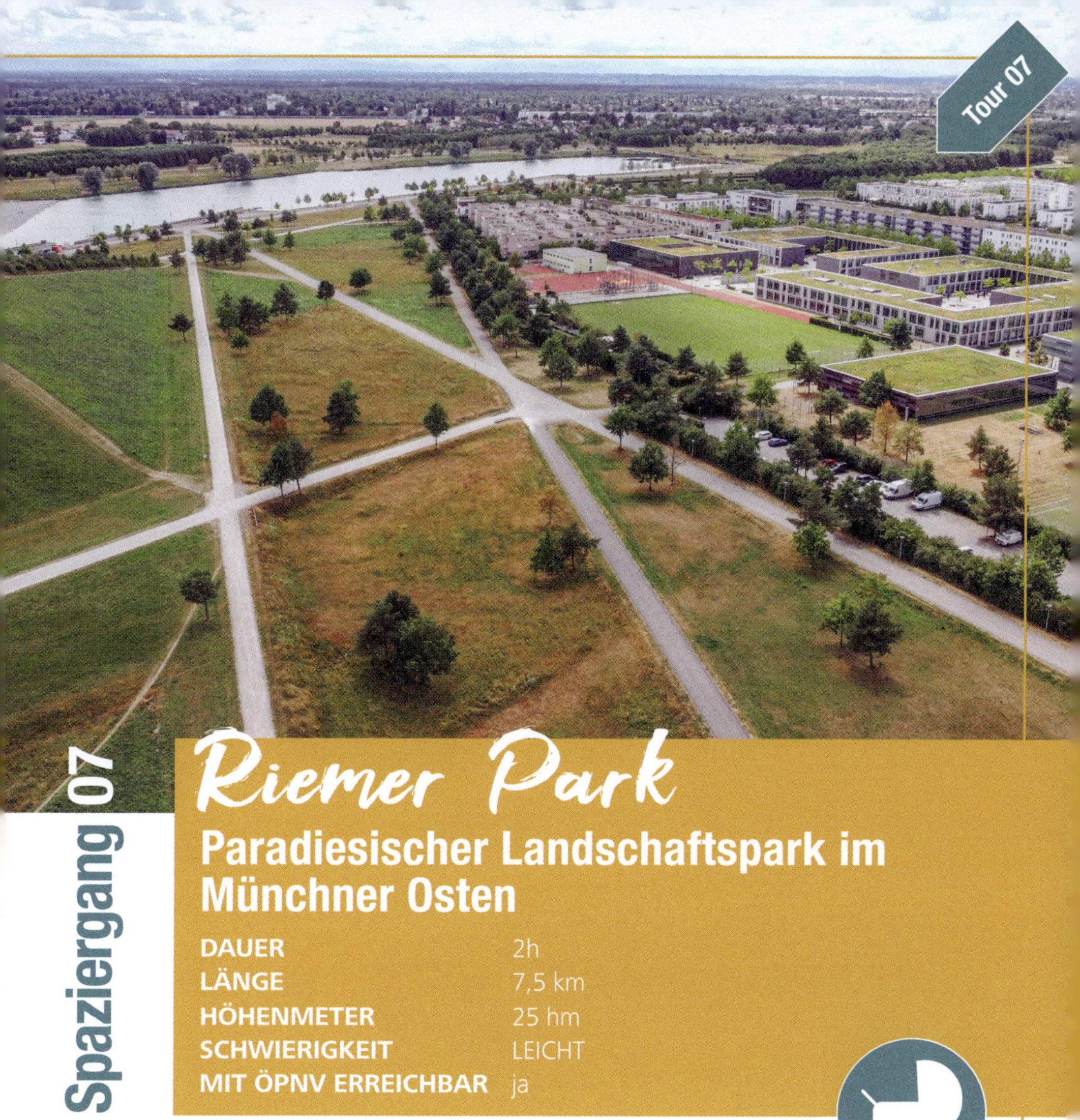

Tour 07

Riemer Park

Paradiesischer Landschaftspark im Münchner Osten

DAUER	2h
LÄNGE	7,5 km
HÖHENMETER	25 hm
SCHWIERIGKEIT	LEICHT
MIT ÖPNV ERREICHBAR	ja

Das erwartet euch ...

Die heutige Tour führt uns in einer Runde über das Gelände der ehemaligen Bundesgartenschau. Ohne wirklich ernst zu nehmende Höhenunterschiede streifen wir an vielen versteckten kleinen Highlights vorbei und machen am einen oder anderen Spielplatz halt. Auf dem Rückweg lohnt sich ein Sprung in den Riemer See. Aber auch außerhalb der Sommerzeit ist es im Park paradiesisch und abwechslungsreich.

Spaziergang 07

Start & Ziel & Anreise

Los geht's beim Parkplatz am Riemer See. Mit dem Auto fahren wir auf der A94 München–Passau bis Ausfahrt 6 Feldkirchen-West. Hier biegen wir Richtung Messe ab und fahren vom De- Gaspari-Bogen links auf den Parkplatz am Riemer See in 81829 München. Mit den Öffentlichen fahren wir vom Hauptbahnhof mit der U2 bis Messestadt Ost.

Tourenbeschreibung

1992 zog der Münchener Flughafen von Riem ins Erdinger Moos um. So wurde eine 500 Hektar große Fläche im Münchner Osten frei. Vier Jahre später wurde die Messe dort angesiedelt, 2005 kam dann die BUGA. Neben dem Flughafengelände wurde auch der gesamte Stadtteil Riem mit in die Ausstellungen und Veranstaltungen der Gartenschau einbezogen. Der neu entstandene Riemer Park ist heute die drittgrößte Parkanlage Münchens und erhielt den Landschaftsarchitekturpreis.

Wir beginnen unsere kleine, abwechslungsreiche Runde durch den streng symmetrischen BUGA-Park am Parkplatz vom Riemer See. Zunächst folgen wir kurz dem De-Gasperi-Bogen nach Osten, dann biegen wir auch schon auf einen Schotterweg ein. Er leitet uns direkt zum Riemer See. Am See schwenken wir nach rechts und spazieren ein paar Minuten an seinem Ufer entlang. Dann drehen wir nach

rechts uns machen einen Abstecher durch den sogenannten „Garten der Freundschaft".

Das Areal ist ein Traumort für Kinder, denn gleich hinter dem hübsch angelegten Garten befindet sich ein riesengroßer Spielplatz. Die Hälfte des Spielplatzes besteht aus einem riesigen Hindernis-Parcour, der zwischen wellenförmigen Beton-Wänden angebracht ist. Die Hindernisse sind dabei sehr unterschiedlich anspruchsvoll – eine Herausforderung für Kids jeder Altersstufe. Kletternetze, verschiedene Rutschen und ein Wasserspielplatz garantieren ein abwechslungsreiches Spielen. Daneben lockt ein riesiger Sandkasten zum Graben, Buddeln und Bauen.

Nach dem Spielplatz geht's recht lange stangengeradeaus nach Westen. Am Staudengarten und Skaterpark vorbei – hier gibt es anspruchsvolle Hindernisse und Sprungmöglichkeiten, aber auch relativ einfache Wölbungen. Kurz vor dem Fitnesspark schwenken wir dann nach rechts auf einen Abstecher zu den Senkgärten: eine Art Parcours aus knallroten Gummibahnen, der sich zwischen ein paar Hügeln hin- und herschlängelt. Da gibt es auch ein paar große Löcher; wenn man hineinsaust, kommt man irgendwo anders wieder heraus. Direkt daneben befindet sich das Gräser-Labyrinth. Wenn das Gras hoch genug steht, können sich die Kleineren prima drin verstecken.

Wir spazieren zurück zur Abzweigung und gehen geradeaus weiter. Wenig später schwenken wir nach links und schlagen die Richtung zurück zum Riemer See ein. Am Südufer passieren wir nochmal einen kleinen Spielplatz, dann geht's am Kiesstrand entlang wieder zurück zum Parkplatz.

Autoren Tipp

Auch im Winter hat der Riemer Park eine tolle Attraktion für die Kleinen: Im Nordosten des Parks, kurz bevor wir zum Parkplatz zurückkehren, schlendern wir am Rodel- bzw. Drachen-Steig-Hügel vorbei. Im Herbst der beste Ort zum Drachen steigen lassen,ist im Winter hier Rodelspaß angesagt.

Und wer von Spielplätzen noch nicht genug hat, dem sei der Piratenspielplatz nördlich des Staudengartens ans Herz gelegt.

Moschee
Auensiedlung
Großlappen
M-Fröttmaning-Süd
M-Freimann
Kollmannsbr.
Unterföhringer See
Mittl. Isar-Kanal
489
Unterföhring
Mittlere Isar (Kanal)
Seebach
471
Teichgut
Birkenhof
Hinter-Mühle
E52
99
E45
Feringasee
Feringa
Aschheim/Ismaning
Wendelmühle
Görgelmühle
Vordermühle
Gleißbach
Moosanger
Luß
OBERFÖHRING
Solarpark
Basispyramide
Isar
507
Trainingsbahn
Aschheim
zu Johanneskirchen
Johanneskirchen
512
Englschalking
Mooswiesen
Trainingsbahn
Autokino
Prinz-Eugen-Kaserne
Cosimabad
DAGLFING
515
Trainingsbahn
Dornach
517
Neulan
Zur schönen Gärtnerin
518
Galopprennbahn
Gewerbegebiet
Umschlagbahnhof
Denninger Anger
Reitstadion
Trabrennbahn
8
Feldkirchen West
M-Riem
M-Zamdorf
M-Daglfing
RIEM
521
94
M-Steinhausen
Messe München
M-Am Moosfeld
Rangierbahnhof
0 500 m
524
KIRCHTRUDERING
304
BERG AM LAIM
Messestadt Riem

08 Radtour

Münchner Osten

Mit dem Rad zu Pferd und Golfball

DAUER	2h 30min
LÄNGE	30 km
HÖHENMETER	20 hm
SCHWIERIGKEIT	MITTEL
MIT ÖPNV ERREICHBAR	ja

Das erwartet euch ...

Die Tour ist für Familien mit älteren Kindern gut geeignet, führt meist auf asphaltierten Wegen und Straßen ohne nennenswerte Steigungen und Verkehr. Für Kinder ist sicherlich der Alpakahof ein Highlight der Runde. Der Poschinger Weiher und der Feringasee sind tolle Möglichkeiten zum Abkühlen. Also Badesachen nicht vergessen.

Radtour 08

Start & Ziel & Anreise

Los geht's am Parkplatz an der Rennbahnstraße in München-Daglfing. Mit dem PKW geht's auf der BAB A94 bis Ausfahrt 3 München-Daglfing. Hier biegen wir Richtung Trabrennbahn ab und fahren bis zum Parkplatz an der Rennbahnstraße gleich neben der Ausfahrt. Weiter geht es mit den Öffentlichen: Wir nehmen die S-Bahn Linie S8 bis S-Bahnhof München-Daglfing, dann steigen wir in den Bus der Linie 183 um bis zur Haltestelle Rennbahnstraße.

Tourenbeschreibung

Am Parkplatz an der Rennbahnstraße vor der Trabrennbahn in München-Daglfing steigen wir zu einer herrlichen Rundtour auf unseren Drahtesel und statten zunächst der Trabrennbahn einen Besuch ab. Dafür fahren wir auf der Landshamer Straße an der Bahn entlang zur Olympia-Reitanlage. Wir halten uns geradeaus und radeln eine Schleife zur Galopprennbahn München-Riem und zum Golfclub. Im Bogen geht's rechts am Eingang vorbei zur Frobenstraße und erst einmal zurück zum Parkplatz. Nach rechts geschwenkt geht's über die Rennbahnstraße zur Gemingstraße. Wir biegen ein und radeln gleich links in die Traberstraße bis zur Krenklstraße. Hier geht's halb links zur Welschstraße und geradeaus an den Rand der Siedlung Daglfing. Mit Blick über die Felder fahren wir nach rechts und dann links an der Kleingartenanlage entlang zur Brodersenstraße. Nach rechts führt der Dornacher Weg zur Salzstraße. Wir biegen links ein und kommen nach Johanneskirchen. An der Glücksburger Straße wenden wir uns nach rechts, gelangen an die

Apenrader Straße und rechts zur Brücke am Bahndamm der ehemaligen Feldkirchner Eisenbahntangente. Wir fahren weiter, hinter dem Bahndamm links und folgen der Apenrader Straße zum Alpakahof München. Auf dem tollen Hof ist jeder willkommen, der einem Alpaka näher kommen möchte. Es gibt Alpakawanderungen und ein sogenanntes Flauschi-Frühstück mit Alpakas. Eine Erfahrung der ganz besonderen Art.

Zurück auf der Route radeln wir durch den Moosgrund zum Abfanggraben. Bei Anglern ist der Abfanggraben ebenso beliebt wie bei Kormoranen. Auf dem Dammweg oberhalb des Kanals radeln wir Richtung Aschheim. Der Weg wird beim Golfpark München Aschheim zu einer schönen Pappelallee. Am Kreisverkehr biegen wir links ab auf die Mühlenstraße zu drei Mühlen. An der Görgelmühle fahren wir links auf dem asphaltierten Weg über die Felder hinaus, über die Brücke der Kreisstraße zum Feringasee: Dort tummeln sich Sportler, die windsurfen oder Beachvolleyball spielen, und Kinder spielen im Sand. Im Norden und Süden des Sees gibt es Kioske. Wir radeln weiter auf dem Unteren Aschheimer Weg zum Gewerbegebiet von Unterföhring. Die Gemeinde ist Medienstandort. Am Haus des Medienkonzerns Sky biegen wir rechts ab auf den Etzweg Richtung Kleingartenverein. Am großen Baum in der Kurve wenden wir uns nach links und radeln jetzt in der Aschheimer Straße zum Tunnelportal, an dem die S-Bahnlinie abtaucht. Wir biegen dahinter auf den Weg rechts ein und radeln über die Brücke am Kanal der Mittleren Isar. Links geht's geradewegs zum Poschinger Weiher. Kinder können auf der großen, schattigen Wiese spielen.

Vom naturbelassenen großen Parkplatz erreichen wir schnell die Seewirtschaft mit schönem Biergarten. Auf der Straße geht's am Weiher entlang zum Isarufer. Links geht's an einigen Stromschnellen entlang flussaufwärts. Der Weg schwingt hin und her zwischen Isar und Kanal. Bald erreichen wir die Leinthaler Straßen- und Bahnbrücken und steuern auf die St.-Emmeram-Brücke zu. An der Fußgängerbrücke vorbei radeln wir links zur Kanalbrücke und fahren hinüber zur Wirtschaft St. Emmeramsmühle, ein uriges Wirtshaus, dessen Verkleidung die einer ehemaligen Mühle ist.

Wir radeln am Isarufer hinauf zur Oberföhringer Straße. Nach rechts, dann An der Salzbrücke links. Über die Cosmiastraße geradeaus zum Salzenderweg zur Fideliostraße. Wir queren die Freischützstraße, unterfahren kurz darauf die Bahngleise und stehen vor dem Beerencafé. Zur Erntezeit ist hier richtig was los. Nebenan im Maislabyrinth können sich die Kinder austoben, während wir uns vom Obstkuchen im Beerencafé verführen lassen. In Englschalking nehmen wir uns die Savitsstraße vor und fahren nach Alt-Daglfing. Schräg links über die Broderssenstraße in die Mäleßkirchstraße und am Friedhof rechts zur Kohlbrennerstraße. Dort geht's nach links und am Supermarkt über die Kreuzung zur Rennbahnstraße und zurück zum Parkplatz.

GARCHING
bei München
Mittlere
Fischerhäuser
Erber
Gewerbegebiet
484
HOCHBRÜCK
Schleißheimer Kanal
Garchinger Mühlbach
Isar
Mühlenpark
Garchinger Mühle
Isarau
388
71
Garching-Süd
Kanalschlössl
490
Standort-
übungsplatz
DIRN-
ISMANING
Fröttmaninger
Mülldeponie
486
Kreuz
München-
Nord
72/13
Müll-
deponie
Fröttmaning
Nord
12b
Schleißheimer Kanal
Garchinger Mühlbach
Hirschau
Schwabinger Bach
488
Ismaning
492
Heide
Allianz-
Arena
U-Bahn
Betriebshof
Auensiedlung
Kolimannsbr.
471
Seebach
Großlappen
Unterföhringer See
Mittlere Isar (Kanal)
73
M-Fröttmaning-Süd
9
Mittl.
Isar-Kanal
E52
99
E45
Hinter-Mühle
74
M-Freimann
Feringa-
see
Sisi-Straße
Feringa
14
Aschheim/Ismaning
409
Unterföhring
Gleißbach
Moosanger
Luß
499
75
Aumeister
M-Frankfurter
Ring
9
Solarpark
Schwabinger Bach
Isar
Basispyramide
507
Nordfriedhof
OBERFÖHRING
zu Johannes-
kirchen
Johanneskirchen
0 500 m
502
Mooswiesen

09 Flusstour

Poschinger Weiher

Versteckter Weiher zwischen Ismaning und Isar

DAUER	1h
LÄNGE	3,5 km
HÖHENMETER	60 hm
SCHWIERIGKEIT	LEICHT
MIT ÖPNV ERREICHBAR	ja

Das erwartet euch ...

Der Poschinger Weiher bei Unterföhring ist nicht nur ein toller Badesee, er liegt auch hübsch versteckt zwischen Kanal und aussichtsreichem Hypoberg. Hier kann jeder, der will, eine kleine Runde drehen, oder sportlich Ambitionierte entlang der Isar bis nach Ismaning wandern.

Flusstour 09

Start & Ziel & Anreise

Mit dem Bus: Mit dem Bus 231 von der U-Bahnhaltestelle Studentenstadt (U6) Richtung Ismaning bis zur Haltestelle Unterföhring-Kanal fahren. Mit dem Auto: In Unterföhring am nördlichen Ortsausgang/Münchner Straße nach der Isarbrücke links in die Straße Am Poschinger Weiher abbiegen und bis zum öffentlichen Parkplatz fahren.

Tourenbeschreibung

Von der Bushaltestelle Unterföhring-Kanal geht es erst ein Stück auf der Straße am Poschinger Weiher nach Westen, dann nach dem Sportplatz abbiegen und rechts nach Norden. In einem Linksbogen um den Tümpel herum führt der Weg ansteigend auf den Hypoberg. Aus ehemaligem Bombenschutt entstanden fügt er sich wie ein natürlicher Berg in die eher flache Landschaft des Münchner Nordens ein. Hier genießt man den tollen Blick zum Poschinger Weiher, auf den Isar-Kanal und über die Stadt zu den Bergen.

Unten am Hang halten wir uns am Abzweig links. Der Weg führt zum Isarsteg Unterföhring am ehemaligen Mollwehr. Nicht nur vom Steg kann man das Isarflimmern beobachten, auch von der nahen Kiesbank etwas südlich. Eine schöne Gelegenheit, hier einen Augenblick zu verweilen und die Ruhe des Flusses aufzunehmen. Zum Poschinger Weiher dem geschotterten Uferweg nach Süden folgen und an der nächsten Möglichkeit links abbiegen. Geradeaus befindet sich die Parkplatzeinfahrt und halb links hinter den Stellplätzen der See, der durch einen Zugang erreichbar ist. Wer möchte, kann hier im Sommer herrlich baden und den Tag ausklingen lassen.

Im Sommer ist der Poschinger Weiher eine richtige Badeoase! Es gibt einen Kinderstrand, wo auch Nichtschwimmer sicher im Wasser planschen können. Die Wassertiefe liegt bei etwa 2,5 Meter im restlichen See. Die Wasserqualität ist hier übrigens viel besser als im Feringasee.

Um zurück zur Bushaltestelle zu gelangen, den Poschinger Weiher im Süden umrunden und auf den Treppenstufen hinauf zur Dammkrone des Isarkanals steigen. Oben angelangt, dem Weg in einem weiten Rechtsbogen bis zur Kanalbrücke folgen. Die Bushaltestelle befindet sich ein kleines Stück im Norden.

Eine alternative Variante für Sportliche über den Isarsteg bei Ismaning: Der Isar folgen wir dafür flussabwärts nach Norden unter der Autobahnbrücke hindurch. An der Abzweigung nach knapp 450 Meter geht's rechts durch den Auwald – dann an der Weggabelung links – zur friedlichen St.-Koloman-Klause. Von der Klause folgen wir dem Wiesenweg am Waldrand Richtung Norden. Vor den ersten Häusern schwenken wir nach links zurück zum Fluss und auf dem Uferweg rechts flussabwärts bis zur Fußgängerbrücke. Auf der westlichen Flussseite geht es wieder bis zum Unterföhringer Isarsteg, um dort auf das Ostufer zu wechseln.

10
Moos
NSG
Regattaparksee
Regattaanlage Feldmoching-Oberschleißheim (Olympia-Ruderregattastrecke)
Kalterbach
Försterbächl
Würmkanal
Mühlbach
DWD
Flugwerft Schleißheim
Klausenweg
Fasanerie
Hochmutting
Karlsfeld
488
Würmkanal
E52
99
1/11 Dreieck München-Feldmoching
FELDMOCHING-
492
-HASENBERGL
494
Versuchsgelände
492
506
Feldmochinger See
HARTHOF
10 München-Ludwigsfeld
LUDWIGSFELD
FASANERIE-
NORD
Fasaneriesee
-AM HART
498
Allacher Forst
500
Rangierbahnhof
Lerchenauer See
MÜNCHEN
518
Angerlohe
Güterbahnhof
304
MILBERTSHOFEN
506
stillgelegt
Zentrale Hochschulsportanlage
BMW-Welt
MOOSACH
2R
Olympiastadion
Sea Life
Olympiasee
Luitpoldpark
Westfriedhof
Olympiapark
564
513
München-Arena
Dantestadion
Dantebad
GERN
SCHWABING-
514
0 500 m
Schlosspark
520
Pagodenburg
Museum Mensch u. Natur
NYMPHEN-

10 Seentour

Fasaneriesee & Co

Eine Runde – drei Seen

DAUER	3h
LÄNGE	11,7 km
HÖHENMETER	30 hm
SCHWIERIGKEIT	LEICHT
MIT ÖPNV ERREICHBAR	ja

Das erwartet euch ...

Gleich drei Seen laden im Norden von München zum Baden und natürlich auch zum Wandern ein. Inmitten des Siedlungsgebiets sind sie ausgezeichnet erreichbar und beliebtes Naherholungsgebiet der städtischen Bevölkerung. Weiträumige Liegewiesen bieten ausreichend Platz, Spielplätze sorgen für Abwechslung für die Kleinen und Restaurants für das leibliche Wohl ... was will man mehr?

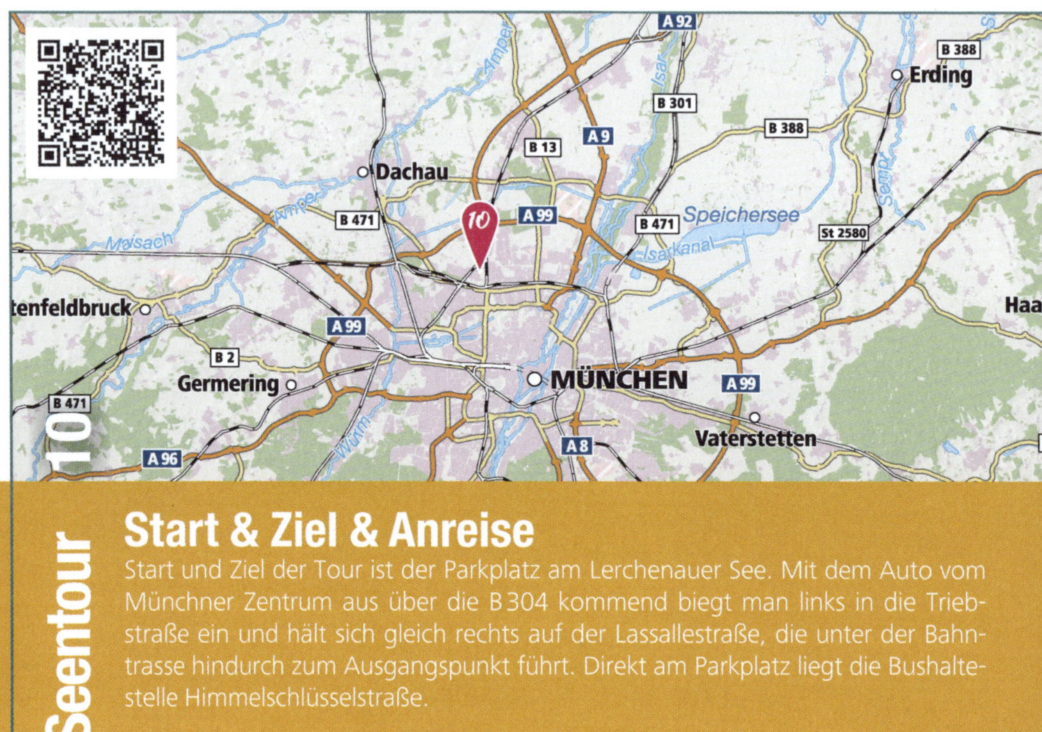

Seentour 10

Start & Ziel & Anreise

Start und Ziel der Tour ist der Parkplatz am Lerchenauer See. Mit dem Auto vom Münchner Zentrum aus über die B 304 kommend biegt man links in die Triebstraße ein und hält sich gleich rechts auf der Lassallestraße, die unter der Bahntrasse hindurch zum Ausgangspunkt führt. Direkt am Parkplatz liegt die Bushaltestelle Himmelschlüsselstraße.

Tourenbeschreibung

Am südlichen Ende des Parkplatzes gehen wir nach links zum Ufer des Lerchenauer Sees und umrunden ihn gegen den Uhrzeigersinn. Er ist der älteste und kleinste Badesee im Norden von München und aufgrund seiner Lage inmitten des Siedlungsgebiets ein beliebtes Naherholungsgebiet; entsprechend voll kann es hier an heißen Sommertagen werden, wenn viele Stadtbewohnerinnen und Stadtbewohner Abkühlung suchen.

An der Nordspitze des Sees gehen wir an der Franz-Fackler-Straße kurz nach links und biegen dann gleich rechts auf eine kleine Straße neben dem Industriegebiet ein. In einer Linkskurve umrunden wir das Gewerbegebiet im Norden und halten uns geradeaus bis zur Toni-Pfülf-Straße, die wir überqueren. Die Bahntrasse unterquerend gelangen wir zum Fasaneriesee. Der 14 Hektar große See wird etwas weniger besucht als der Lerchenauer See, hat jedoch ebenfalls wunderbare Liegewiesen zu bieten. Entlang seines Ufers wandern wir entgegen des Uhrzeigersinns; am nördlichen Ende wartet ein toller Spielplatz, der vor allem den kleineren Wanderern die Runde mit Spannung und Spaß verkürzen wird. Danach lockt eine Abzweigung auf der rechten Seite zu einem Abstecher zu einer Gaststätte mit schönem Biergarten.

Nach der wohlverdienten Stärkung umrunden wir das Seende und anschließend den Skatepark in einem Rechtsbogen und spazieren entlang der Feldmochinger Straße, bis nach einem Möbelgeschäft linker Hand die Hammerschmiedstraße abzweigt. Ihr folgen wir entlang von Feldern, bis in einer scharfen Rechtskehre links eine kleine Straße abgeht, die schließlich an einem großen Parkplatz abzweigt und nach rechts zum Feldmochinger See führt. Auch dieser ist natürlich ein beliebter und viel besuchter Badesee.

Wir umrunden auch diesen See gegen den Uhrzeigersinn, dessen südliches Ende als naturbelassener Bereich den Nistvögeln vorbehalten ist. Eine Aussichtsplattform bietet schöne Ausblicke auf das Biotop und den See, ehe wir auf die Ferchenbachstraße stoßen und rechts in sie einbiegen. Gemeinsam mit dem kleinen Mühlbach verlassen wir sie nach links, folgen der Straße Am Blütenanger kurz nach links und biegen gleich rechts in die Reigersbachstraße ein. Wenn diese eine scharfe Linkskurve beschreibt, gehen wir nach rechts, überqueren beim Rodelhügel die Wiese nach links und können entweder entlang der kleinen Straße oder – schöner – links von ihr auf einem Trampelpfad geradeaus weiterwandern bis zur Feldmochinger Straße.

Sie unterqueren wir, gehen anschließend gleich links und auf einem kleinen Pfad nach rechts. Er mündet in einen Weg, dem wir folgen, dann umrunden wir einen kleinen Teich, biegen abschließend auf einem Feldweg in spitzem Winkel in Richtung Norden ab und treffen nach dem Wald auf eine Straße. Kurz geradeaus auf der Reinachstraße, gleich rechts in die Grieserstraße und an deren Ende an der Lassallestraße links zurück zum Ausgangspunkt.

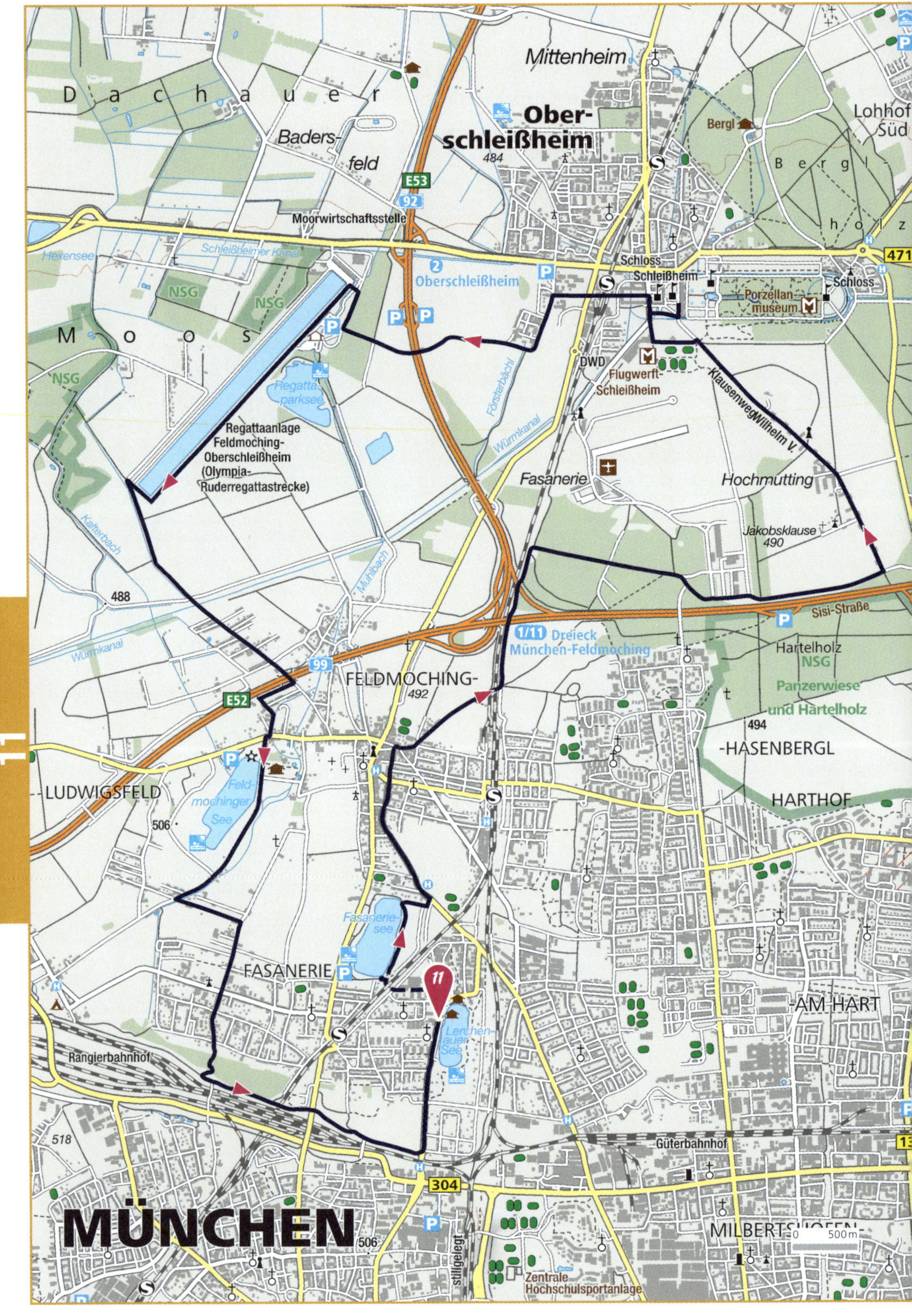

Mittenheim
Ober-
schleißheim
484
Dachauer Moos
Badersfeld
Moorwirtschaftsstelle
Oberschleißheim
Schloss Schleißheim
Porzellan-museum
Schloss
Bergl
Lohhof Süd
Berglholz
Regattaparksee
Regattaanlage Feldmoching-Oberschleißheim (Olympia-Ruderregattastrecke)
Flugwerft-Schleißheim
Klausenweg Wilhelm V.
Fasanerie
Hochmutting
Jakobsklause
490
Sisi-Straße
Dreieck München-Feldmoching
Hartelholz
Panzerwiese und Hartelholz
FELDMOCHING-
492
494
-HASENBERGL
HARTHOF
LUDWIGSFELD
Feldmochinger See
506
Fasaneriesee
FASANERIE
Lerchenauer See
AM HART
Rangierbahnhof
Güterbahnhof
518
MÜNCHEN
506
MILBERTSHOFEN
Zentrale Hochschulsportanlage
stillgelegt
500 m

11

11

Radtour

Vor den Toren Münchens

Zwischen Feldmoching und Oberschleißheim

DAUER	2h 15min
LÄNGE	26 km
HÖHENMETER	20 hm
SCHWIERIGKEIT	LEICHT
MIT ÖPNV ERREICHBAR	ja

Das erwartet euch ...

Heute starten wir zu einer tollen Familientour mit viel Abwechslung für die Kleinen und auch die Großen auf fast durchgehend asphaltierten Wegen ohne Steigung. Straßen mit viel Verkehr haben wir auch nicht zu befürchten. Unterwegs treffen wir auf drei Badeseen und den Flugplatz Schleißheim, an den das spannende Flugzeugmuseum angeschlossen ist.

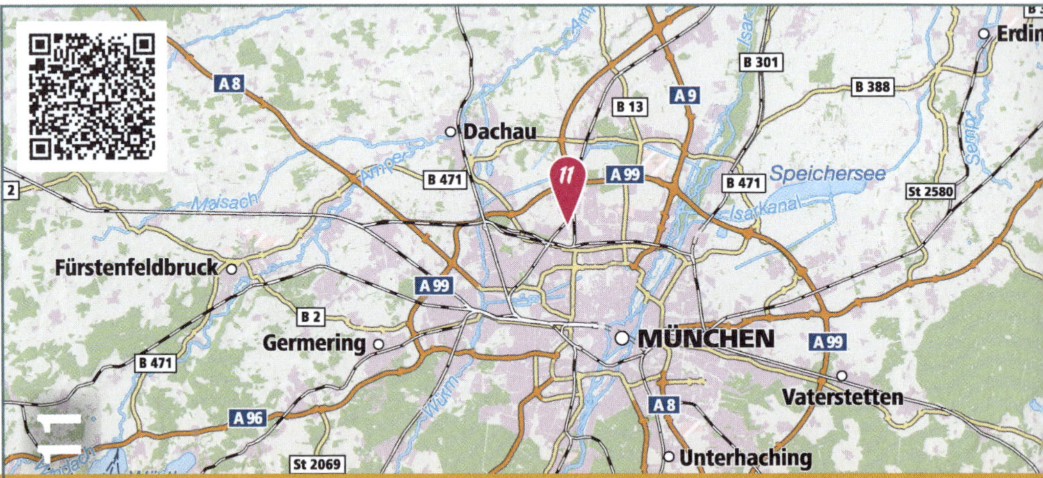

Start & Ziel & Anreise

Unser Ausgangspunkt ist der Parkplatz am Lerchenauer See in der Lassallestraße. Von München fahren wir über den Mittleren Ring Nord und wechseln bei der Parkstadt Schwabing auf die B13. In München Neuherberg halten wir uns links und folgen der Ausschilderung zum Flugplatz Schleißheim. Mit den Öffentlichen geht's mit der S1 zur Haltestelle München-Fasanerie. Über die Himmelschlüsselstraße in fünf Minuten zum Parkplatz am Lerchenauer See.

Tourenbeschreibung

Am Parkplatz Lerchenauer See steigen wir in die Tour ein. Hier können wir am Ende der Runde einmal ins Wasser springen. Am Ende der Lasallestraße biegen wir bei der Grundschule auf den Weg nach links entlang der Schule ein und unterfahren die S-Bahngleise zum Fasaneriesee. Rechts folgen wir dem Ufer zum Parkplatz an der Lerchenauer Straße. Jetzt geht's auf der Lerchenauer Straße nach Feldmoching hinein. An der Herbergstraße wenden wir uns nach rechts. Dann biegen wir links zur Hochmuttinger Straße ab. Gleich hinter dem Bahnübergang leitet uns der Schotterweg unterm Autobahndreieck auf das Königsstraßl zum Korbinianiholz.

Am Ende des Waldes stoßen wir auf das Gelände, auf dem die Fliegerstaffel der Bundespolizei stationiert ist. Wir teilen uns die Allee mit zahlreichen Skatern, die die 9 Kilometer lange Asphalt-Rennstrecke rund um den Flugplatz dahin sausen. Auf der Jägerstraße geht's zur Münchner Allee und links zum Gut Hochmutting. Am Flugplatz Schleißheim sehen wir die ersten Segelflieger. Ca. 15 Segelflugzeuge vom topmodernen Hochleistungssegler bis zum Oldie sind vor allem an den Wochenenden in der Luft. Spektakulär anzusehen sind die Windenstarts. Wir können hier auch auf einem Rundflug mitfliegen. Schon der Abflug in Richtung Osten führt direkt zur Allianz-Arena, über München bis in die Alpen. Abends ist die Stimmung hier besonders schön.

Die Münchner Allee führt uns mit Blick auf die startenden und landenden Flugzeuge geradewegs dorthin, zur links abzweigenden Effnerstraße am Skatepark. Unser nächstes Ziel ist die Schlosswirtschaft Oberschleißheim. Dafür folgen wir der Effnerstraße rechtsherum. Wir stehen vor dem Alten Schloss Schleißheim, gegenüber ist das Neue Schloss und dahinter der Schlosspark, der zu einer Spazierrunde einlädt. Im Mittelkanal des Schlossparks zieht der Gondoliere mit einer echten, venezianischen Gondel seine Kreise. Ein Hauch Venedig liegt in der Luft!

Für technisch Interessierte hingegen ist sicherlich die Flugwerft Schleißheim etwas. 1919 entstand ein Flugplatz für die königlich-bayerischen Fliegertruppen. Heute ist der Flugplatz ein Eldorado für Segelflieger und Sportpiloten. Anfang der 1990er Jahre beschloss man, an diesem historischen Ort eine Ausstellungshalle zu errichten, mit Ausstellungen und Workshops. Weiter geht's auf der Effnerstraße in den romantischen Wilhelmshof des Alten Schlosses, wir wenden uns nach links und dann geradeaus über die Bahngleise in die Veterinärstraße. Hinter den Gebäuden der LMU fahren wir nach rechts über die Felder und die Autobahn zur Ruderregattastrecke. Hier erwartet uns das Munich Beach Resort mit herrlich weißem Sandstrand.

Am Ende des 2200 Meter langen Strands radeln wir hinunter an den Weg und im spitzen Winkel links über die Felder nach Feldmoching. Die Schwarzhölzlstraße führt uns unter der Autobahnbrücke hindurch zur Straße Sommerweide, die rechts abzweigt. Wir queren die Karlfelder Straße zur Ferchenbachstraße am Feldmochinger See. Direkt am See kann man super im Seehaus Feldmoching einkehren. Dann geht's weiter zum Badestrand am Seeufer. Er wird von vielen alten Bäumen und Sträuchern gesäumt. Urlaubsfeeling pur also. Am hinteren Rand einer kleinen Siedlung zweigt links ein Weg ab, der uns hinüber zur Fasanerie an die Pappelallee führt. Wir fahren rechts durch den Stadtteil von München zum Grünzug vor dem Rangierbahnhof München-Nord. Der Schotterweg führt vor den Gleisen nach links, leitet uns durch die Brücke an der Feldmochinger Straße an die Lassallestraße. Die Wegebrücke lassen wir rechts liegen und fahren zurück an den Ausgangspunkt.

12

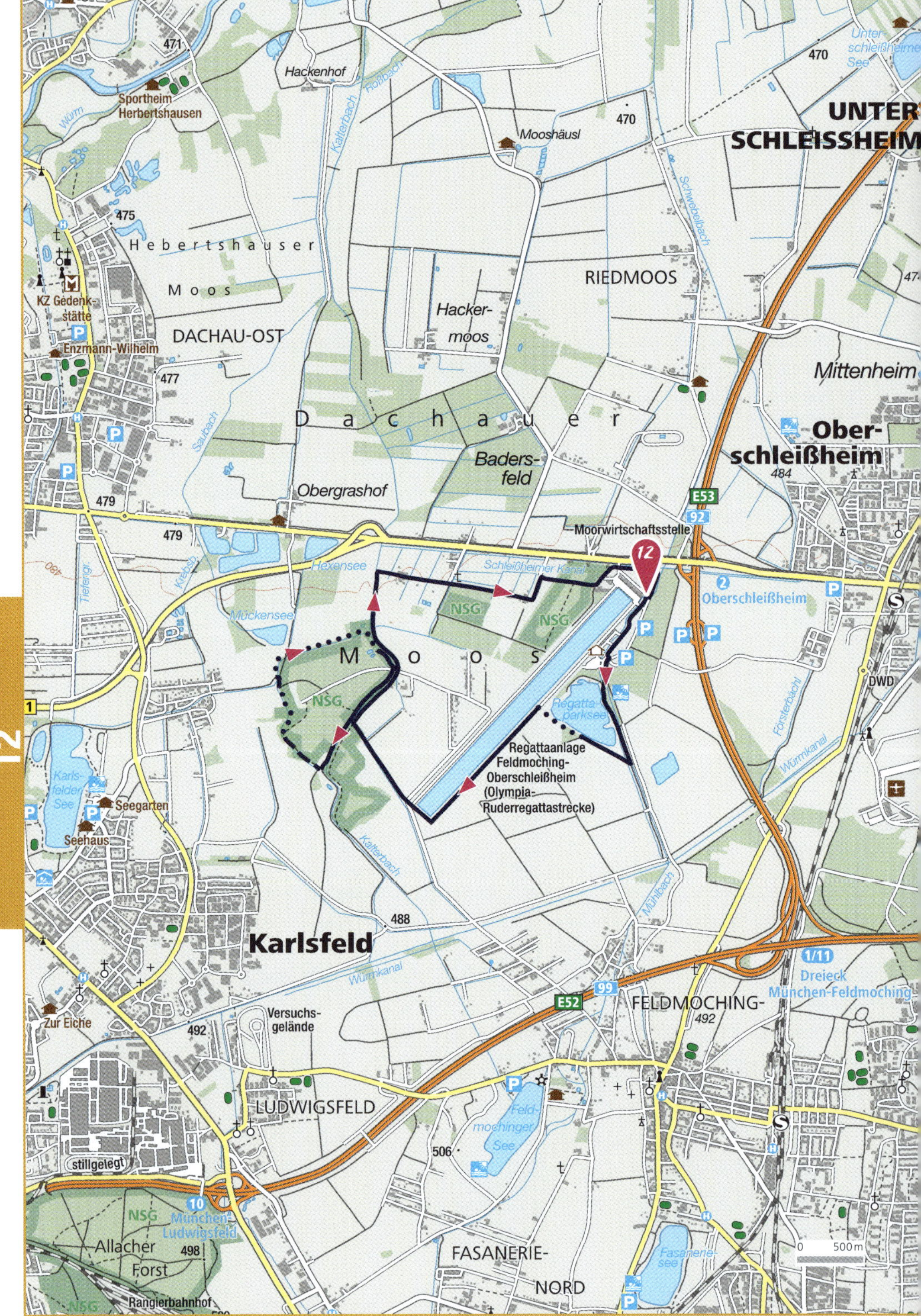

Hackenhof
Sportheim Herbertshausen
Mooshäusl
470
UNTERSCHLEISSHEIM
Hebertshauser Moos
RIEDMOOS
KZ Gedenkstätte
DACHAU-OST
Hacker-moos
Enzmann-Wilhelm
Mittenheim
Dachauer Moos
Ober-schleißheim
Badersfeld
Obergrashof
Moorwirtschaftsstelle
12
Hexensee
Schleißheimer Kanal
Oberschleißheim
Mückensee
NSG
Regattaparksee
Regattaanlage Feldmoching-Oberschleißheim (Olympia-Ruderregattastrecke)
Karlsfelder See
Seegarten
Seehaus
Karlsfeld
Würmkanal
Dreieck München-Feldmoching
FELDMOCHING-
Versuchsgelände
Zur Eiche
LUDWIGSFELD
Feldmochinger See
stillgelegt
München-Ludwigsfeld
Allacher Forst
Rangierbahnhof
FASANERIE-NORD
Fasaneriesee
0 500 m

Badetour 12

Regattaparksee

Olympiafeeling mit Erholungswert

DAUER	3h
LÄNGE	11,3 km
HÖHENMETER	50 hm
SCHWIERIGKEIT	LEICHT
MIT ÖPNV ERREICHBAR	ja

Das erwartet euch ...

Die Sport- und Freizeitanlage der Regattastrecke bei Oberschleißheim wurde anlässlich der Olympischen Sommerspiele 1972 angelegt. Heute kann man hier sowohl im riesigen Bassin der Regattaanlage als auch im Regattaparksee baden. Letzterer bietet mehrere große Liegewiesen und flach abfallende Ufer. Bei Veranstaltungen ist die Regattastrecke möglicherweise für Wanderer gesperrt.

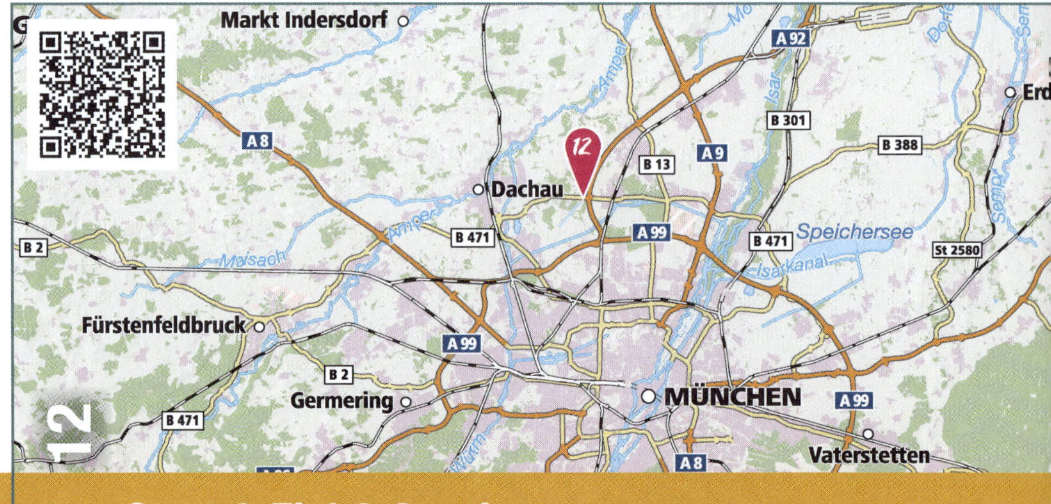

Start & Ziel & Anreise

Ausgangspunkt ist der Parkplatz bei der Regattaanlage. Mit dem Auto erreicht man ihn auf der A92 aus München kommend über die Abfahrt Oberschleißheim, rechts auf der B471 und links ab vorbei am Tennis Center München Nord. Die Bushaltestelle Oberschleißheim/Regattaanlage wird von den Bussen 291 und X201 angefahren. Von hier aus sind es vorbei am Tennis Center München Nord knapp 10 Minuten zu Fuß zum Ausgangspunkt.

Tourenbeschreibung

Vom südlichen Ende des großen Parkplatzes aus erreichen wir in südlicher Richtung rasch den Regattaparksee und umwandern ihn im Uhrzeigersinn. Dann stehen wir auch schon an der zwei Kilometer langen Regattastrecke. Ruderer und Kanuten trainieren hier, ein etwa 500 Meter langer Bereich vor den Zuschauertribünen ist zum Baden freigegeben. Auf der geteerten Straße entlang der Strecke sind Skater und Jogger unterwegs.

Wir wenden uns nach links, gehen bis zum Ende der Regattastrecke und nach rechts vorbei am Startsteg und dem Startturm. Geradeaus spazieren wir auf der Kuppelfeldstraße entlang von Bäumen und Feldern, machen am Kalterbach eine Rechtskurve und halten uns an der Kreuzung nach der landwirtschaftlichen Anlage nach links über den Bach. Weiter geht es gleich wieder links auf dem Waldweg entlang des Bachs bis wir auf eine Kreuzung stoßen, an der wir uns rechts halten.

Auf diesem Weg verbleiben wir und ignorieren dabei zwei Rechtsabzweige, überqueren schließlich den Moosgraben und wenden uns danach nach rechts.

Stets entlang des Moosgrabens schließen wir die Umrundung des Schwarzhölzls ab, indem wir wieder zum Kalterbach gelangen. Wir wenden uns nach rechts und wandern ein Stück entlang des Bachs zurück, bis wir ihn an derselben Stelle wie bereits zuvor nach links überqueren können und uns nun links halten.

Stets dem Wegverlauf folgend erreichen wir eine kleine Siedlung, der Feldweg geht in eine asphaltierte Straße über und wir bleiben geradeaus bis zu einer T-Kreuzung. Es geht nach links, bei erster Gelegenheit rechts und anschließend spazieren wir an der Tennisanlage vorbei zurück zum Ausgangspunkt.

An der 2.230 Meter langen, rund 140 Meter breiten und bis zu 3,5 Meter tiefen Regattastrecke kann man den Ruderern und Kanuten zuschauen. Ein etwa 500 Meter langer Streifen direkt vor der Zuschauertribüne ist zum Schwimmen freigegeben. Orange Bojen zeigen an, wie weit man schwimmen darf. Rund um die Olympia- Regattastrecke herum genießen auch Volleyballspieler, Inlineskater und Radsportler die Anlage. An der Regattastrecke vor der Tribüne findet von Mai bis Oktober Bungee Jumping statt, gleich nebenan befindet sich auch ein Hochseilgarten.

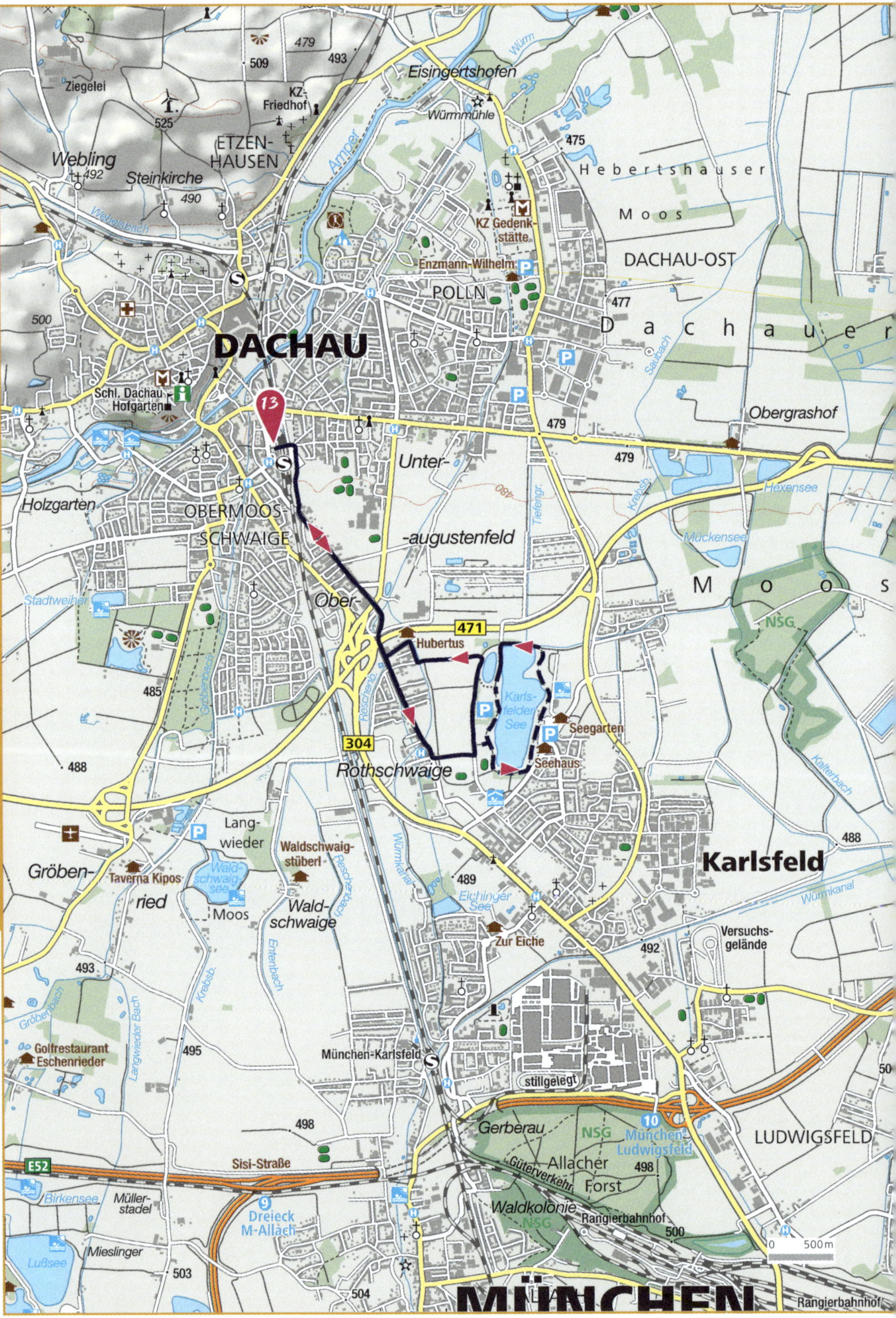

Ziegelei
509
479
493
KZ-Friedhof
525
Webling
492
Steinkirche
490
ETZEN-HAUSEN
Weberbach
Amper
Eisingertshofen
Würmmühle
Würm
475
Hebertshauser
Moos
KZ Gedenkstätte
Enzmann-Wilhelm
DACHAU-OST
POLLN
477
Dachauer
500
DACHAU
Saubach
Schl. Dachau Hofgarten
13
479
Obergrashof
Unter-augustenfeld
479
Holzgarten
OBERMOOS-SCHWAIGE
480
Tiefengr.
Krebsb.
Hexensee
Mückensee
Moos
Stadtweiher
Ober-
NSG
471
Hubertus
Gröbenbach
Reschenb.
Karlsfelder See
485
Seegarten
304
Seehaus
488
Rothschwaige
Kalterbach
488
Lang-wieder
Waldschwaig-stüberl
Würmkanal
Gröben-ried
Taverna Kipos
Waldschwaigsee
Reschenbach
489
Karlsfeld
Wald-schwaige
Moos
Eichinger See
Würmkanal
Entenbach
Zur Eiche
Versuchs-gelände
492
493
Krebsb.
Gröberbach
Langwieder Bach
Golfrestaurant Eschenrieder
495
München-Karlsfeld
stillgelegt
50
Gerberau
NSG
10
München-Ludwigsfeld
LUDWIGSFELD
498
498
Sisi-Straße
E52
Allacher Forst
Güterverkehr
498
Birkensee
Müller-stadel
9
Dreieck M-Allach
Waldkolonie
NSG
Rangierbahnhof
500
Lußsee
Mieslinger
503
0 500 m
504
MÜNCHEN
Rangierbahnhof

Badetour 13

Am Karlsfelder See

Familienausflug zum Erholungsgebiet Karlsfelder See

DAUER	2h 30min
LÄNGE	9,7 km
HÖHENMETER	40 hm
SCHWIERIGKEIT	LEICHT
MIT ÖPNV ERREICHBAR	ja

Das erwartet euch ...

Am Karlsfelder See werden wir von einer großzügigen, kinderfreundlichen Erholungslandschaft empfangen, in der es neben einem riesigen Badesee und Spielplätzen sowie etlichen Wirtshäusern sogar einen Gehölzlehrpfad gibt. Für empfindliche Füße sind feste Schuhe zu empfehlen. An die meisten Stellen des Sees gelangt man nur über spitze und große Steine ins Wasser.

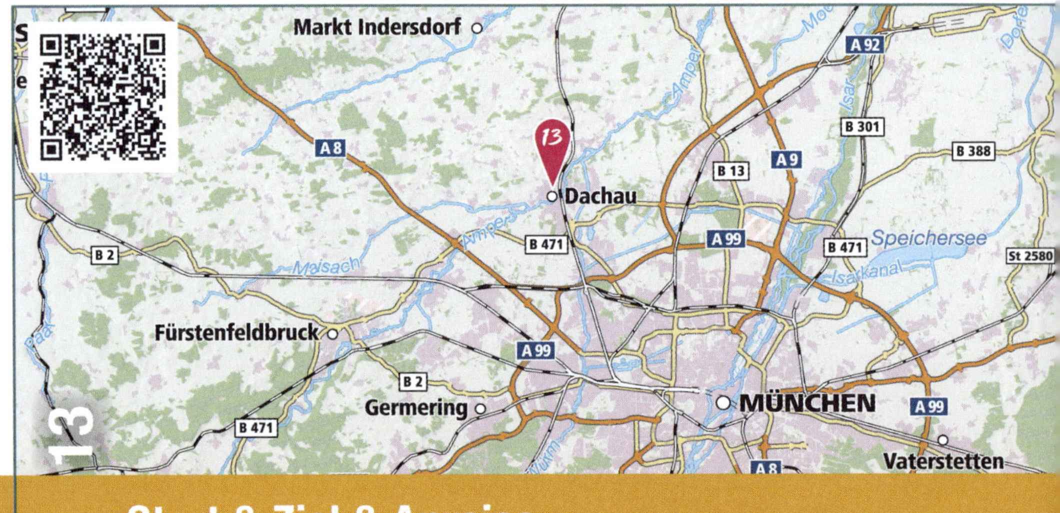

Start & Ziel & Anreise

Wir starten beim Bahnhof in Dachau bzw. auf dem dortigen Park & Ride-Parkplatz. Mit dem Auto erreichen wir Dachau von München aus über die B 304. Nach der Anschlussstelle mit der B 471 rechts in die Wallbergstraße und weiter zur Augustenfelder Straße. Links einbiegen und weiter zum Park & Ride-Parkplatz beim Bahnhof Dachau. Mit der S-Bahn Linie S2 München–Petershausen von München zum Bahnhof Dachau.

Tourenbeschreibung

Vom Park & Ride-Parkplatz beim Bahnhof Dachau wenden wir uns zur Oberen Moosschwaigestraße entlang der Bahnlinie zur Augustenfelder Straße. Die Bahnunterführung lassen wir rechter Hand liegen und folgen der Augustenfelder Straße über die Brücke der Schnellstraße nach Rothschwaige, einem Stadtteil von Karlsfeld. Der linksseitige Weg an der dortigen Münchner Straße führt uns zum Sportpark Karlsfeld. Beim Trafohaus vor den Sportanlagen biegen wir links ein auf den Fuß- und Radweg und stoßen auf die Jahnstraße. Jetzt kurz nach links abbiegen und gleich wieder rechts zum Erich-Strobl-Rundweg am Karlsfelder See.

Wir wandern rechts um den See herum und erreichen den Volksfestplatz und Parkplatz. Davor lädt das Restaurant im Seehaus zum Verweilen ein. Ein kurzes Wegstück weiter steht am Badestrand das Gasthaus und daneben das Haus der Wasserwacht. Wir gehen weiter auf dem Rundweg am Seeufer entlang, der bald zwischen dem Schallweiher und dem Karlsfelder See verläuft. Dort gibt es einen Gehölzlehrpfad, wo an 45 Bäumen und Sträuchern die jeweiligen Artenunterschiede gezeigt werden.

Direkt am Weg liegt der Froschweiher. Der Rodelberg und ein großer Abenteuerspielplatz liegen am weiteren Weg, bevor wir schließlich zum Jugendhaus gelangen. Vor dem Jugendhaus halten wir uns rechts über den Parkplatz zur Jahnstraße. Dort biegen wir rechts ab und gehen auf den mit „Dachau-Ost" beschilderten Radweg bis zum nächsten linksseitigen Abzweig. Über das freie Feld erreichen wir die Grünlandstraße in Rothschwaige. Unmittelbar hinter der Kanalbrücke wenden wir uns nach rechts und folgen der Grünlandstraße zur Münchner Straße. Nach rechts gehen wir unter der Straßenbrücke hindurch und wandern an der Augustenfelder Straße entlang zum Ausgangspunkt beim Bahnhof zurück.

Ein besonderes Highlight für Kinder ist sicherlich der große Abenteuerspielplatz auf der Westseite direkt neben dem Parkplatz. Das große Piratenschiff und die große Rutsche laden zum Toben ein. Dort gibt es auch einen tollen Picknickplatz und eine runde, große Schaukel. Am Kiosk werden die kleinen mit Leckereien satt verwöhnt. Ein relativ großer und sehr netter Spielplatz mit Rutschen, Schaukeln und Klettergerüsten befindet sich in unmittelbarer Nähe. Für die älteren Kids ist der Trimm-Dich-Platz sicherlich eine Herausforderung.

14

Gröbenzell
508
Zillerhof
511
Starzelbach
Zitzstaudenhof
514
Aschenbach
Gröbenbach
510
Roggenstein
Gut
Hp. Eichenau
515
Zur Eiche
PUCHHEIM-BAHNHOF
Gröbental
Eichenau
Böhmerweiher
Mondscheinweiher
PUCHHEIM
535
519
Aubinger Lohe
Bürgerzentrum
523
541
526
Gröbenbach
Speckbach
Allinger Gern
528
Kelten-u. Römersiedlung
Eichenauer See
Starzelbach
534
2
PUCHHEIM-ORT
528
Moosschwaige
Germering-N. 6
542
Alling
553
Lindbühel
Holzbach
NEUGERMERING
M-Freiham-Mitte
Holzkirchen
Germeringer See
535
Parsberg
569
Dötelbauer
Schusterhäusl
543
GERMERING
560
541
UNTER-PFAFFENHOFEN
Streiflach
Nebel
Parsberger
34
Wandlheim
553
549
Germering-Süd
Steinberg
607
Steinberg Gut
Kleßheim
553
Römischer Meilenstein
0 500 m

Spaziergang 14

Puchheim – Germering

Spiel und Badespaß im Münchner Westen

DAUER	3h
LÄNGE	11,7 km
HÖHENMETER	35 hm
SCHWIERIGKEIT	LEICHT
MIT ÖPNV ERREICHBAR	ja

Das erwartet euch ...

Die schöne Rundwanderung führt uns vom Puchheimer Bahnhof auf schönen und bequemen Wegen zum Germeringer See. Auf dem Weg spazieren wir durch eine der schönsten Alleen im Landkreis. Mit zwei Kneipp-Anlagen und einem Spielplatz gibt's auch was für die Kleinen unterwegs zu tun. Zudem gibt es diverse Einkehrmöglichkeiten auf dem Weg.

Spaziergang 14

Start & Ziel & Anreise

Wir starten an der S-Bahn-Haltestelle Puchheim. Von München aus am bequemsten mit der S4 zu erreichen, die im zwanzig Minuten Takt über den Münchner Hauptbahnhof fährt. Mit dem PKW geht's über die A99 Westumfahrung bis Langwied. Von hier aus über die Lochhausener Straße nach Puchheim.

Tourenbeschreibung

Vom Bahnsteig Puchheim halten wir uns an den Ausgang Allinger Straße. Wir queren sie direkt geradeaus auf die Bahnhofstraße und folgen dieser bis zum Beginn der Grünanlage samt schöner Allee. Hier biegen wir links ab und spazieren noch kurz am Ortsrand entlang. Dann queren wir die Umgehungsstraße über eine Brücke und schlendern am Golfplatz vorbei bis zur Marienkapelle und einer Kreuzung. Wir biegen rechts ab und begleiten nun gute eineinhalb Kilometer den Gröbenbach, bis wir ein Kneipp-Becken erreichen. An heißen Tagen können sich die Kids hier schonmal die Beine und die Füße kühlen. Ein paar Minuten gehen wir an der Straße entlang weiter, dann erreichen wir einen Bauernhof. Hier wechseln wir wieder auf ein schmäleres Weglein am Bach entlang. Bald beschreibt die Route eine kleine Rechtskurve, nach der wir links zur Kirche hinauf abbiegen. Wir queren den Bach über eine kleine Brücke, dann wenden wir uns nach rechts. Schnell sind wir unter der Straße hindurch, dann halten wir uns links und begleiten sie ein Stück Richtung Südosten.

Der Weg führt uns über die B2. Nach der Brücke biegen wir mit einer Rechtsschleife auf einen Feldweg ein. An der nächsten T-Kreuzung halten wir uns rechts. Kurz vor dem Graben schwenken wir dann links auf eine Wiese. Ein schmaler Trampelpfad leitet uns nun das letzte Stück bis zum Germeringer See. Hier gibt es auch einen tollen Spielplatz. Neben Spielgeräten und Sandkasten gibt es auch einen Fußballplatz.

Die Route führt uns nun im Uhrzeigersinn um den See herum. Nach ein paar Minuten stehen wir an einer weiteren Kneipp-Station. Außen herum ist genügend Platz, dass die Kids ausgiebig planschen und toben können. Schließlich erreichen wir den Kiosk am See, an dem wir eine kleine Brotzeit einnehmen können. Beim Parkplatz folgen wir dem Weg um eine Rechtskurve, wenig später halten wir uns links. Eine knappe Viertelstunde folgen wir dem Kreutweg, dann schwenken wir nach rechts bis zum Aussichtspunkt am Parsberg. An einem kleinen Wildgehege, das sicherlich für die Kleineren spannend ist, wandern wir noch vorbei, dann queren wir wieder die B2.

Am Parsberg steht ein Ofenrohr, mit dem wir bei guter Sicht bis ins Gebirge schauen können. Im Ort queren wir die Augsburger Straße schräg nach rechts, dann schlendern wir über die Dorfstraße, nach 400m rechts über die Bahnhofstraße wieder zum Gröbenbach. Auf bekanntem Weg geht's zur Freiwilligen Feuerwehr. Hier bleiben wir jedoch auf der Alten Bahnhofstraße und spazieren auf asphaltiertem Weg an Wiesen und Äckern vorbei. Nach einer Viertelstunde mündet unsere Route an den Häusern in der Mooslängerstraße. Wir überqueren die Umgehungsstraße und folgen gleich darauf dem Planieweg nach rechts. Nach der Grundschule schwenken wir nach links und erreichen bald darauf wieder die schöne Allee. Ab hier geht's auf bekanntem Weg zurück zum Bahnhof Puchheim.

Autoren Tipp

Auf dem Abschnitt um den Germeringer See folgen wir ein Stück dem Gehölzerlebnispfad. An unterschiedlichen Stationen wird mit informativen Schautafeln die Bedeutung von Wald und Hecke vermittelt. Für Kinder sind dabei kleine Spiele integriert, die sie spannend zum Thema Flora und Fauna des Waldes führen.

Link-Geräumt
Sauschütt
Hubertus
Unterdill
Zyllnhard-Geräumt
E533
95
Geräumt
WARNBERG
St Gabriel
Forstenrieder
Berchmannskolleg
GROSS-HESSELLOHE
568
529
Isarbräu
Brunnhaus
Waldwirtschaft
Bavaria-Filmstadt
Schwaneck
Isar
Geiselgasteig
569
Theresien-
583
Preysing-Karolinen-Geräumt
Geräumt
Wasserleitungs-Geräumt
Pullach
im Isartal
Hotel Seinerhof
Rabenwirt
Antika
Perlach-Geräumt
Gartenstadt
Neugrünwald
Grünwalder Freizeitpark
576
Ötz-Geräumt
Höllriegelskreuth
582
15
Grünwald
547
Diensthütte
Wildfütterung
Wildbeobachtung
Hirschwiese
596
Brückenwirt
Burg Grünwald
Grün-
Forsthaus Wörnbrunn
Wörnbrunn
Tannenhof
605
Park
600
Römerstraße
11
605
Eierwiese
591
594
Augusten-Geräumt
Buchenhain
Buchenhain
Marieneiche
597
604
walde
Brunnhaus (verf.)
601
Kletterwald München
Link-Geräumt
Ludwig-Geräumt
Zyllnhard-Geräumt
Baierbrunn
638
Georgenstein
Wildfütterung Sauschütt
606
624
616
614
Forst
601
Post
640
Römerstraße
Maximilian-Geräumt
Oberdill
Landgasthof Entenalm
ehem.Jagdschlo
627
Alpenblick
620
Frundsbergerhöhe
Schönberg
638
Horn
Straßlach
634
Isarwerkkanal
Pullacher Holz
11
Mühlthal
645
Gestüt Straßlach
Ziegelstad
Zur Mühle
572
Wasserkraftwerk Mühlthal
Reitbahn
638
Epolding
579
Hailafing
640
656
637
0 500 m
Ödenpullach
Straßlach-Dingharting

Genusstour 15

Isarwanderung

Auf den Spuren der Römer

DAUER	2h
LÄNGE	8 km
HÖHENMETER	65 hm
SCHWIERIGKEIT	LEICHT
MIT ÖPNV ERREICHBAR	ja

Das erwartet euch ...

Ein kleines aber interessantes Museum in der Grünwalder Burg am Isarhochufer. Im ehemaligen Jagdschloss der Wittelsbacher gibt es eine Dauerausstellung über Burgen in Bayern. Hat man nach dem Abstieg zur Isar das Flussbett erreicht, geht es vorbei am Isarwehr Baierbrunn zum Georgenstein, einem Fels mit der Figur des heiligen Georg. Der Rückweg führt hinauf zum Isarhochufer und zur Römerschanze. Zurück in Grünwald lässt es sich gut Einkehren.

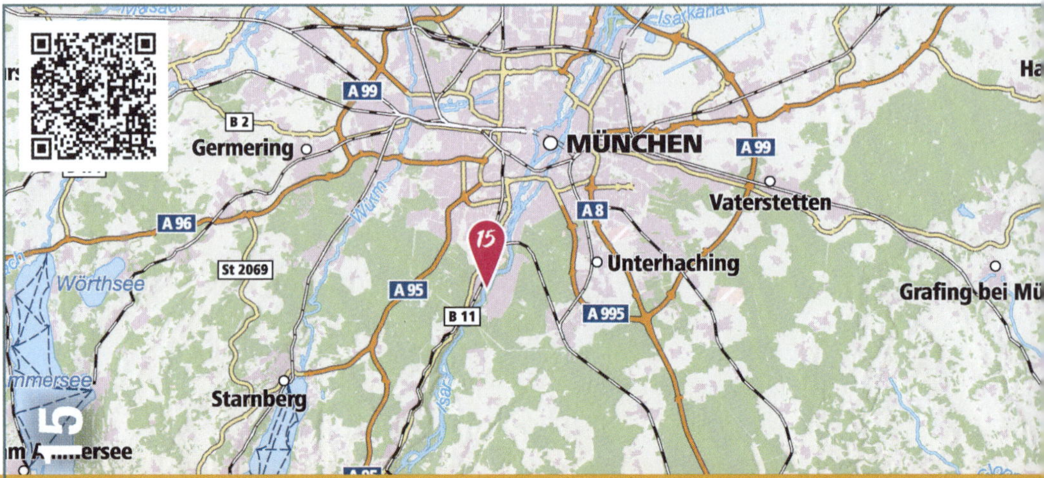

Genusstour 15

Start & Ziel & Anreise

Ausgangspunkt der Tour ist der Derbolfinger Platz in Grünwald. Mit der Tram Linie 25 von München nach Grünwald zum Derbolfinger Platz. Mit dem Auto von München- Sendling auf der B 11 nach Höllriegelskreuth, dann über die Isar nach Grünwald zur Tram-Endhaltestelle Derbolfinger Platz. Parkplätze an der Schloßstraße.

Tourenbeschreibung

Vom Derbolfinger Platz in Grünwald gehen wir auf der Schloßstraße zur Burg Grünwald mit ihrem prachtvollen Burgtor. An der Burg folgen wir der Zeillerstraße rechts, bis dann links der Flößersteig abzweigt. Steil geht es die Schloßleite hinab zum Parkplatz an der Grünwalder Brücke. Am Kiosk vor der Brücke halten wir uns rechts hinab zur Isar und folgen dem Weg links unter der Brücke hindurch.

Nun im schönen Auwald der Isar entlang, an ein paar Kiesbänken vorbei, wo man im Hochsommer sonnen oder baden kann. Am Isarwehr Baierbrunn zweigt der Isarwerkkanal ab. Vor uns liegt eine wunderschöne Fischtreppe, an der die Fische unbeschadet das Wehr passieren können. Weiter flussaufwärts hinter der Flussschleife erhebt sich der Georgenstein aus den Isarfluten. Ein Damm aus Felsblöcken und Treibholz führt hinüber. Der Fels war zur Zeit der Flößerei ein gefürchtetes Hindernis. Oben auf dem Fels steht die Figur des heiligen Georg, Schutzpatron der Reiter und Bauern.

Eine Forststraße, die ehemalige Römerstraße Via Julia, führt uns jetzt zum Isarhochufer steil bergauf. Gleich hinter dem Holzablegeplatz nach links auf den Pfad, dann nach rechts und wir kommen auf dem schmalen steilen Weg an den Rast- und Aussichtsplatz Isartalblick nahe der Römerschanze. Noch ein kurzes Wegstück trennt uns von der römischen Wachtstation auf der Bergnase zum Isartal. Ab der ehemaligen Befestigungsanlage mit Wällen und Gräben führt uns der markierte Wanderweg, der Georg-Pröbst-Weg, zum Spielplatz an der Eierwiese in Grünwald.

Wir kommen an der Nepomukkapelle vorbei zum Marktplatz, dem Zentrum von Grünwald. Grünwald ist Münchens Nobelvorort, was diesem Platz nur sehr bedingt anzusehen ist. In erster Linie handelt es sich um eine verkehrsreiche Straßenkreuzung. Im Zentrum steht ein Kriegerdenkmal aus dem 19. Jahrhundert mit alten Bäumen. Wir queren die Straße zum Denkmal hin und gehen dann die Rathausstraße nach links bis zum Luitpoldweg. Rechts durch die Fußgängerzone gelangen wir wieder zum Derbolfinger Platz, unserem Ausgangspunkt.

Autoren Tipp

Sehenswert ist die Römerschanze bei Grünwald: Hoch über dem Georgenstein an der Isarschleife erbauten die Römer gegen Ende des 3. Jahrhunderts eine befestigte Siedlung und Wachtstation an der Handelsstraße der Via Julia zwischen Salzburg und Augsburg. Im Jahr 1979 entdeckte man eine Goldmünze mit einem Bild des römischen Kaisers Magnentius (350 bis 353). Am Ende des frühen Mittelalters wurde über der Römersiedlung eine Holzburg errichtet, von der aus der Flussübergang überwacht wurde.

16

Pullach im Isartal
Grünwald
Baierbrunn
Straßlach-Dingharting
WARNBERG
Unterdill
E533
95
Geräumt
St Gabriel
Berchmannskolleg
Preysing-Geräumt
Karolinen-Geräumt
Wasserleitungs-Geräumt
Diensthütte
Hirschwiese
Höllriegelskreuth
Römerstraße
605
11
Buchenhain
638
Post
Isarbräu
Brunnhaus
Waldwirtschaft
Schwaneck
Isar
Hotel Seinerhof
Rabenwirt
Antika
Gartenstadt
Burg Grünwald
596
Brückenwirt
Buchenhain
Brunnhaus (verf.)
Kletterwald München
Georgenstein
616
544
Römerstraße
627
638
Horn
Mühlthal
Zur Mühle
572
Wasserkraftwerk Mühlthal
Isarwerkkanal
Epolding
579
Hailafing
649
Münchener Golfclub
Frundsbergerhöhe
Oberdill
Alpenblick
Landgasthof Entenalm
Straßlach
634
645
Gestüt Straßlach
Reitbahn
Pullacher Holz
614
604
Neugrünwald
Grünwalder Freizeitpark
Tannenhof
Eierwiese
Link-Geräumt
Wildfütterung Sauschütt
Maximilian-Geräumt
Bavaria-Filmstadt
568
Geiselgasteig
569
Bayerische Oberlandbahn
Perlach-Geräumt
576
Ötz-Geräumt
582
547
Forsthaus Wörnbrunn
Wörnbrunn
Grünwalder Forst
591
594
Marieneiche
597
601
Ludwig-Geräumt
Zyllnhard-Geräumt
Hompesch-Geräumt
606
601
Laufzorn
ehem. Jagdschloss
Römerstra
Gorihau
620
Schönberg
Seybold-Geräumt
Ziegelstadel
638
637
Kreuzpullac
Ödenpullach
656
0 500 m

16 Radtour

Geiselgasteig – Isartal

Radausflug in die Bavaria Filmstadt

DAUER	2h 15min
LÄNGE	26 km
HÖHENMETER	140 hm
SCHWIERIGKEIT	MITTEL
MIT ÖPNV ERREICHBAR	ja

Das erwartet euch ...

Die Tour ist sportlich und spannend zugleich, nicht nur bei einer möglichen Filmstadttour in den Bavaria Filmstudios. Die Strecke führt zum großen Teil über losen Untergrund und überwindet an der Isarleite steile Wege. Besonders vor dem Gasthof zum Wildpark geht's mal knackig bergauf. Entspannung gibt es in gemütlichen Gasthäusern entlang der Tour. Das Walderlebniszentrum Sauschütt ist ein Eldorado für Kinder.

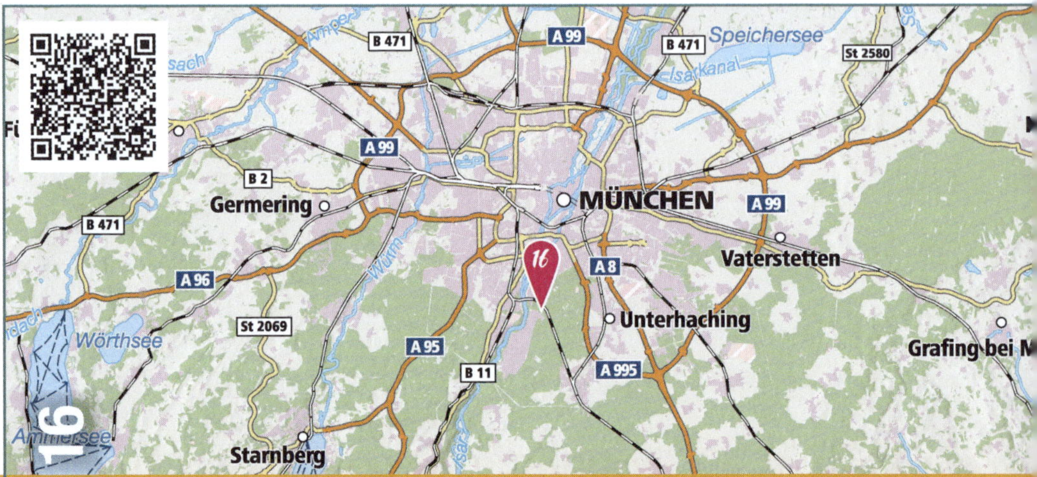

Radtour 16

Start & Ziel & Anreise

Los geht's am Parkplatz zur Bavaria Filmstadttour. In Grünwald biegen wir von der Nördlichen Münchner Straße in die Bavariafilmstraße ein. Unser Auto stellen wir beim Filmtoureneingang ab. Mit den Öffis geht's mit der U1 zum Wettersteinplatz. Von hier aus müssen wir allerdings noch einmal 6 km mit dem Rad zurücklegen.

Tourenbeschreibung

Heute können wir einen Blick nicht nur vor, sondern auch hinter die Kulissen der berühmten Bavaria Filmstudios werfen. Nach einer spannenden Filmstadttour geht's zur Burg Grünwald und spektakulär an der Isarleite hinunter ins Isartal zum angesagten Radlertreff Gasthaus zur Mühle. Der kühle, schattige Grünwalder Forst begleitet uns dann auf dem Rückweg. Die Schwaige Geiselgasteig war früher ein Dorf von Tagelöhnern und Bauern, und ist heute eine betuchte Wohngegend. Und schon schwingen wir uns auf's Rad für unsere kleine Radrunde. Erst einmal vor zur Gabriel-von-Seidl-Straße, dort links zur Graf-Seyssel-Straße und rechts zum Tram-Haltestelle Robert-Koch-Straße. Links geht es weiter zwischen schmucken Häusern, an der Thomaskirche vorbei zur Nördlichen Münchner Straße. Gegenüber radeln wir durch die Dr.-Max-Straße am Grünwalder Freizeitpark entlang bis zur Schloßstraße. Das mittelalterliche Schloss ist eine Burganlage samt spannendem Burgmuseum. Vom Turm aus hat man eine herrliche Aussicht auf das gesamte Isartal. Weiter geht's zum Rathaus und zum Marktplatz. Dort fahren wir nach links über die große Kreuzung, und radeln neben der Tölzer Straße zum Wertstoffhof am Ortsende von Grünwald. Dahinter zweigt der Mühlweg ab, der Richtung Frundsbergerhöhe führt. Nach dem Grünwalder Forst öffnet sich rechter Hand ein Taleinschnitt. Hier geht's steil ins Isartal hinab. An der Verzweigung können wir zu Fuß einen Abstecher auf der Römerstraße geradeaus zum Georgenstein machen, der aus dem Flussbett der Isar herausragt. Auf dem Felsen thront die Figur des Heiligen Georg, Schutzpatron der Reiter und Bauern.

Zurück an der Verzweigung schwenken wir nach rechts und radeln unterhalb der steilen Isarleite am Hang entlang um die Bergzunge des 60 Meter höheren Horns herum. Im Rechtsbogen geht's zum Gasthaus zur Mühle nach Mühltal. Uns erwartet eine der letzten original bayerischen Wirtschaften: eine urige Stub`n mit Kachelofen, der schätzungsweise 250 Jahre auf der „Kachel" hat und Treffpunkt von Radlern und Sonnenanbetern ist. Das Gasthaus liegt an der Floßrutsche direkt am Isarkanal. Mit etwas Glück kommt ein Floß von Wolfratshausen her und muss durch dieses Nadelöhr hinab. Wir radeln nun steil hinauf an der Kapelle St. Ulrich vorbei und über die Mühlstraße nach Straßlach. Dort wechseln wir halb links in die Kurzstraße und wieder links zum Gasthof zum Wildpark. Auf der Grünwalder Straße geht's dann weiter, Richtung Grünwald bis zur Minigolfanlage am Riedweg. Am Ende des Sträßchens stoßen wir auf das „Waldhaus zur alten Tram“. Es diente einst den Münchner Straßenbahnern als Ferienheim.

Über einen schmalen Weg geht's weiter zum Ludwig-Geräumt. Geräumte sind Wege, durch die der Forst in Quadrate aufgeteilt wurde. Am Buddick-Geräumt biegen wir links ab. Zum Glück ist die Schneise recht breit, so können wir es nicht verfehlen. Kurz vor der Staatsstraße wenden wir uns rechts in das Link-Geräumt und radeln auf das Walderlebniszentrum Sauschütt zu. Für Kinder ist hier ein kleines Paradies am Wegesrand, in dem sie den Wald mit allen Sinnen erleben können. Da ist nicht nur das Wildschweingehege spannend. Es gibt ein tolles Angebot zum Selbstentdecken, wie die Ausstellung zum Thema Artenvielfalt und verschiedenen Erlebnispfade. Im Kletterwald können sich die Kleinen dann nochmal austoben.

Geradeaus passieren wir den Ortsrand von Grünwald. Das Link-Gerämt ist lang und bringt uns an die Kreisstraße. Gegenüber führt ein Weg zum Forsthaus Wörnbrunn. Hier ist die letzte Möglichkeit für eine Einkehr. Das Forsthaus bietet traditionelle Küche neu interpretiert: famos und modern. An einem Wanderparkplatz erreichen wir den Ortsrand und biegen gleich rechts in die Gabriel-von-Seidl-Straße ein. An ihrem Ende schwenken wir an der Bavariafilmstraße nach rechts und schon stehen wir wieder am Parkplatz der Bavaria Filmstudios.

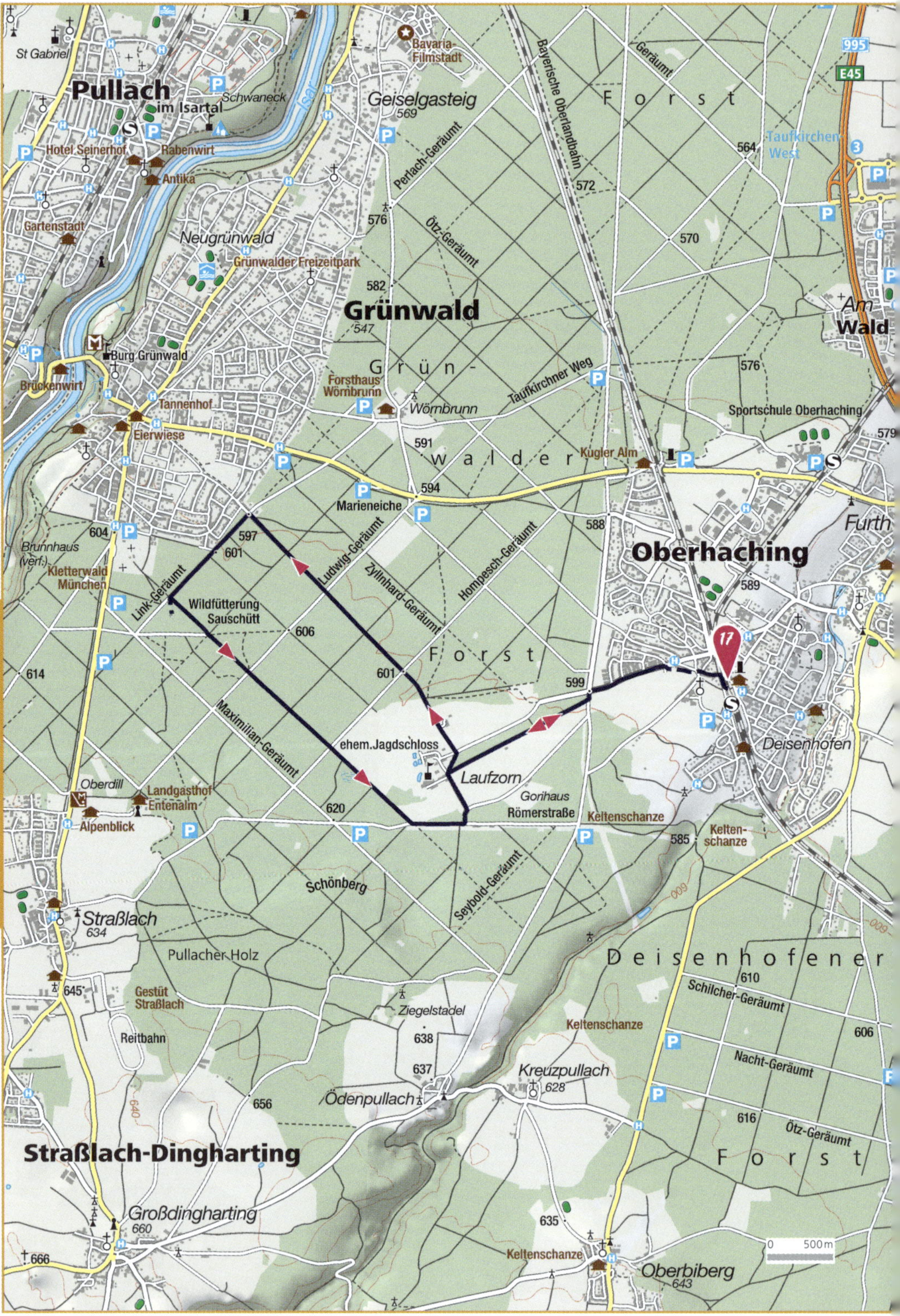

Pullach im Isartal
St Gabriel
Schwaneck
Isar
Hotel Seinerhof
Rabenwirt
Antika
Gartenstadt
Neugrünwald
Grünwalder Freizeitpark
Bavaria-Filmstadt
Geiselgasteig
569
Perlach-Geräumt
576
Ötz-Geräumt
582
Grünwald
547
Burg Grünwald
Brückenwirt
Tannenhof
Eierwiese
Forsthaus Wörnbrunn
Wörnbrunn
Grünwalder Forst
Taufkirchner Weg
591
594
Marieneiche
Kugler Alm
Bayerische Oberlandbahn
572
Geräumt
Forst
564
Taufkirchen West
995
E45
570
Am Wald
576
Sportschule Oberhaching
579
Furth
588
Oberhaching
589
Brunnhaus (verf.)
604
Kletterwald München
597
601
Link-Geräumt
Wildfütterung Sauschütt
606
Ludwig-Geräumt
Zyllnhard-Geräumt
Hompesch-Geräumt
Forst
614
601
599
17
Deisenhofen
Maximilian-Geräumt
ehem. Jagdschloss
Laufzorn
Gorihaus
Römerstraße
Keltenschanze
585
Kelten-schanze
Oberdill
Landgasthof Entenalm
Alpenblick
620
Schönberg
Seybold-Geräumt
Straßlach
634
Pullacher Holz
645
Gestüt Straßlach
Reitbahn
Deisenhofener Forst
610
Schilcher-Geräumt
606
Ziegelstadel
638
Keltenschanze
637
Nacht-Geräumt
Kreuzpullach
628
Ödenpullach
656
640
616
Ötz-Geräumt
Straßlach-Dingharting
Großdingharting
660
666
635
Keltenschanze
Oberbiberg
643
0 500 m

Tour 17

Zur Sauschütt

Spaziergang im Walderlebniszentrum bei Oberhaching

DAUER	3h
LÄNGE	12,2 km
HÖHENMETER	10 hm
SCHWIERIGKEIT	LEICHT
MIT ÖPNV ERREICHBAR	ja

Das erwartet euch ...

Die Wanderung ist einfach und führt auf ebenen Wegen durchs Walderlebniszentrum Sauschütt. Der Weg ist sehr informativ und auch spannend für Kinder. Ob Ausstellungen im Pavillon oder Forschen, Malen und Spielen im Aktionszentrum – für Groß und Klein ist was geboten. Bis Laufzorn wandern wir durch freies Gelände, dann geht's durch den schönen Wald.

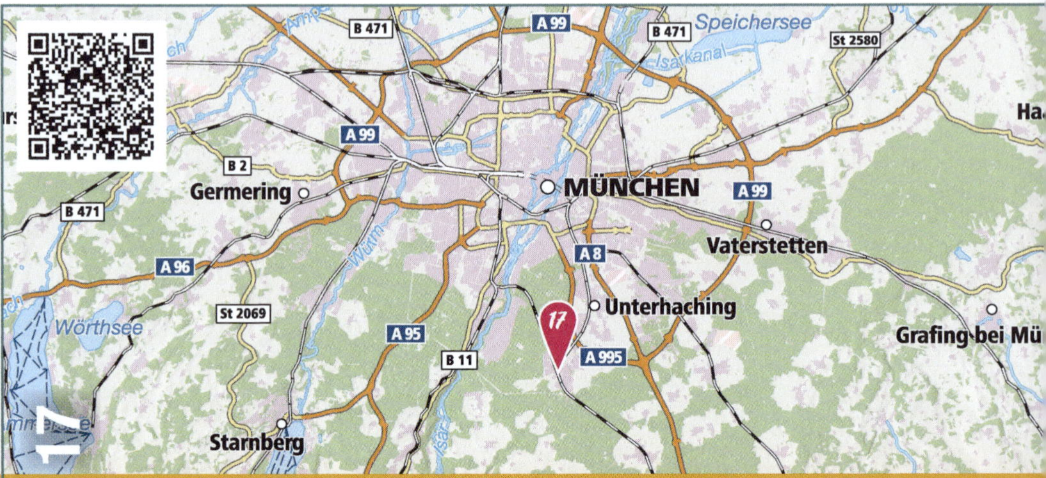

Erlebnispfad 17

Start & Ziel & Anreise

Wir starten an der S-Bahn-Haltestelle Deisenhofen. Vom Marienplatz München fährt die S3 Richtung Holzkirchen in guten 20 Minuten nach Deisenhofen. Mit dem PKW geht's über die Salzburger Autobahn Richtung Oberhaching. Dann weiter zur S-Bahn-Station Deisenhofen.

Tourenbeschreibung

Der Lebensraum Wald – heute wichtiger denn je. Unter diesem Motto steht das Walderlebniszentrum Sauschütt des Forstamtes München. In einem Pavillon informiert eine ständige Ausstellung über die Geschichte der Wälder rund um München, im Aktionszentrum kommen Kinder ganz auf ihre Kosten. Unter fachkundiger Anleitung kann geforscht, gemalt und gespielt werden.

Am Schwarzwildgehege erleben wir die Wildschweine in ihrer natürlichen Umgebung. Täglich gegen 16 Uhr wird's dann bei der Fütterung spannend. Bei der Sauschütt beginnt ein 2,8 Kilometer langer Erlebnispfad inklusive Abkürzungsmöglichkeiten.

Wir starten am S-Bahnhof Deisenhofen und spazieren auf dem Rad- und Fußweg nach Nordwesten. Am Kreisel geht's nördlich an der Kirche und der Volkshochschule vorbei und über Wiesen zur Laufzorner Straße. Wir halten uns auf dem Gehweg neben der Straße links, schlendern aus dem Ort hinaus und halten uns an der Straßenverzweigung noch einmal links. 30 Meter später biegen wir rechts ab. Wir wandern unter der Stromleitung nach Südwesten über Felder zum ehemaligen Jagdschloss Laufzorn.

Wir biegen beim Schloss rechts ab, gehen kurz nach Nordosten und gelangen an eine Straßenverzweigung mit interessanten Schautafeln. Hier drehen wir nach Nordwesten und gehen im Wald geradeaus auf dem Laufzorner Weg weiter bis zu den ersten Wohnhäusern von Grünwald. Wir biegen links auf das Link-Geräumt ab und stoßen wenig später auf das Walderlebniszentrum Sauschütt.

Nachdem wir uns hier ausgiebig umgetan haben, wandern wir zunächst wieder 50 Meter auf dem Herweg zurück. Dann biegen wir rechts ab, um dem Sauschütt-Geräumt zu folgen. Beim Hompesch-Geräumt erreicht es die riesige Schwaige von Laufzorn. Wir wandern weiter geradeaus bis zur Römerstraße, an der wir links einbiegen. Bei der nächsten Abzweigung halten wir uns ein weiteres Mal links und schlendern über freies Feld nach Laufzorn zurück. Ab hier folgen wir dem Herweg bis Deisenhofen zurück.

Autoren Tipp

Laufzorn war um das Jahr 800 ein Jagdplatz. Nach der Nutzung als Viehwirtschaft entstand schließlich im 17. Jh. ein Jagdschloss, dessen Grundformen noch immer erhalten sind. Mit den Besitzern wechselte auch immer die Nutzung, vom landwirtschaftlichen Betrieb über eine Brennerei bis zu Brauerei und Ziegelei. 1974 wurde die Ziegelei eingestellt. Heute wird das Gut nur noch landwirtschaftlich genutzt.

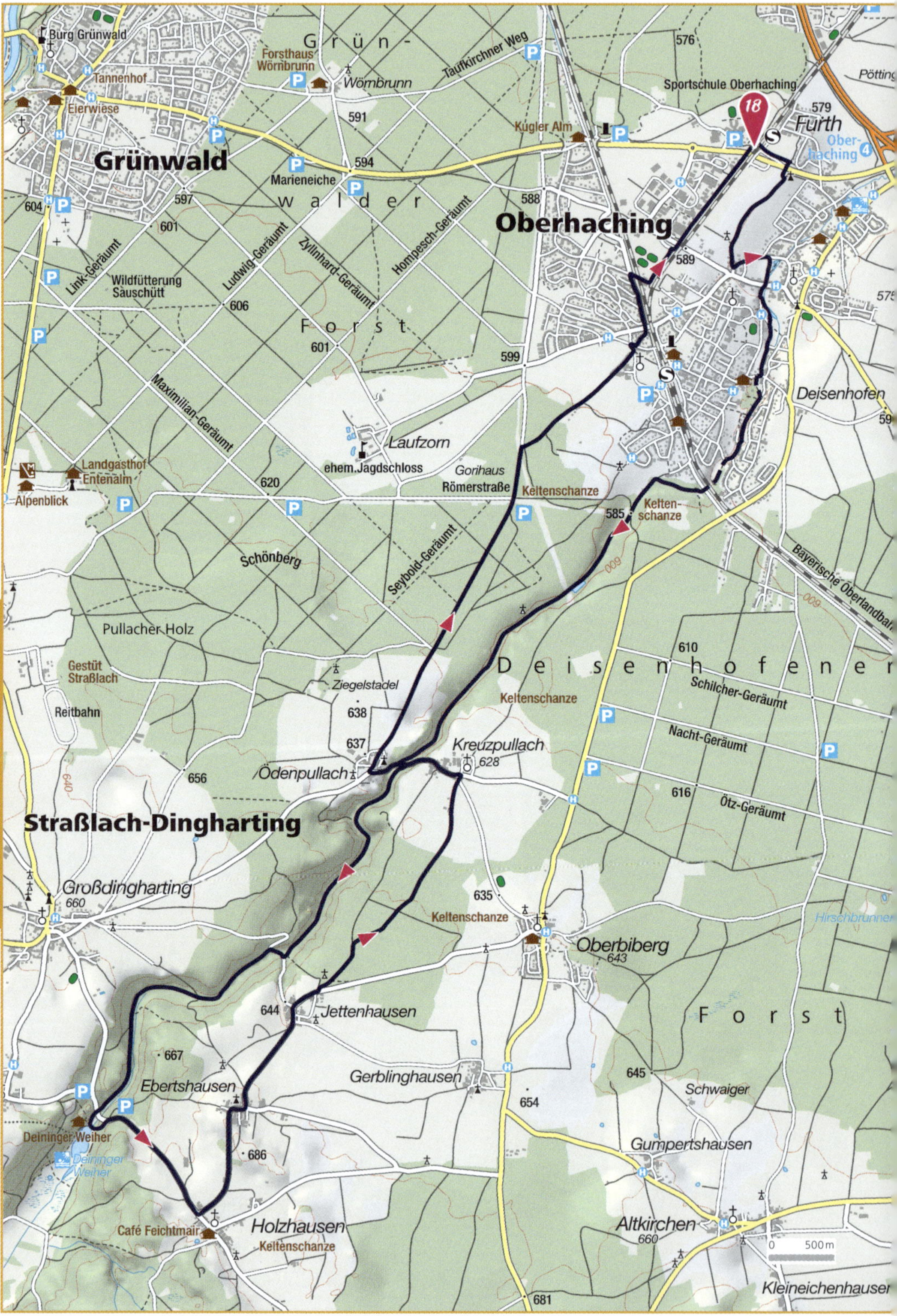

Burg Grünwald
Tannenhof
Eierwiese
Grünwald
Forsthaus Wörnbrunn
Wörnbrunn
Grünwalder Forst
Taufkirchner Weg
591
594
597
601
604
606
Marieneiche
Link-Geräumt
Wildfütterung Sauschütt
Ludwig-Geräumt
Zyllnhard-Geräumt
Hompesch-Geräumt
Maximilian-Geräumt
Kugler Alm
Sportschule Oberhaching
18
576
579
Furth
Oberhaching
Pötting
Oberhaching
588
589
599
575
Deisenhofen
Laufzorn
ehem. Jagdschloss
Gorihaus
Römerstraße
Keltenschanze
Keltenschanze
585
Landgasthof Entenalm
Alpenblick
620
Schönberg
Seybold-Geräumt
Bayerische Oberlandbahn
009
Pullacher Holz
Gestüt Straßlach
Reitbahn
Ziegelstadel
638
637
Ödenpullach
Kreuzpullach
628
Deisenhofener Forst
610
Schilcher-Geräumt
Keltenschanze
Nacht-Geräumt
616
Ötz-Geräumt
656
640
Straßlach-Dingharting
Großdingharting
660
635
Keltenschanze
Oberbiberg
643
Hirschbrunnen
644
Jettenhausen
667
Ebertshausen
Gerblinghausen
654
645
Schwaiger
Deininger Weiher
Deininger Weiher
686
Gumpertshausen
Café Feichtmair
Holzhausen
Keltenschanze
Altkirchen
660
0 500 m
Kleineichenhausen
681

18 Radtour

Zum Deininger Weiher

Beliebte Radrunde im Gleißental

DAUER	2h 15min
LÄNGE	24,3 km
HÖHENMETER	120 hm
SCHWIERIGKEIT	MITTEL
MIT ÖPNV ERREICHBAR	ja

Das erwartet euch ...

Die entspannte Radrunde führt uns auf bequemen Sträßchen und Schotterwegen, aber auch wurzeligen Abschnitten, durchs Gleißental zum Deininger Weiher. Nach dem Deininger Weiher wartet der einzige nennenswerte Anstieg auf uns, der jedoch auch nur sehr kurz ausfällt. Am besten sind wir heute mit dem Mountainbike oder dem Trekkingrad unterwegs. Ein weiteres Highlight neben dem schönen Weiher ist sicherlich der mystische Klettergarten im Gleißental.

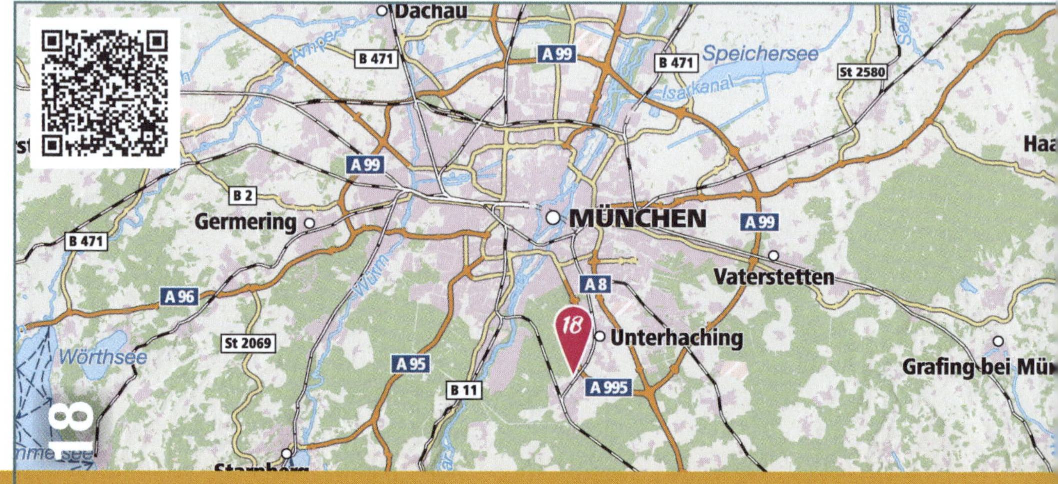

Radtour 18

Start & Ziel & Anreise

Los geht's an der S-Bahn-Haltestelle Furth, die wir ganz bequem von München aus mit der S3 erreichen. Mit dem Auto fahren wir von München über die A995 nach Oberhaching. Dort folgen wir der Ausschilderung zur S-Bahn-Station Furth. Parkmöglichkeiten gibt es am Bahnhof.

Tourenbeschreibung

Wir folgen vom S-Bahnhof dem Further Weg nach Osten. Vor den ersten Häusern schwenken wir nach rechts, queren die Straße über eine Holzbrücke und passieren eine kleine Kapelle. Wir halten uns nochmals rechts und folgen der Anhöhe am Rande des Hachinger Tals. Bei klarem Wetter haben wir von hier eine herrliche Sicht bis auf die Berge. Bald darauf erreichen wir eine Infotafel des Münchner Radlrings, an dem die Route vorbei und hinab zu einer Brennerei führt. Wir biegen links ab und gelangen zum Hachinger Bach. An seinem Ufer entlang radeln wir durch eine herrliche Auenlandschaft hinauf, bis wir eine kleine Quelle erreichen.

Im Nu sind wir über die Bergstraße gefahren und passieren gleich darauf das Heimatmuseum Wagnerhaus. Vor dem imposanten Tunnel durch den Eisenbahndamm, der komplett aus Nagelfluh errichtet wurde, gibt es einen schönen Spiel- und Bolzplatz für Kinder. Danach passieren wir den Rodelhang und folgen dem

Weg durch den Mischwald weiter ins Gleißental hinein. Nur ein paar Minuten später erreichen wir den Klettergarten im Gleißental. Am Wasserspeicher geht's über einen Pfad zu den Kletterwänden. Der Ort ist einem Amphitheater nicht unähnlich. Der ehemalige Nagelfluhsteinbruch hat sich zu einem beliebten Klettergarten gemausert. 15-20 Meter erhebt sich seine imposante Wand. Darüber thront lichtes Laub-und Nadelgehölz. Ein herrlicher Ort zum Klettern und für erste Kraxelversuche.

Wir setzen unsere Radtour fort und erreichen die Verbindungsstraße zwischen Kreuz- und Ödenpullach. Wir schwenken nach links und folgen weiter dem Talverlauf. Der Weg verschmälert sich und mündet schließlich in einen recht verwurzelten Abschnitt. Hier muss man seine Technikkenntnisse auspacken, sollte aber auch einen Gang runterschalten – besonders, wenn man solche Strecken nicht gewohnt ist. Am Ende des Abschnitts halten wir uns rechts und folgen kurz darauf nach linkerhand einem Kiesweg zum Deininger Weiher, der zu einem Schwimmstopp lockt.

Wir radeln weiter Richtung Holzhausen und von dort Richtung Ebertshausen. Von hier aus in wenigen Minuten nach Jettenhausen, von dessen Ortsrand uns ein Forstweg nach Kreuzpullach leitet. Hinter Ödenpullach rollen wir gemütlich auf einem Waldsträßchen nach Oberhaching zurück. Nach der Abzweigung nach Straßlach schwenken wir rechts auf einen Kiesweg ein, der uns an die Deisenhofener Grundschule bringt. Über den Kreisel geradeaus hinüber und dann gemütlich an der Bahnlinie nach Norden bis zu einem kleinen Tunnel. Hier rollern wir unter den Gleisen durch und passieren den Sportplatz des FC Deisenhofen. Das letzte Stück leitet uns die S-Bahntrasse zurück zur Haltestelle Furth.

Autoren Tipp

Unweit unserer Route befinden sich im Wald ein paar Keltenschanzen, die Reste einer rechteckigen keltischen Wallanlage mit Graben aus der späten Latènezeit. Zwischen Deisenhofen und Wolfratshausen findet man die größte Anzahl an Keltenschanzen in Deutschland. Allein rund um Deisenhofen sind sechs Schanzen erhalten, darunter die zwei größten in Süddeutschland.

Unser Highlight

19

STRASS-
Michaelibad
St. Maria Ramersdorf
RAMERSDORF
Ostpark
559
91
M.-Ramersdorf
537
538
PERLACH
92a
M.-Perlach
MVG-Museum
SVN Kletter- u. Boulderzentrum
Heidlüß
Neuer Südfriedhof
FASAN-GARTEN
WALDPERLACH
Neu-biberg
92b
Hachinger B.
2 Unterhaching-Nord
Umwelt-garten
19
Campeon
FASANEN-PARK
Unterbiberg
Landschaftspark
8
Neubiberg
554
stillgelegt
Hachinger Tal
Ottobrunn
555
Unterhaching-
93 Ost
Feldkapelle
Ottobrunn
Unterhaching
Riemerling
565
558
Westerham
Ottosäule
Winning
562
Zacherl
Heimat-museum
Keltenhs.
Sportpark Taufkirchen
Bergham
574
Straßhäuser
471
Taufkirchen
562
Gewerbegebiet Brunnthal-Nord
Pötting
94
Taufkirchen-Ost
Waldbrunn
20
Ottobrunn
Hachinger B.
Gudrun-siedlung
Ober-haching
4
Potzham
0 500 m
99
8
571
576
Neukirchstockach

Inliner-Tour 19

Flugplatz Neubiberg

Powerrunde auf Inlinern

DAUER	1h
LÄNGE	4 km
HÖHENMETER	5 hm
SCHWIERIGKEIT	LEICHT
MIT ÖPNV ERREICHBAR	ja

Das erwartet euch ...

Glatter Asphalt, keine Kurve – und das über zwei Kilometer lang. Auf der beeindruckenden Strecke im Hachinger Tal ist damit (fast) unbegrenzter Inline-Spaß vorprogrammiert. Da die Strecke keine Anstiege enthält, ist sie auch hervorragend für Anfänger geeignet. An den Wochenenden kann's allerdings schon mal voll werden, dann tummeln sich hier neben den Skatern auch Skiroller und Inline-Kiter.

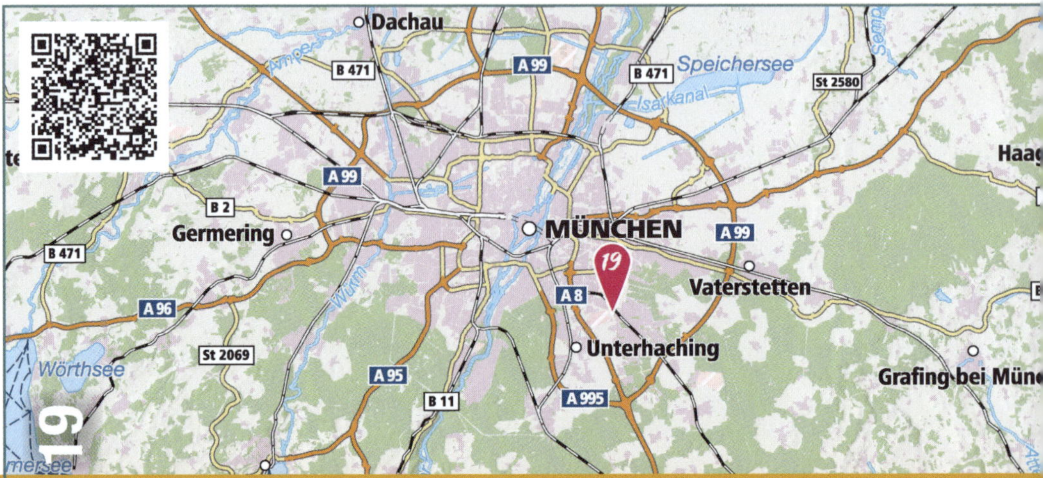

Inliner-Tour 19

Start & Ziel & Anreise

Den alten Flugplatz erreichen wir mit dem Auto über die A8 Richtung Holzkirchen. An der Ausfahrt 92 fahren wir weiter Richtung Neubiberg. Zufahrt über die Hauptstraße. Parkmöglichkeiten gibt es „Auf der Haid". Mit den Öffentlichen geht's von München mit der S7 Richtung Kreuzstraße nach Neubiberg. Von hier aus noch zehn Minuten zu Fuß bis zum Landschaftspark.

Tourenbeschreibung

Der Landschaftspark Hachinger Tal liegt eingebettet zwischen Neubiberg und Unterhaching. Dort hat man die ehemalige Rollbahn des einstigen Flugplatzes für die Freizeitsportler inmitten der Wiesen belassen. 35 Meter breit ist die Rollbahn und bietet großzügigen Raum für Skater, Inline-Kiter oder Skiroller. Für Autos ist die ehemalige Start-und Landebahn gesperrt. Der gerade, weiche Asphalt ist besonders für Anfänger, die sich das erste mal auf die Rollen trauen, sehr gut geeignet. Aber auch für Könner hat die Strecke Vorteile: Der Untergrund ist glatt und für schnelle Skate-Sprints geeignet.

Besonders beeindruckend ist die Weite der Landschaft im Hachinger Tal. An wenig anderen Orten kann man heute rund um München noch so einen Blick genießen. Bei schönem Wetter eröffnet sich uns ein grandioser Blick auf die Alpen, die zum Greifen nahe erscheinen. In Vorfreude darauf begegnen wir auch schon das eine oder andere Mal einem Paraglider, der hier seine Starts und Landungen übt. Kite-Surfer tummeln sich hier ebenfalls, denn oft weht ein ordentlicher Wind über den Landschaftspark. Das bedeutet aber leider auch, dass man mal in die eine Richtung angeschoben wird, in die andere aber bei Gegenwind doch recht zu kämpfen hat.

Neben der hervorragenden Inline-Strecke hat der Unterhachinger Landschaftspark aber auch noch einige andere Dinge zu bieten: Es gibt ein paar tolle Beachvolleyballfelder und viele weite Wiesen zum Spielen und Toben. Bei Wind ist das Gelände super zum Drachensteigen geeignet. Immer wieder im Jahr trifft man hier auch auf einen Schäfer, der mit seiner Herde die Wiesen beweidet: der natürliche, schonende Rasenmäher sozusagen. Auf manchen Wiesenflächen haben sich seltene Tier-und Pflanzenarten wieder angesiedelt, die teilweise sogar auf der roten Liste stehen: ein Paradies für kleine Naturliebhaber und Entdecker.

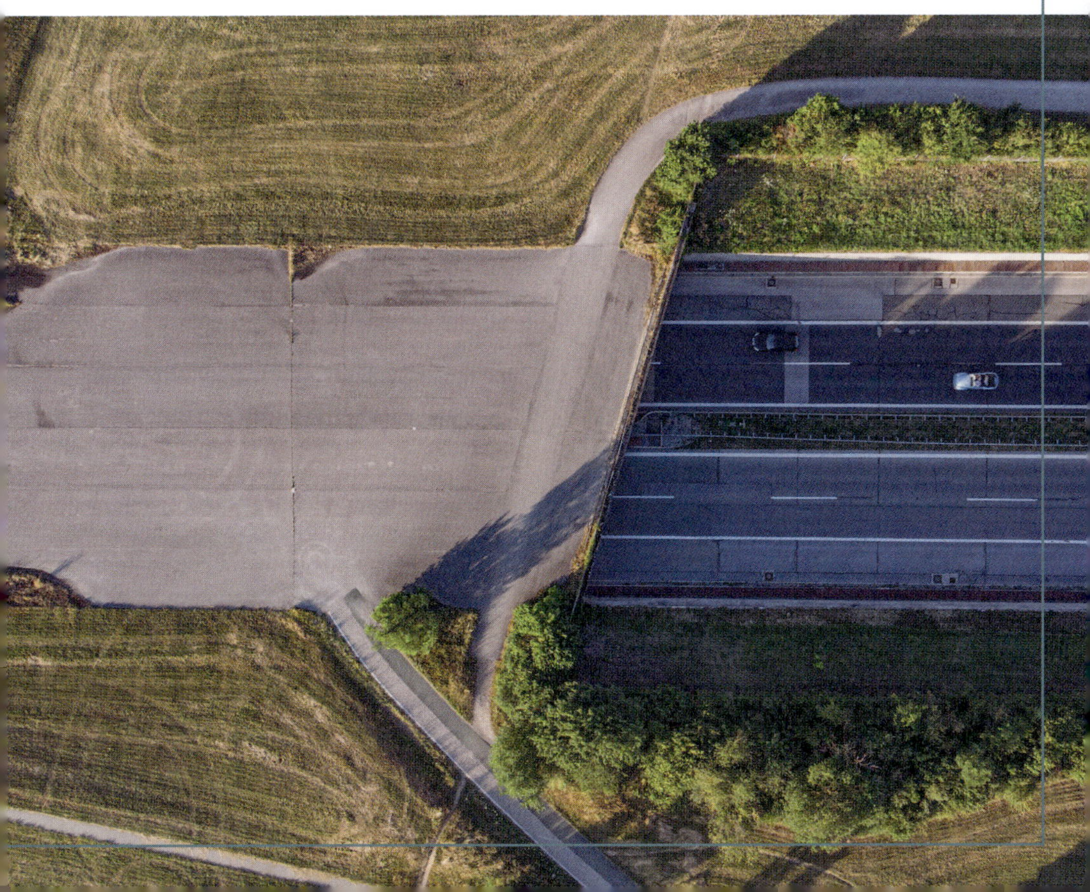

Forst Pöring
Einfang
546
Blauer Stern
Herdgassen Geräumt
Reitöster-Geräumt
Forsthaus Diana
Pöring
560
Zorneding
Neukirchen
555
Forst Egglsee
Lochholz
Kirchseeon
566
Eglharting
Forstseeon
Kirchbrunnen
Riedering
Ilchinger Holz
Ilching
20
Kirchseeon
561
Osterseeon
Lippenlacke
609
Berufsförderungswerk
Taubenberg
Schinderlacke
Junghölz
Buch
577
609
zu Fürmoosen
Deinhofer Holz
Kollmannsbrunnberg
Seeoner Holz
Fürmoosen
Berghofen
Jesuitenholz
Schartlholz
Deinhofen
Schartlhof
Reit
602
607
Hochenberg
Schattenhofen
Allmensberg
Schlossgaststätte
544
Winkelmühle
Gefillerholz
Altenburg
562
Maria Altenburg
Falkenberg
632
Waldbachmühle
Baumhau
Angermühle
584
Oberpframmern
Moosach
529
512
Gutterstätt
Esterndorf
619
Doblbach
551
Pullenhofen
Doblbach
Nieder-
577
606
Tegernseer Holz
Hofholz
0 500 m
Steinsee
Kaltenbrunner Hölzer
Steinsee
Bauhof
Bruck

20

Waldtour

Kirchseeon – Buch

Rund um den Taubenberg

DAUER	2h 15min
LÄNGE	8,6 km
HÖHENMETER	150 hm
SCHWIERIGKEIT	LEICHT
MIT ÖPNV ERREICHBAR	ja

Das erwartet euch ...

Südlich von Kirchseeon gibt es den Taubenberg, der das Prädikat „Berg" kaum verdient, denn der bescheidene Waldbuckel erhebt sich keine 50 Meter höher in den weißblauen Himmel als der Markt Kirchseeon selber. Trotzdem verläuft die Waldwanderung um den Taubenberg immer wieder mal auf und ab und die geschwungene, bisweilen sogar abenteuerliche Routenführung (durchs Unterholz) lässt keine Langweile aufkommen.

Start & Ziel & Anreise

Ausgangspunkt ist der S-Bahnhof Kirchseeon. Mit dem Auto von München über die B 304 Richtung Wasserburg am Inn nach Kirchseeon. Dort rechts abbiegen in die Münchner Straße zum Parkplatz beim S-Bahnhof Kirchseeon. Mit den S-Bahnlinien S4 oder S6 Richtung Ebersberg bis zum S-Bahnhof Kirchseeon.

Tourenbeschreibung

Am Parkplatz des S-Bahnhofs von Kirchseeon beginnt die Wanderung rechts entlang der Wasserburger Landstraße bis zum Abzweig der Moosacher Straße. Sie führt uns auf die Brücke über die Bahnlinie. Von der Brücke fällt nach rechts eine breite Treppe ab und mündet auf den Bahnsteg. Dieser verläuft kurz neben den Gleisen, dann entlang des Tennisplatzes vorbei. Geradeaus in die Straße Am Dachsberg, dann rechts zum Fuchsweg in den Wald hinein.

Wir halten uns Richtung Ilching und gelangen an ein asphaltiertes Sträßchen. Dort wählen wir die zweite Fahrspur, die nach links abbiegt, und folgen ihr weiterhin durch den Wald. Mitten im Wald stößt man auf eine Kreuzung mit dem Weg nach Ilching. Wir wandern geradeaus bis der Waldrand erreicht ist. Dort ein paar Meter links halten, dann rechts und auf den Weg über das freie Feld nach Buch hinein. Dort können wir uns die schöne Kirche St. Peter anschauen.

Der Rückweg führt uns wieder zum Waldrand. Dort, wo wir von links kamen, biegen wir auf die Fahrspur rechts ab und halten uns geradeaus über die Lichtung und kurz durch den Wald. Wir stoßen auf einen breiten Fahrweg.

Dem folgen wir links, bis hinter der Kurve links ein schmaler Weg abzweigt. Er führt uns am Taubenberg entlang wiederum zu einem breiten Forstweg. Hier links hinauf bis zum nächsten Weg, der rechts abzweigt. Wir schwenken auf den Weg ein und gehen der Linkskurve des Weges nach. Dann knickt er rechts ab und stößt weiter unten auf einen Weg, dem wir links nach Kirchseeon folgen.

„Rodelbahn" heißt die Straße in Kirchseeon, die in die Straße Am Dachsberg übergeht. Wir gelangen an den Abzweig des Hinweges und gehen nach rechts zum Bahnsteg, wieder die Treppe hinauf und über die Bahnbücke zurück zum Ausgangspunkt.

Autoren Tipp

Spannend für Kinder ist der naheliegende 35 Meter hohe Aussichtsturm auf der Ludwigshöhe. 169 Stufen führen zu einem fantastischen Ausblick auf das gesamte Voralpenland. In den Nächten von Sonn- und Feiertagen erstrahlt der Turm in acht LED-Farben. Am Turm gibt es zudem das Museum „Wald und Umwelt". Der Wandel in der Forstwirtschaft und die Nutzung des Waldes durch den Menschen wird hier anschaulich erklärt.

21

Poing
518
541
Grub
514
Landesanstalt
für Tierzucht
516
Hp. Grub
Lindach
Auhofen
Leitner
Garkofen
538
Anzing
Mauerstetten
Gruber Taxet
520
Markt
Schwaben
9b
Angelbrechting
Taxet
Anzing
516
Ranharting
Froschkern
Berghäusl
Neufarner Berg
552
Kirchheimer Buch
9a Parsdorf
Neufarn
523
Ziegelstadel
Höggerloh
Parsdorf
528
Sonnenland
Kaisersberg
530
Weißenfelder
Neufarner
561
Brüche
529
Bruch
Frotzhofen
Weißenfeld
532
568
Hartholz
Stürzerberg
557
Purfing
543
Hirsch-Geräumt
Hergolding
Halb-
wiesen
Im Riegel
Trainingsbahn
Wolfesinger
Eichet
Anzinger Forst
Baldham
540
Wolfesing
538
Vaterstetten
542
Landgasthof
Schlammerl
538
Jodel-Geräumt
Ingelsberg
560
Einfang
Hp. Baldham
546
Pöring
560
0 500 m
Zorneding

Tour 21

Themenweg 21

Wald und Klima

Unterwegs auf dem Klimaerlebnispfad im Parsdorfer Hart

DAUER	1h
LÄNGE	4,1 km
HÖHENMETER	30 hm
SCHWIERIGKEIT	LEICHT
MIT ÖPNV ERREICHBAR	nein

Das erwartet euch ...

Eine spannende und abwechslungsreiche kleine Runde erwartet uns heute im Parsdorfer Hart. Besonders kleine Naturforscher und Wald-und Umweltinteressierte kommen hier ganz auf ihre Kosten. Auf dem ebenerdigen Klima-Walderlebnispfad erfahren wir, welche Bedeutung der Wald für das Klima hat und wie es dem Wald im Klimawandel ergeht. Zwölf spannende Stationen führen durch dieses spannende Themengebiet. Für Kinderwagen geeignet.

Start & Ziel & Anreise

Wir starten am Parkplatz vom Klima-Walderlebnispfad. Er befindet sich an der Parsdorfer Straße, der Verbindungsstraße zwischen Purfing und Baldham Dorf. Über die A94 fahren wir aus München hinaus, dann an der Ausfahrt Parsdorf über die Parsdorfer Straße nach Baldham Dorf und weiter bis zum Parkplatz. Der Parkplatz befindet sich Richtung Purfing auf der linken Seite.

Tourenbeschreibung

Nur wenige Kilometer östlich von München versteckt sich ein idyllischer Walderlebnispfad. Der Rundwanderweg wird leider nicht mehr gepflegt – trotzdem sind die Stationen noch vorhanden und mehr als informativ. An vielen Stellen der Tour erobert sich allmählich die Natur ihren Platz zurück, so kommt man sich manches Mal wie im Dschungel vor. Am Parkplatz wartet schon ein Wetterfrosch mit den ersten Schautafeln. Der Frosch führt uns mit Schildern durch den Wald – gut ist es dennoch, sich vorher den Track auf der Karte anzusehen, da an einigen Stellen die Beschilderung nicht mehr vorhanden ist.

Der Klimawandel setzt dem Fichten- und Kiefernwald zu. In der Waldwirtschaft sind die Planungszeiträume lang. Um das Parsdorfer Hart für die nächsten Jahrzehnte fit zu machen, wird der Wald umgebaut. Kiefern oder Fichten sollen durch Bäume ersetzt werden, die sich besser an die neuen Klimabedingungen anpassen können. Zur Verwirklichung des Klima-Walderlebnispfades haben sich die Gemeinde Vaterstetten, die Bayerische Forstverwaltung und die privaten Waldbesitzer zusammengetan.

Wir folgen dem schönen Waldweg vom Parkplatz Richtung Norden in den Wald hinein. Wenig später passieren wir ein paar Felder, dann stehen wir wieder am Waldrand. Hier an der Gabelung halten wir uns rechts und spazieren auf breitem Weg durch den Wald. Eine der ersten Stationen ist der „Zuwachswürfel". Er ist aus Holz und einen Kubikmeter groß. An der Dreieckskreuzung bleiben wir geradeaus, dann geht's auf schönem Waldweg zu den nächsten Stationen, u.a. einer Sickerwasserstation mit kleiner Rasthütte und einem großen Holztraktor zum Spielen.

Wir biegen links ab und wandern ca. 5 Minuten geradeaus, bis wir an einen Querweg kommen. Hier schwenken wir nach rechts, nur 50 Meter später wieder nach links. Nach einer weiteren Schautafel ignorieren wir alle Abzweige und folgen ein wenig später dem Weg an einer lichten Stelle des Waldes in einem Linksknick. Gleich darauf biegen wir nochmals links ab und wandern nun stetig auf dem schönen Weg wieder nach Süden. Nach einer Viertelstunde halten wir uns an einer Gabelung rechts, dann treffen wir ein paar Minuten später wieder auf unseren Anfangsweg, dem wir zurück zum Parkplatz folgen.

22

Ottenburg
Im Wehr
Theresien-Kapelle
92
465
Kreuz Neufahrn
68/4
Neufahrn b. Freising
461
Mintraching
462
Fabriken
Lohfeld
TRYP Hotel
Eching
69
Eching
Echinger-Lohe
NSG
Eching
468
468
Baggersee am Hart
Garchinger Heide
NSG
HOLLERN
Kieswerk
Hollerner See
Echinger See
E45
9
Zettelhof
Gut Marienhof
472
Dietersheim
Mallerts-hofer
Holz
NSG
Mallertshofer Holz mit Heiden
Wüstung Mallertshofen
Kreuzstraße
Mallertshofener See
13
Garching-Nord
70
Hochschul- u. Forschungszentrum
Garching
Garchinger See
480
GARCHING bei München
Go-cart-Bahn
Gewerbegebiet
484
Mittlere
Garchinger Mühlbach
Isar
471
Kletterhalle Garching
Mühlenpark
Garchinger Mühle
Isarau
HOCHBRÜCK
Schleißheimer Kanal
71
Garching-Süd
Kanalschlössl
Standort-übungsplatz
Olympia Schießanlage Hochbrück
DIRN-ISMANING
Fröttmaninger
0 500 m
Ismaning

22 Radtour

Heide und Himmel

In die Garchinger und Mallertshofer Heide

DAUER	2h
LÄNGE	22 km
HÖHENMETER	10 hm
SCHWIERIGKEIT	LEICHT
MIT ÖPNV ERREICHBAR	ja

Das erwartet euch ...

Heute erleben wir eine abwechslungsreiche und äußerst interessante Radtour für die ganze Familie. Sie leitet uns über asphaltierte Sträßchen und Radwege, durch kleinere Wohngebiete und über sandige Wald-und Forstwege. Ein absoluter Traum sind die Heideflächen der Mallertshofer Heide auf der Münchner Schotterebene. Im ESO Supernova wird kleinen und großen Besuchern die Wissenschaft und das Universum nähergebracht.

Radtour 22

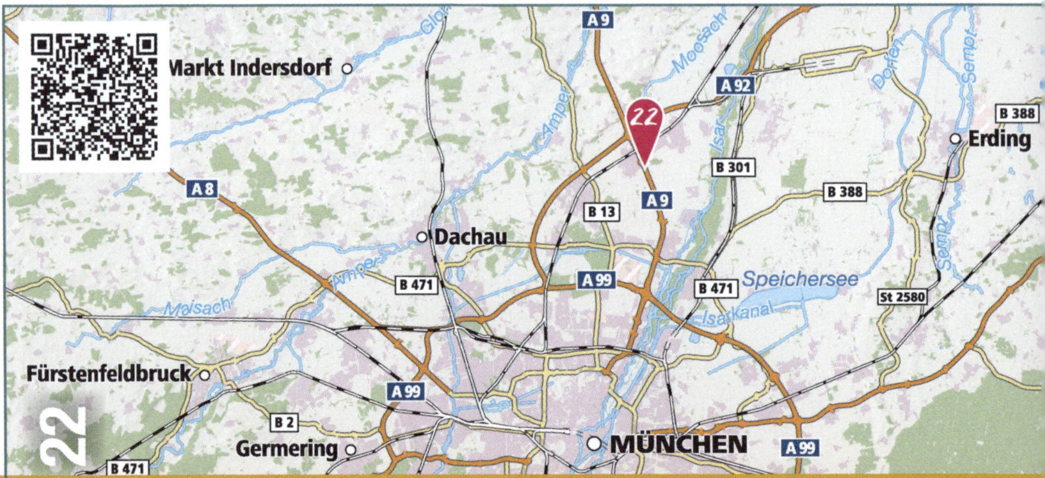

Start & Ziel & Anreise

Los geht's am Echinger See. Mit dem Auto geht's von München über die A9 Richtung Nürnberg. Nach knapp zwanzig Kilometern nehmen wir die Ausfahrt Eching / Neufahrn. An der ersten Kreuzung am Ortseingang von Eching geht's links, nach dem Sportheim rechts und gleich wieder links um die Kurve zum Parkplatz Echinger See. Von München fährt die S1 nach Eching. Mit dem Rad in fünf Minuten über die Paul-Käsmaier-Str. zum Echinger See.

Tourenbeschreibung

Am Parkplatz Echinger See schwingen wir uns für die Runde, die uns zunächst zum Naturwaldreservat Echinger Lohe führt, in den Sattel. Vor geht's zur Kreisstraße und rechts über die Autobahn. Gleich am Bruckfeldweg biegen wir ein und fahren am Rande der von Heide umgebenen Echinger Lohe entlang. Wir passieren das wilde Wäldchen aus Hainbuchen, Eichen und Kiefern, das mehr oder weniger sich selbst überlassen wird. Am Querweg halten wir uns rechts und gelangen an das Naturschutzgebiet Garchinger Heide. Hier schieben wir das Radl ein Stück einen Pfad entlang. Dann biegen wir rechts zur Kreisstraße ab. Dort führt ein Lehrpfad, der Heidepfad, über die herrlichen, weiträumigen Flächen der Garchinger und Mallertshofer Heide. Spannend und informativ wird das Areal anhand von 20 abwechslungsreich gestalteten Stationen erklärt. Wir erfahren Interessantes über die Heidelandschaft und die Tier- und Pflanzenwelt der Münchner Schotterebene. Von April bis Oktober können wir schon mal dem

Schäfer und seinem Hütehund, Schafen und Lämmern begegnen. Sie wandern durch die Heide oder „mähen" auf ihren Weidegründen. Die Schäfer und ihre Herden sind zum Erhalt der Heide dort. Man lernt nie aus.

Entlang der Kreisstraße radeln wir nach links zum Zettelhof. Am Bildstock zweigt ein asphaltierter Feldweg rechts ab, der uns zum Forschungscampus Garching führt. Auf dem riesigen Gelände befinden sich das naturwissenschaftlich-technische Zentrum der TU München und der Forschungsstandort der Ludwigs-Maximilians-Universität. Wir queren die Freisinger Landstraße und gelangen auf der Ludwig-Prandtl-Straße zur Europäischen Südsternwarte, dem ESO Supernova Planetarium & Besucherzentrum. Der imposante Bau ist einem Fernglas nachempfunden. Die ESO Supernova zeigt eine faszinierende, moderne und interaktive astronomische Ausstellung für Groß und Klein. Scheinbar weit entfernte und abstrakte Themen werden anschaulich dargestellt und näher gebracht.

Nach diesen spannenden Eindrücken radeln wir weiter, und biegen auf der Straße links auf einen Weg ein. Dann halten wir uns nochmals links und begleiten die U-Bahn, bis sie wieder im Tunnel verschwindet. Hier ein Links-Rechts-Schwenk, und weiter geht's auf dem schmalen Weg geradeaus zum Obstgarten Garching. Am Ende des Weges biegen wir rechts zum erfrischenden Biergarten Mühlenpark ab. Es gibt einen großen Fahrradstellplatz und der Steckerlfisch ist hier ganz besonders gut. Auf der Mühlgasse radeln wir weiter zum U-Bahnhof Garching im Ortszentrum. Am Maibaum halten wir uns links und beim Gasthaus Neuwirt biegen wir in die Schleißheimer Straße ab. Bald hören wir die Autobahn, fahren unten durch bis zur Straße Am See und radeln rechts zum Sportpark am Garchinger See.

Wir radeln am See vorbei und über die Brücke der Umgehungsstraße. Am Ende der Brücke wenden wir uns nach links und fahren immer geradeaus über die Mallertshofer Heide an den Rand des Gewerbegebietes Garching-Hochbrück. Rechts führt das Sträßchen Am Gfild zu einem idyllischen kleinen Badesee, dem Mallertshofer See. Schließlich erreichen wir die Mallertshofer Kirche, die eingebettet in Heidewiesen und dem Mallertshofer Holz liegt. Sie ist der Rest eines ehemaligen kleinen Dorfes. Nach Plünderung, Pest und Trockenheit verschwand der letzte Hof 1879. Am Mallertshofer Kircherl führt rechts ein Schotterweg zum Waldrand. Wir biegen dort links ab und radeln durch den Kiefernwald des Naturschutzgebietes Mallertshofer Holz an den gegenüberliegenden Waldrand. Nach links erreichen wir ein Sträßchen. Es verbindet das Erholungsgebiet Hollerner See mit dem Echinger See. Über die Felder geht's zum Freizeitgelände an den Ortsrand von Eching. Rechts liegt schon in Sichtweite der Echinger See. Wir biegen in seine Richtung ab und vor dem See nochmal links und hinter dem Parkplatz rechts zum Ausgangspunkt.

23

Landsberied
Schlossberg
587
577
Rothschwaig
Eichholz
Schöngeisinger
BUCHENAU
526
NSG
Amper-auen
Amperleiten
593
Zellhofer Moos
547
550
524
NSG
538
Fürstenfelder Wald
554
Schöngeising
Amper-auen
Zellhof
596
Schöngeising
530
Forst
569
557
Holzhausen
579
Braumiller
Zur Post
528
Wasenmeister
Wildenroth
601
Schloss Höhenroth
Amperschlucht
Sunderburg
Bernrieder Wald
Marthashofen
Schloßberg
Langer Berg
Höfen
Bürgerstadl
546
Grafrath
559
591
Wolfszange
589
Bauernhof-museum
Jexhof
Unteralting
589
566
Kellerb.
NSG Wildmoos
597
Waldhaus Birkenstein
572
Mauern
667
NSG
601
571
Kuchelschlag
615
Steinerne Säule
Mauerner
Wald
585
Mauerner Berg
611
Seefelder
Hirschberg
587
Holzmüller
Bitterberg
565
579
Wald
Müllerbauer
609
Etterschlag
591
Alter Wirt
Martinsberg
Schluifelder Wald
96
E54
31
Wörthsee
639
Gut Schluifeld
NSG
Schluifeld
Grünsink
Vereinsheim
588
Waldbrunn
Inning am Ammersee
553
612
Schluifelder Moos
Weßlin
596
Walchstadt
589
Golfclub Wörthsee
0 800 m
Gde. Wörthsee
Schluisee
612
Hotel Seehof Mediterrano

Themenweg 23

Auf dem Klangweg

Musikalische Wege zum Bauernhofmuseum

DAUER	1h
LÄNGE	0,8 km
HÖHENMETER	0 hm
SCHWIERIGKEIT	LEICHT
MIT ÖPNV ERREICHBAR	ja

Das erwartet euch ...

Der Klangweg zum Bauernhofmusem Jexhof in Schöngeising bei Fürstenfeldbruck ist ein erlebnisreicher Spaziergang mit unterschiedlichen Klang-Stationen. Der Weg ist sehr kurz und nimmt kleine Musiker voll in Anspruch. Ziel ist der Jexenhof, ein liebevoll gestaltetes Bauernhofmuseum. Spiel, Spaß und Spannung sind auch hier garantiert. Der Weg ist flach und angenehm gekiest, daher auch gut für Kinderwägen geeignet.

Themenweg 23

Start & Ziel & Anreise

Zum Jexhof gelangen wir über die A8 Richtung Stuttgart. An der Ausfahrt Fürstenfeldbruck wechseln wir auf die B471 Richtung Inning. Bei Schöngeising fahren wir ab. Ab hier ist der Weg ausgeschildert. Parkmöglichkeiten gibt es zu Beginn der Zufahrtsstraße zum Jexhof. Mit den Öffentlichen geht's von München mit der S4 nach Grafrath. Hier steigen wir in den Bus Nr. 804 Richtung Schöngeising/ Jexhof um.

Tourenbeschreibung

Unser kleiner musikalischer Spaziergang beginnt kurz nach dem Parkplatz auf der Zufahrt zum Jexhof. Hier befindet sich auch eine Infotafel zum Klangweg. Nach ca. 50 Metern auf dem Sträßlein geht's links auf einen gekiesten Weg. Der Waldweg führt uns direkt entlang der Klangstationen. Mit Stimmgabel, Baumharfe und Waldtelefon wird die Umwelt auf eine ganz neue Art und Weise erlebbar gemacht. Der Themenweg will zum bewussten Gang durch die Natur anregen. Einige der Hör- und Sehobjekte entstanden als Projekt der Heinrich-Scherrer-Musikschule 2013 zum 1.250-jährigen Jubiläum von Schöngeising und legten 2014 den Grundstock für den Klangweg. 2022 wurden sie durch Werke von jungen Holzbildhauerinnen und –bildhauern ergänzt. Den Auftrag dafür entrichtete der Förderverein des Bauernhofmuseums.

Am Ende des Klangweges stoßen wir an einer Waldlichtung auf den Jexhof. Er wurde als Bauernhofmuseum 1987 in der Trägerschaft des Landkreises Fürstenfeldbruck eröffnet, nachdem sich seit 1983 ein Förderverein um den Erhalt der Hofanlage bemüht hatte. Der Einödhof wurde 1433 erstmals urkundlich erwähnt und noch bis 1980 von einer Dienstmagd bewohnt. Auf dem Hof leben – zur Freude der kleineren Besucher – einige Tiere, wie das Wildschaf Kajal oder der Augsburger Hahn Franz. Die Dauerausstellung des Hofes zeigt Wohnhaus, Getreidestadel, Backhaus und Kuhstall. Die Räume entführen die Besucher in eine andere Zeit und lassen das harte bäuerliche Leben nur erahnen.

Seit 2019 gibt es einen Arche-und Schaugarten. Im Archegarten Jexhof werden alte Sorten regionaler Züchter aus dem 20. Jahrhundert angebaut und vermehrt. Abgerundet wird die Erkundungstour auf dem Bauernhof mit einem Besuch im Biergarten oder einer Runde auf der Kegelbahn. Und falls die Kids am Ende noch nicht müde sind, können sie sich am großen Spieplatz noch einmal so richtig austoben. Werktags und in den Ferien erwarten die Kinder Veranstaltungen wie das Entdecken des Bauernhofs, Schatz- und Waldgeistersuchen und vieles mehr. Die Erwachsenen kommen bei Handwerks-, Spinn- und Kochkursen auf ihre Kosten. Unter www.jexhof.de findet sich eine Übersicht der angebotenen Veranstaltungen.

FÜRSTENFELDBRUCK
Jesenwang
Landsberied
Schöngeising
Grafrath
Kottgeisering
Eching am Ammersee
Inning am Ammersee
Gde. Wörthsee
Weßling
Adelshofer Wald
Pfaffenhofen 550
Bergkirchen 563
Walch
St. Willibald
Babenried
Biogasanlage 548
Eitelsried 553
Hirschthürl 550
AICH 555
Gehagfeld
Wald-friedhof
BMX-Bahn
AmperOase
TechnoMarkt-Stadion
Eisstadion
Mus. Fürstenfeldbruck
Fürstenfeld
Schlossberg 587
Rothschwaig
Eichholz
Schöngeisinger
BUCHENAU
Amperauen
NSG
Zellhofer Moos
Amperleiten
Wessobrunner Holz
Waldhaus
Fürstenfelder Wald
Forst
Zellhof
Neuried
Holzhausen 579
Braumiller
Zur Post
Wasenmeister
Keltenschanzen
Bernrieder Wald
Stiellaich
Wildenroth
Reichertsried
Sonnenberg 611
Grafrath
Forstlicher Versuchsgarten
Wildenroth
Schloss Höhenroth
Amperschlucht
Sunderburg
Schloßberg
Marthashöfen
Höfen
Bürgerstadl
Dampfschiff
Wallfahrtskirche
St. Rasso
Unteres Moos
Unteralting
Wolfszange
Langer Berg
Bauernhofmuseum
Jexhof
NSG Wildmoos
Waldhaus Birkenstein
Mauern 667
Steinerne Säule
Kuchelschlag 615
Mauerner Wald
Mauerner Berg 611
Seefelder Wald
Hirschberg 587
NSG Ampermoos
Gut Arzla
Bitterberg 565
Holzmüller
Müllerbauer
Etterschlag 591
Oberes Moos
Inning a. Ammersee
Autobahnmeisterei
Martinsberg
Alter Wirt
Schluifelder Wald
Wörthsee
Gut Schluifeld
Schluifeld
Grünsink
Eberhardt
Fischer
Seehaus Schreyegg
Stegen
Silberfasan
Zur Post
Grüner Hof
Obermühle
Walchstadt 589
Vereinsheim 588
Waldbrunn
NSG Schluifelder Moos
Golfclub Wörthsee
Schluisee
Hotel Seehof
Mediterrano
Café Aemishansin
Seehaus Raabe
Pension am See
Augustiner am Wörthsee
Steinebach am Wörthsee 578
Bachern am Wörthsee
Bacherner Moos
Ammersee
Wörth-
Mutz
Kühberg
Jakl-Hof
Dellinger Buchet
Höhenberg
0 700 m

24

Kajak-/ Kanutour

Nach Fürstenfeldbruck

Gemütliche Paddeltour auf der Amper

DAUER	5h
LÄNGE	18,1 km
STROMSCHNELLEN	ja
SCHWIERIGKEIT	MITTEL
MIT ÖPNV ERREICHBAR	ja

Das erwartet euch ...

Die Amper fließt eher langsam, so macht sie unseren heutigen Ausflug zu einem recht gemütlichen Unterfangen. Aber auch anstrengend, da wir fast toujours paddeln müssen. Nur an wenigen Stellen nehmen uns die Stromschnellen mit. Ein Paradestück ist der Beginn, an dem wir durchs herrliche Ampermoos schippern.

24 Kajak-/Kanutour

Start & Ziel & Anreise

Los geht's in Stegen bei Inning; hier können wir bequem unser Kanu oder Kajak zu Wasser lassen. Von der A96 fahren wir bei Inning am Ammersee ab und über die Landsberger Straße nach Stegen. Parkmöglichkeiten gibt es am Schiffsanleger. Wer nicht mit zwei Autos anreist, der kann mit dem Bus Nr. 820 Richtung Seefled-Hechendorf von Fürstenfeldbruck wieder zurück zum Marktplatz in Inning fahren.

Tourenbeschreibung

Die Amper ist ein toller Fluss zum Bootfahren; auf Grund ihrer gemächlichen Fließgeschwindigkeit eignet sie sich gleichermaßen gut für Anfänger und Fortgeschrittene. Zudem kann man noch lange bis in den Herbst hinein auf ihr paddeln. Die Amper verlässt in Stegen den Ammersee und beginnt ihren ruhigen Lauf durch das große Schilfgebiet des Ampermoos. Hier besteigen auch wir unser Kanu oder Kajak: Der schöne Strand in Stegen eignet sich hervorragend, um hier sein Bötchen zu Wasser zu lassen. Wir paddeln am Ufer entlang – Vorsicht beim Passieren des Schiffsanlegeplatzes – und haben nur ein paar Minuten später die Einmündung zur Amper erreicht.

Direkt zu Beginn der Tour gibt es eine Sohlstufe, die mittig umfahren werden kann. Wir schippern unter der Autobahn hindurch und erreichen recht flott das Ampermoos. Hier gibt es viele Biber, die sich ab und an auch mal blicken lassen.

Das Naturschutzgebiet bietet eine beeindruckende Kulisse aus Schilf, Wald und Wiesen. Die Strömung auf diesem Streckenabschnitt ist langsam. Hier fließt die Amper besonders langsam, da können sich auch mal die Kids im Paddeln üben. Hier sollte aber auch unbedingt das zeitlich begrenzte Bootfahrverbot beachtet werden. Das Fahren mit Kajak, Schlauchboot, Floß und ähnlichem ist in den beiden Naturschutzgebieten „Ampermoos" und „Amperauen mit Leitenwäldern zwischen Fürstenfeldbruck und Schöngeising" jedes Jahr vom 1. März bis einschließlich 15. Juli verboten.

Nach dem Ampermoos erreichen wir bei Grafrath eine weitere Sohlstufe. Hier müssen wir links umtragen. Danach geht's durch Wald- und Wiesenlandschaften weiterhin auf ruhigem Gewässer dahin. Gut eineinhalb Stunden paddeln wir durch die schöne Flusslandschaft, dann nähern wir uns allmählich dem nächsten Ort. Schöngeising erwartet uns mit dem Mühlwehr bei km 94,3. Wir können es aber bequem rechts umtragen. Direkt hinter Schöngeising (km 93) ist eine Sohlrampe, die links umtragen werden muss. Hier haben wir so ziemlich genau zwei Drittel der Strecke geschafft.

Zwischen Schöngeising und Fürstenfeldbruck wird der Fluß schmaler und schneller. Die spritzige Stufe nach Schöngeising ist ein Höhepunkt auf dieser Paddeltour und erfahrene Fahrer können durchaus hindurchpaddeln. Wem's zu wild zugeht, der sollte lieber umtragen. Danach können wir aber bis Fürstenfeldbruck im Boot bleiben und die herrliche Wald-und Wiesenlandschaft genießen, die hier an uns vorbeizieht. Vor der Heubrücke können wir dann an einem der Schwimmstege aussteigen. Aktuelle Befahrbarkeit oder Hindernisse erfahren wir über http://www.kanu-info-isar.de/amper.htm#aktuelles.

Autoren Tipp

Wer nach der Amperfahrt noch nicht müde ist, der findet zusätzliche Spannung und Spiele auf der Kletterinsel Monkee Island. Der Hochseilgarten auf der Kletterinsel in der Amper bietet unterschiedliche Parcours in verschiedenen Schwierigkeitsgraden in Höhen von 4 bis 12 Metern. Im Flying Fox Parcours gleiten wir zwischen Baumwipfeln und über einen Nebenfluss der Amper hinweg um die Kletterinsel.

25

Sulzbogen
Unering
661
640
632
Mamhofen
639
Taubenhüll
655
HANFELD
655
Weber
652
655
646
Höllberg
S e e n - L a n d
Widbuchet
HADORF
660
Auf der Alm
Alersberg
699
Schießstätte
672
699
Aschberg
702
Galgenberg
688
Hirschbühl
687
Opatija-Grill
SÖCKING
668
Bundesstelle für Fernmeldestat.
685
Marco Polo
640
Brunnbergholz
PERCHTING
668
676
Le Fleur
Museum
Starnberger See
Undosa
2
B
25
640
678
Sonnau
693
Maisinger Schlucht
Maising
649
Neu-söcking
636
629
Jägersbrunn
Jägersbrunnen
646
Georg Ludwig
Maisinger Bach
Truppenübungsplatz
Weiherhaus
635
NSG
Maisinger See
(634)
Maisinger Seehof
Kaserne
Schmalz-hof
Maxhof
Olympiastraße
644
648
Wildbrunn
660
Auwinger Moos
661
Nieder-pöcking
667
Pöcking
669
Zur Post
Possenhofer Wald
Windsurfing-Schule
Paradies-Badeplatz
Kiosk Paradies
Weiherbach
Aschering
644
Lindenberg-Siedlung
Hotel Kefer
Kaiserin Elisabeth Museum
Possenhofen
Possenhofen
Schloss Possenhofen
Schiffsglocke
652
Jachthafen
Kalvarienberg
611
Wieling
650
Alte Linde
Starnberger See
Hotel Kaiserin Elisabeth
Forsthaus am See
2
686
0 700 m
Traubing
665
Egelsee
Feldafing
678
Pölt
Strandbad
Starzenbach
Alter Wirt
Seeleiten

25 Waldtour

Die Maisinger Schlucht

Schluchtwanderung und Badevergnügen

DAUER	3h
LÄNGE	12,2 km
HÖHENMETER	190 hm
SCHWIERIGKEIT	MITTEL
MIT ÖPNV ERREICHBAR	ja

Das erwartet euch ...

Die spannende Runde ist kurz und nicht besonders anstrengend. Durch die Maisinger Schlucht führt ein kleiner und an einigen Stellen schmaler Pfad. Die Tour eignet sich gut für heiße Tage, da es in der Maisinger Schlucht angenehm kühl ist und beim Maisinger See uns obendrein ein Sprung ins kühle Nass erwartet. Auf dem Hinweg begleitet uns ein spannender Naturlehrpfad, auf dem Rückweg erwartet uns ein toller Aussichtspunkt über der Maisinger Schlucht.

Waldtour 25

Start & Ziel & Anreise

Los geht's in Starnberg. Mit der S-Bahn geht's bequem von München zum Starnberger Bahnhof. Mit dem Auto fahren wir über die Garmischer Autobahn bis zur Ausfahrt Starnberg, dann folgen wir der Ausschilderung zum Bahnhof. Parkmöglichkeiten befinden sich am Bahnhof.

Tourenbeschreibung

Der Maisinger Bach bahnt sich seinen Weg durch eine gut acht Meter tiefe Schlucht aus Nagelfuhgestein. Der schluchtartige Graben ist noch ein Relikt der Eiszeit. Die Grundlage des Gesteins ist verfestigter Schotter. Im Laufe der Jahre löste sich durch Erosion aus diesem Gestein die heutige Maisinger Schlucht. Auslöser dafür war der abschmelzende Gletscher, der sich seinen Weg durchs Gestein gesucht und diese schöne Schlucht hat entstehen lassen. Der Weg durch die Schlucht wird von spannenden und sehr informativen Schautafeln über Entstehung und Flora und Fauna der Schlucht begleitet. Vom Bahnhof Starnberg folgen wir der Route über den Bahnhofsplatz und gehen zunächst ein Stück entlang der Gleise. Dann biegen wir in die Bahnhofstraße ein, queren die Hauptstraße und passieren die Starnberger Grundschule. Die Söckinger Straße verabschiedet sich nach links, wir halten uns rechts in die Mühlbergstraße. Wenig später geht's über den Georgenbach und 'Am Mühlbergschlößl' linksherum.

Dann queren wir die Söckinger Straße und folgen einem Gehweg über den Bach. Beim Wasserwerk halten wir uns schräg rechts und folgen ab hier einem gekiesten Weg an einem Trinkbrunnen vorbei. Schnell geht es in den Wald, und wenig später wandern wir am Bach entlang. Wir bleiben stets auf dem Weg und ignorieren alle Abzweige. An der Straße schwenken wir nach links, queren den Bach und betreten an einem Infoschild nach rechts gewandt den Weg zur Schlucht.

Zu Anfang ist die Schlucht noch breit. Wir queren den Bach über eine Holzbrücke. Dann geht's rechts des Bachlaufes weiter in die immer enger werdende Schlucht. Schließlich queren wir den Bach erneut, diesmal über eine Steinbrücke. Infotafeln über Schattenhangwälder, die Fische im Maisinger Bach und die Geologie der Schlucht begleiten uns auf unserem Weg. Eine Viertelstunde später verlassen wir die Maisinger Schlucht und treffen bei den ersten Häusern auf eine Straße.

Wir schwenken kurz nach links, an der nächsten Querstraße biegen wir rechts ein. Beim Mühlenweg kurz darauf biegen wir jedoch schon wieder links ab. Das Sträßlein leitet uns durchs Wohngebiet aus dem Ort hinaus und bald auf einem geschotterten Weg am Klostermeierweiher vorbei. Nach zweihundert Metern nach dem Weiher stehen wir an einer Kreuzung. Wir biegen rechts ab und spazieren durch den Wald. Der Weg beschreibt rechts schnell eine Linkskurve und leitet uns am Waldrand entlang. Wir folgen dem Weg noch gute zehn Minuten, dann stehen wir am Maisinger See.

Direkt am See, der seit dem Jahre 1941 unter Naturschutz steht, liegt mit dem Maisinger Seehof ein beliebtes Ausflugsziel. Der Biergarten ist idyllisch und bietet ein paar sehr schöne sonnige Plätzchen. Eine tolle Einkehrmöglichkeit also. Nach einer Einkehr folgen wir der Zufahrtsstraße zum Maisinger Seehof noch um die Linkskurve, dann biegen wir gleich rechts auf einen schmalen Schotterweg ab. Er führt an einem kleinen Moor entlang und dann über die freien Wiesen bis zu einem Waldstück. Kurz nach Waldeintritt biegen wir rechts ab und spazieren in wenigen Minuten bis zum Ortsrand von Maising. An der Straße geht's links, an St. Bartholomäus vorbei und über den Kirchenweg in die Söckinger Straße.

Wir folgen ihr einen halben Kilometer, dann halten wir uns rechts auf einem breiten Weg erst am Waldrand entlang und dann in den Wald hinein. Alle Abzweige ignorierend wandern wir nun stets auf diesem Weg geradeaus nach Nordosten. Nach einer guten Viertelstunde queren wir geradeaus die Staatsstraße, gehen noch kurz durch ein lichtes Wäldchen und biegen danach rechts ab. Ein Schotterweg führt uns an Feldern vorbei zum Aussichtspunkt Maisinger Schlucht. Dann geht's auf dem Hauptweg in zehn Minuten zurück zum Eingang der Maisinger Schlucht. Von hier spazieren wir auf dem Herweg zurück nach Starnberg.

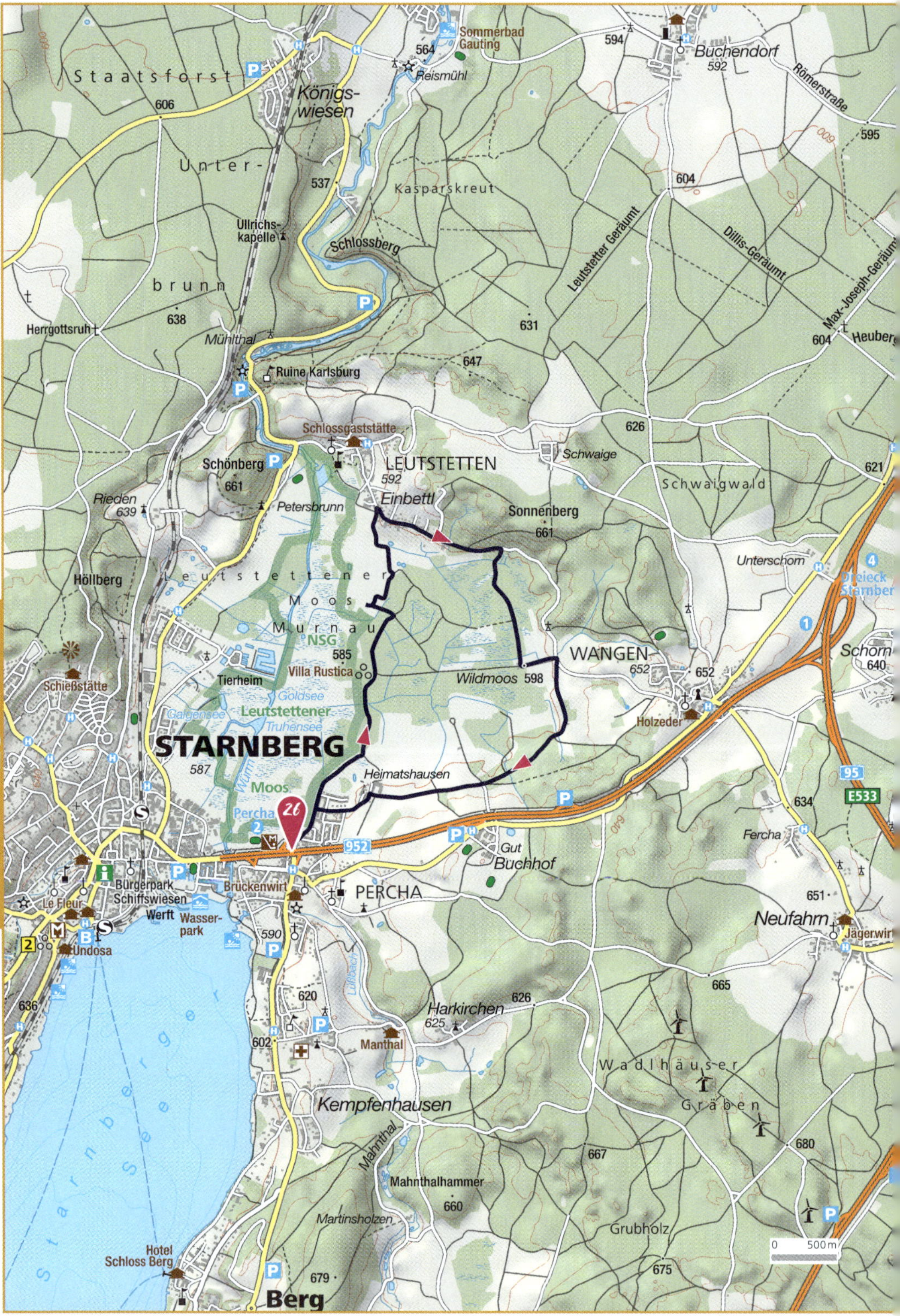
Staatsforst
Unterbrunn
Königswiesen
Sommerbad Gauting
564
Reismühl
594
Buchendorf
592
Römerstraße
595
606
537
Kasparskreut
604
Ullrichskapelle
Schlossberg
Leutstetter Geräumt
Dillis-Geräumt
Max-Joseph-Geräumt
638
Herrgottsruh
631
604
Heuberg
Mühlthal
647
Ruine Karlsburg
626
Schlossgaststätte
Schwaige
Schönberg
LEUTSTETTEN
592
621
661
Schwaigwald
Rieden
639
Petersbrunn
Einbettl
Sonnenberg
661
Leutstettener Moos
Unterschorn
Dreieck Starnberg
Höllberg
Murnau
NSG
585
WANGEN
Schorn
640
Schießstätte
Villa Rustica
Wildmoos
598
652
652
Tierheim
Goldsee
Galgensee
Leutstettener
Truhensee
Holzeder
STARNBERG
587
Heimatshausen
Würm
Moos
95
E533
634
Percha
26
952
Gut Buchhof
Fercha
Bürgerpark Schiffswiesen
Brückenwirt
PERCHA
Le Fleur
Werft
Wasserpark
651
Neufahrn
Jägerwirt
Undosa
590
636
620
Harkirchen
626
625
665
602
Manthal
Wadlhäuser Gräben
Starnberger See
Kempfenhausen
Mahnthal
667
680
Mahnthalhammer
660
Martinsholzen
Grubholz
0
500 m
Hotel Schloss Berg
679
675
Berg

26 Moostour

Leutstettener Moos

Auf dem Moosrundweg von Percha nach Leutstetten

DAUER	2h 15min
LÄNGE	8,5 km
HÖHENMETER	80 hm
SCHWIERIGKEIT	LEICHT
MIT ÖPNV ERREICHBAR	ja

Das erwartet euch ...

Direkt ins Moos kommt man bei diesem Wanderweg am Rande des bedeutenden Naturschutzgebietes nicht hinein. Trotzdem sind die landschaftlichen Eindrücke beim Rundweg recht schön. Beiderseits der Würm erstreckt sich das Leutstettener Moos. Es ist größtenteils aus der Verlandung der Nordbucht des Starnberger Sees entstanden. Bis Einbettl begleitet uns der Moosrundweg, der von der Stadt Starnberg angelegt wurde. Einkehren können wir in der Schlossgaststätte Leutstetten, unterhalb von Schloss Leutstetten, und in Starnberg.

Start & Ziel & Anreise

Wir starten in Starnberg-Percha, am Parkplatz bei der Tennisanlage in Percha. Mit dem Auto auf der BAB A95 von München Richtung Garmisch-Partenkirchen. Am AB-Dreieck Starnberg auf der A952 Richtung Starnberg zur Ausfahrt 2 Percha fahren. Dort links zum Parkplatz bei der Tennisanlage. Mit der S-Bahn Linie S6 von München bis Bahnhof Starnberg-Nord und umsteigen in den Bus Linie 904 zur Haltestelle Percha-Würmstraße. Unter der Autobahn hindurch kommt man dann zur Tennisanlage.

Tourenbeschreibung

Wir beginnen die Wanderung bei der Tennisanlage in Percha und gehen auf der Heimatshausener Straße auf dem Moosrundweg bei den Infotafeln zum Leutstettener Moos entlang. Linker Hand breitet sich bereits das Niedermoor aus. Beim Birkenweg verlassen wir die Straße und gehen auf dem Fuß- und Radweg in der gleichen Richtung weiter. Wir gelangen bald in den feuchten Auwald, wo das Durchkommen auf einem Holzsteg erleichtert wird. Kurz vor der Hochspannungsleitung queren wir den Röhrlbach, der durch das Verlandungsgebiet fließt.

Bei der folgenden Wegegabelung mitten im Wald gehen wir geradeaus. Den Abzweig eines breiten Weges rechts ignorieren wir und gehen nach wenigen Metern links auf einem Pfad über eine Brücke zur Villa Rustica, der Ausgrabungsstätte einer römischen Villa aus dem 2. Jahrhundert n. Chr. Der Grundriss der Villa wurde so rekonstruiert, dass die Gesamtform des antiken Baus erkennbar ist. Anschließend gehen wir den Weg zurück und links zur Siedlung Einbettl. Im Ort stoßen wir beim Wegekreuz auf die Wangener Straße. Zur Schlossgaststätte geht es links nach Leutstetten. Wir biegen aber rechts ab Richtung Wangen und aus Einbettl hinaus. Durch lichten Laubwald wandern wir auf der kaum befahrenen Wildmoosstraße bis zu einer Linkskurve. Dort zweigt auf der rechten Seite ein Fahrweg ab, der im Wald zu den Häusern von Wildmoos führt.

Beim Wildmooshof gehen wir links und vor zur Bushaltestelle und bei ihr nach rechts auf einen Feldweg. Nun geht es zuerst durch eine parkartige Wald- und Wiesenlandschaft, dann durch den Wald immer dem Hauptweg entlang. Er erreicht schließlich das Gestüt Heimatshausen, schwenkt dort ein wenig nach links und auf der Heimatshausener Straße kommen wir nach Percha hinein. Auf ihr durch die Siedlung bis an den Hinweg des Moosrundweges. Wir biegen dann links ab und kommen zu unserem Ausgangspunkt zurück.

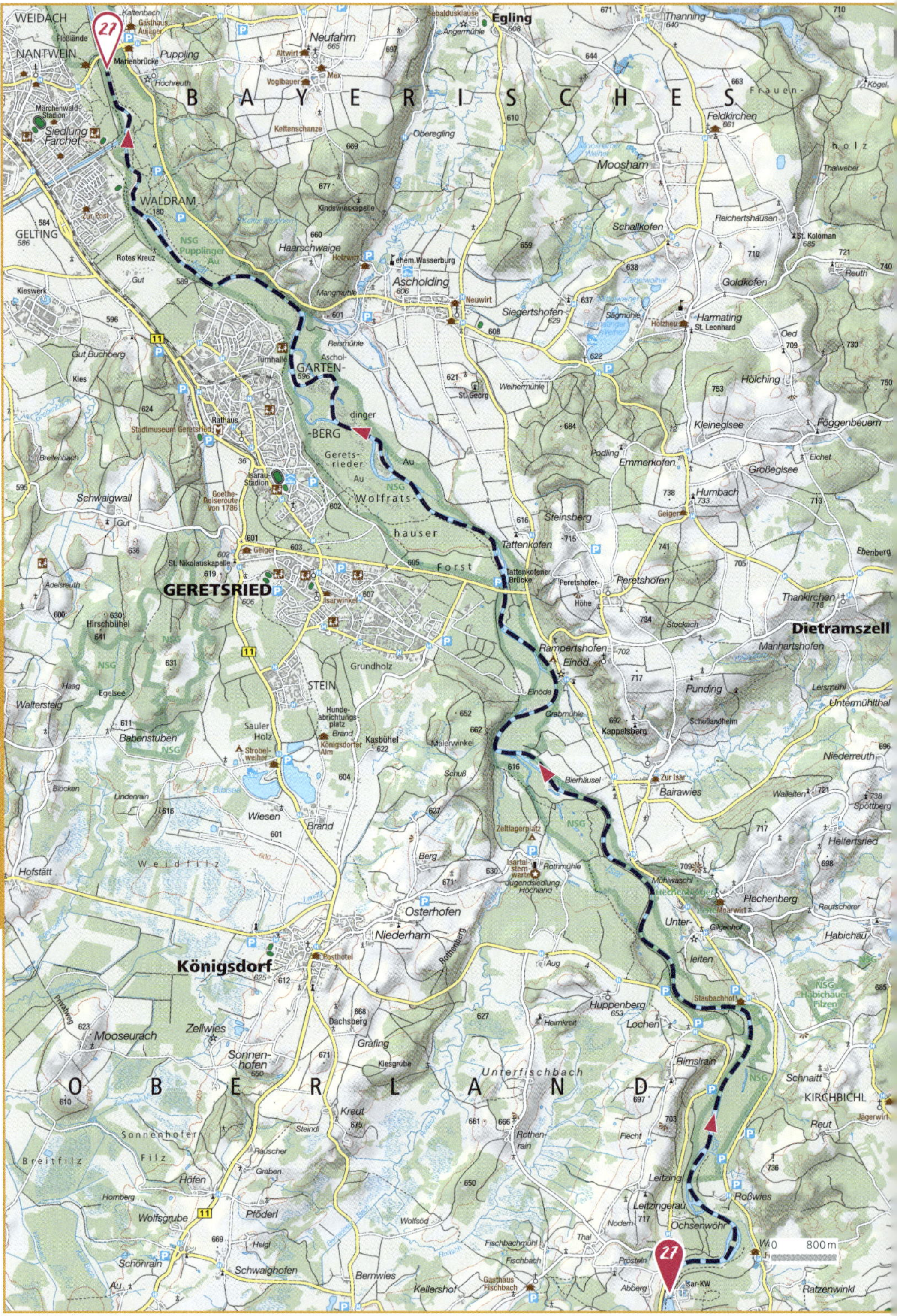

27

BAYERISCHES

OBERLAND

Weidach
Nantwein
Egling
Neufahrn
Thanning
Pupplinger
Siedlung Farchet
Waldram
Gelting
NSG Pupplinger Au
Haarschwaige
Ascholding
Moosham
Feldkirchen
Schallkofen
Goldkofen
Harmating
Siegertshofen
Gartenberg
Geretsrieder Au
Wolfratshauser Forst
Hölching
Kleineglsee
Großeglsee
Emmerkofen
Humbach
Steinsberg
Tattenkofen
Tattenkofener Brücke
Peretshofen
GERETSRIED
Stein
Grundholz
Rampertshofen
Einöd
Dietramszell
Manhartshofen
Punding
Kappelsberg
Schwaigwall
Hirschbühel
Egelsee
Walterstein
Babenstuben
Sauler Holz
Königsdorfer Alm
Kasbühel
Bierhäusel
Bairawies
Zur Isar
Wiesen
Brand
Berg
Isartalsternwarte
Hechenberg
Unterleiten
Osterhofen
Niederham
Königsdorf
Huppenberg
Lochen
Staubachhof
Mooseurach
Zellwies
Sonnenhofen
Grafing
Unterfischbach
Rimslrain
Schnaitt
Kirchbichl
Reut
Roßwies
Leitzing
Leitzingerau
Ochsenwöhr
Höfen
Wolfsgrube
Pföderl
Schönrain
Schwaighofen
Bernwies
Kellershof
Isar-KW
Ratzenwinkl
0 800 m

27

Kajak- / Kanutour

Isarfahrt

Idyllische Naturlandschaften in den Isarauen nach Wolfratshausen

DAUER	4h 30min
LÄNGE	22,1 km
STROMSCHNELLEN	ja
SCHWIERIGKEIT	MITTEL
MIT ÖPNV ERREICHBAR	nein

Das erwartet euch ...

Heute erwartet uns türkisblau glitzerndes Wasser inmitten beeindruckender Bergpanoramen der Voralpen. Die Isar schlängelt sich dabei mal ruhiger, mal ein bisschen wilder durch ihr breites Flussbett, am idyllischen Ufer entlang und an breiten Kiesbänken vorüber. Von ruhigen Abschnitten bis hin zu spritzigen Wildwasserpassagen ist heute alles dabei.

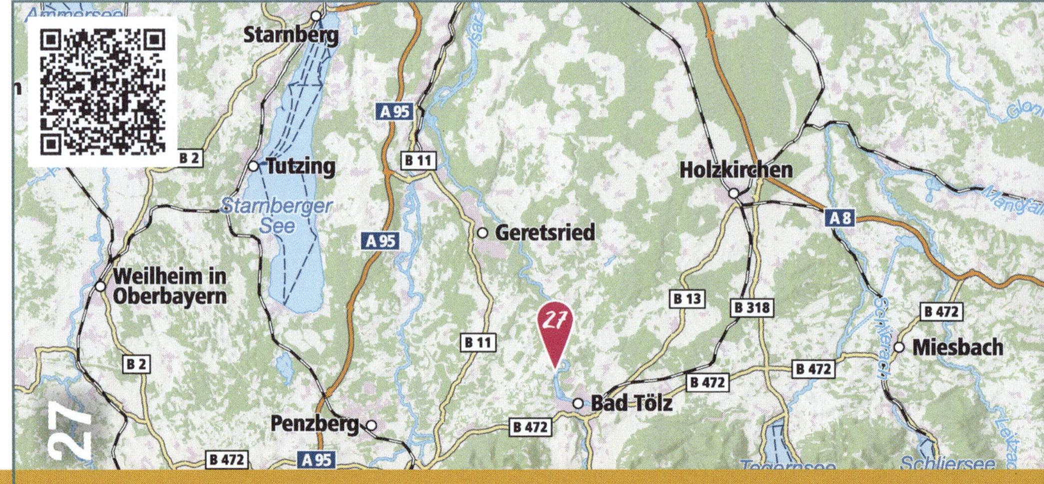

27 Kajak- / Kanutour

Start & Ziel & Anreise

Los geht's am Isar-Stausee Tölz. Mit dem PKW fahren wir über die Garmischer Autobahn bis zur Ausfahrt Hofoldinger Forst. Dann geht's über Sauerlach und die B13 nach Bad Tölz. Weiter auf der St2072 und kurz vor dem Forellenhof Walgerfranz links zum Isarkraftwerk. Parkplätze gibt es am Kraftwerk. Für den Rückweg empfielt es sich ein zweites Auto am Zielort zu parken.

Tourenbeschreibung

Die Isar gehört zu den beliebtesten Flüssen, was das Kajak- und Kanufahren angeht. Im Voralpenland begrüßt uns der Fluss mit einer atemberaubenden Naturlandschaft zu beiden Uferseiten. Jung und wild stürzt sich Isar hier noch von den Bergen ins Voralpenland. Besonders pittoresk ist ihr mäandernder Lauf zwischen Kiesbänken und Auwäldern. Sie bietet damit einen der artenreichsten Lebensräume in Bayern.

Unser Einstieg befindet sich hinter dem Isar-Stausee Tölz und dem Isarkraftwerk. Zunächst windet sich unsere Route durch die Leitzinger Au. Vogelschutzinseln und geschützte Uferzonen begleiten hier die Wildflussauen. Im Rücken haben wir die Berge, die sich langsam aber sicher von uns entfernen. Auf der Tour bis nach Wolfratshausen erfordert deine Strecke mal leichtes Paddeln, hin und wieder dann auch aktives Lenken, damit uns die Strömung nicht an die Außenseite des Flussbettes drückt. Kleinere Stromschnellen sind auch hie und da dabei.

Nach den Häusern bei Einöd auf der rechten Uferseite kommen wir zur Tattenkofener Brücke. Sowohl hier, als auch bei Einöd gibt es weitere Zu- bzw. Ausstiegsstellen. In der Rechtskurve vor Einöd befindet sich hoch oben auf der linken Uferseite der so genannte Malerwinkel. Er trägt seinen Namen nicht ohne Grund: Wenn von hier unten die Aussicht schon so fantastisch ist, wie mag sie erst von dort oben sein!? Es folgen die Ascholdinger und Pupplinger Au, die ein echtes Naturhighlight ist. Hier sind des Öfteren mal Sonnenhungrige mit und auch ohne Badehose unterwegs. Die unberührte Auenlandschaft gestaltet sich an manchen Stellen wie ein Dschungel.

Die Isar schlängelt sich weiter an Geretsried vorbei und ca. 10 Kilometer nach Einöd passieren wir die Brücke zwischen Puppling und Wolfratshausen. Gleich rechts nach der Brücke gibt es einen weiteren Zu- bzw. Ausstieg. Hier endet unsere Flusstour. Nicht weit entfernt liegt die Wirtschaft Pupplinger Au. Eine hervorragende Möglichkeit, sich nach der langen Fahrt zu stärken.

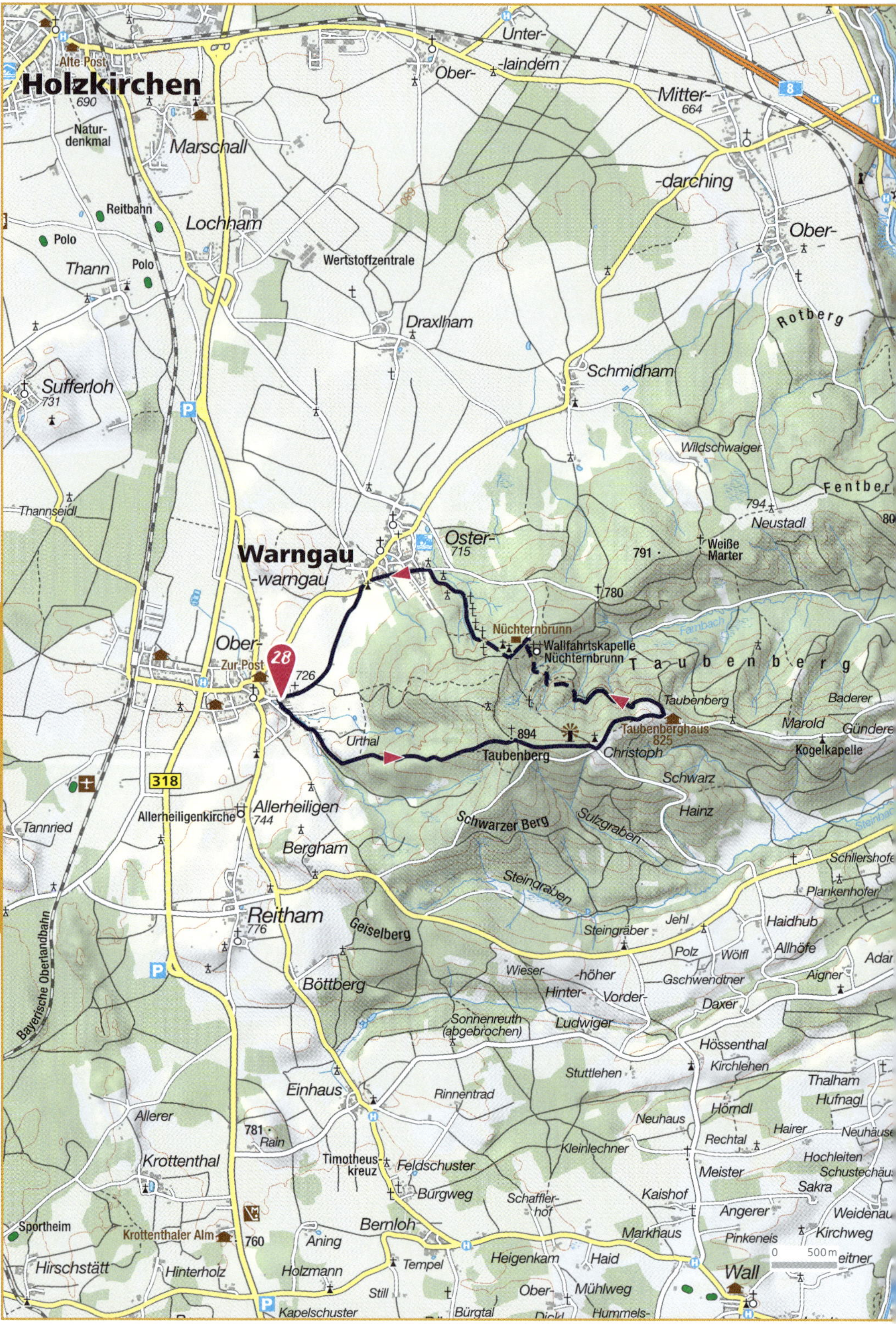

Holzkirchen
690
Alte Post
Unter-
Ober-
-laindern
Mitter-
664
-darching
8
Natur-
denkmal
Marschall
Reitbahn
Lochham
Polo
Thann
Polo
Wertstoffzentrale
Ober-
Draxlham
Rotberg
Sufferloh
731
Schmidham
P
Wildschwaiger
Fentber
Thannseidl
794
Neustadl
80
Oster-
715
Warngau
-warngau
791
Weiße
Marter
780
Nüchternbrunn
Wallfahrtskapelle
Nüchternbrunn
Ober-
Zur Post
28
726
T a u b e n b e r g
Fambach
Taubenberg
Baderer
Taubenberghaus
825
Marold
Gündere
894
Urthal
Taubenberg
Christoph
Kogelkapelle
318
Schwarz
Hainz
Allerheiligenkirche
Allerheiligen
744
Tannried
Schwarzer Berg
Sülzgraben
Steinbach
Bergham
Schliershofe
Plankenhofer
Steingraben
Reitham
776
Jehl
Haidhub
Geiselberg
Steingräber
Allhöfe
Polz
Wölfl
Adar
P
Wieser-
-höher
Aigner
Bayerische Oberlandbahn
Gschwendtner
Böttberg
Hinter-
Vorder-
Daxer
Sonnenreuth
(abgebrochen)
Ludwiger
Hössenthal
Kirchlehen
Stuttlehen
Thalham
Hufnagl
Einhaus
Rinnentrad
Hörndl
Allerer
Neuhaus
781
Rain
Hairer
Neuhäuse
Rechtal
Kleinlechner
Hochleiten
Timotheus-
kreuz
Feldschuster
Krottenthal
Meister
Schustechäu
Sakra
Burgweg
Schaffler-
hof
Kaishof
Weidenau
Angerer
Sportheim
Bernloh
Krottenthaler Alm
760
Aning
Markhaus
Kirchweg
Pinkeneis
0 500 m
Hirschstätt
Tempel
Heigenkam
Haid
eitner
Hinterholz
Holzmann
Wall
Ober-
Mühlweg
Still
P
Kapelschuster
Bürgtal
Dickl
Hummels-

28 Waldtour

Auf den Taubenberg

Aussicht mit Alpenpanorama

DAUER	2h
LÄNGE	8 km
HÖHENMETER	200 hm
SCHWIERIGKEIT	LEICHT
MIT ÖPNV ERREICHBAR	ja

Das erwartet euch ...

Die kurze Runde führt uns überwiegend durch schattigen Wald, ist also gut für heiße Sommertage geeignet. Der Wegabschnitt vom Taubenberghaus zur Kapelle Nüchternbrunn ist oft feucht, hier brauchen wir wasserdichtes Schuhwerk. Generell ist die Runde nicht besonders anstrengend. Die Wege sind bestens beschildert. Am Aussichtsturm erwartet uns ein herrlicher Rundumblick. Am Berggasthaus Taubenberg gibt's einen tollen Spielplatz und Tiere zum Streicheln.

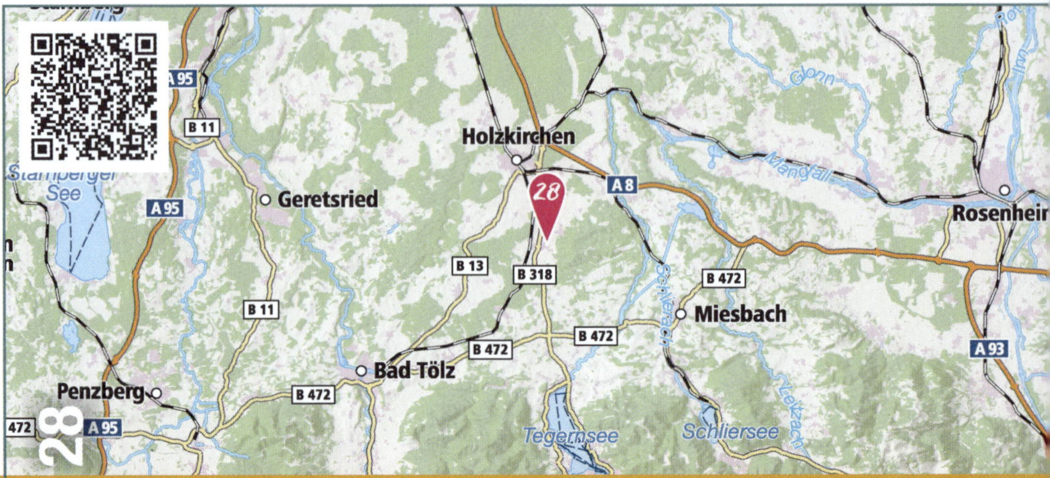

Waldtour 28

Start & Ziel & Anreise

Ausgangspunkt der heutigen Tour ist Oberwarngau. Mit dem Auto erreichen wir den Ort über die A8 Richtung Salzburg, Ausfahrt Holzkirchen. Weiter geht's über die B318 bis nach Oberwarngau. Parkmöglichkeiten gibt es am Friedhof oder beim Rathaus. Die Bayerische Regiobahn fährt in regelmäßigen Abständen von München Richtung Lenggries, Haltestelle Warngau. Von hier aus in zehn Minuten zu Fuß zum Ausgangspunkt.

Tourenbeschreibung

Ganz schön waldig ist der Buckel des Taubenbergs, der sich hinter Holzkirchen vor den ersten „richtigen" Alpengipfeln erhebt. Zum Glück thront auf seinem Rücken ein schöner Aussichtsturm, der uns freie Sicht ermöglicht, aber auch viele andere Ausflügler lockt. Im gleichnamigen Gasthof treffen sich dann Wanderer, Radler und Feiertagseinkehrer, die neben der zünftigen Brotzeit auch das außerordentlich schöne Alpenpanorama genießen. Das reicht von der Zugspitze bis in die Chiemgauer Alpen. Besonders schön zeigen sich die nahen Tegernseer und Schlierseer Berge. Eindeutiger Blickfang ist im Südosten der Wendelstein.

Wir gehen vom Parkplatz beim Friedhof kurz Richtung Ortsmitte, dann biegen wir in die Linden- und Austraße ein. Sie führt uns sanft am Dorfbach entlang hinauf. Wir spazieren links an einer Wasserfassung vorbei und schlendern bald auf einem Waldweg bergan. Kurz wird's mal steiler, dann erreichen wir den

Taubenberg. Recht flach über eine breite Forstpiste wandern wir weiter zum Taubenbergturm. Wie auf dem Taubenberg selbst herrscht auch hier oft wuseliges Treiben. Der aus Tuffstein errichtete, 30 Meter hohe Bau stammt aus dem Jahr 1911; den Eingang schmückt eine Darstellung des Münchner Kindls. Wenn wir nicht auf den Turm steigen wollen, schauen wir, dass wir schnell, dass wir weiterkommen.

Nur ein paar Minuten später treffen wir auf die kleine Kapelle St. Christoph und die Taubenbergstraße. Hier wird der Blick nach Süden auf die Voralpenketten frei. Auf der Sandstraße wandern wir weiter, leicht bergab zum Gasthaus Taubenberg. Kühe, Schafe, Schweine und eine Hofkatze freuen sich auf Streicheleinheiten der Kinder. Gleich nebenan gibt es einen tollen Spielplatz mit Schaukeln, Rutschen und einem sonnengeschützten Sandkasten.

Unsere Route beschreibt hier eine scharfe Linkskurve, dann leitet uns ein bequemer Weg über mehrere Gräben durch die steilen Nordhänge zum kleinen Bauensemble des Wallfahrtsorts Nüchternbrunn. Über den Kreuzweg geht's dann in den Wald hinab und nach Osterwarngau. Wir spazieren durch den Ort zur Hauptstraße, um ihr kurz bis zur Manhartkapelle zu folgen. Danach biegen wir links auf einen breiten Feldweg ab und wandern zurück zum Parkplatz in Oberwarngau.

Wackersberg
Waldhof
Mösl
Hausruck
Harzberg
Mösl
Fehn
Mösl
Tiefenbach
Holz
Lantenhammer Erlebnisdestillerie
Bergbaumuseum
Tratberg
Ferienndorf Holz
Freigut
Hof
Tiefenbach
Loidlsee
Grub
Haslrain
Vorder-
Mayer in der Eck
Ed
Freudenreich
Hausham
766
Kasten
Laim
Hinter-
864
Eck
Grim
Gschwendt
754
813
921
Brentenspitz
Ederbach
Antenloh
(Ober-)
Rain
Brenten
Altenberg
Thal
Grünboden
Deutsche Alpenstraße
Loch
Eckerbach
Schweinthal
Rettenbeck
Moosrain
(Unter-)
Schuß
Eckart
Pürstling
Angerlweber
Oedbergalm
Kletterwald
Wallenburger Kogel
936
Kalkgraben
Urtlbach
Oed
Abwinkl
Westenhofen
Huabaoim
Karma Bavaria
Gindelalmstraße
Almbad Huberspitz
Huberspitz
1052
Mühle
Reithgraben
Oeder Kogel
1135
Schußkogel
1134
Schwaig
Jhtt.
Rainer Berg
1169
Breitenbach
Milchhäusl
840
Kotalm
Jhtt.
Freudenberg
Neureuth-Haus
1263
Kotalm
Auerberg
Gindelalm
1242
Krainsberg
Schliersee
Ostiner Berg
1200
Gindelalmschneid
1335
Gindelalm
1242
Au
Breitenbach
29
Krainsbergkogel
1288
Bergwachthütte
952
1042
Postnerhütte
Kreuzbergalm
1223
Graben
Grün
Gschwand
Tufftal
Kreuzbergköpfel
1273
Rixneralm
Hubertushütte
Auerbauer
Alpbach
Brunstkogel
1255
Hainer Jhtt.
Alpbachalm
Pfliegeleck
1063
Ober-
Krainsberger Alm
Baumgartenalm
Unter-
Krainsberghütte
Riederstein am Galaun
Riederstein
Leeberg
1448
Westerberg
1333
1316
Rohrkopf
Baumgartenschneid
Lahnenkopf
1415
Prinzenkapelle
Seeforum
Schwaighof
Rottach-
Tuften
S'Niedeialm
Ried
Berg
Kühzaglalm
Dürnbachwald
Brandstatt
Angermaier
Kreuz
780
Brunnerstein
Kalkofen
Erlach
Hagrain
Beim Zotzn
-Egern
Ellmau
Gutfeld
Kühzaglbach
Rainerkopf
1465
Mus. im Gsotthaber Hof
Haslau
Rosskap.
Kühzagl
Gasse
Rottach
Raineralm
Sonnenmoos
Wolfsgrub
Unterwallberg
Wasserspitz
Gloggnersee
Oberach
1552
Eckspitz
1386
Rettenbäckalm
Georg-Jennerwein
Bodenschneid
1356
Unterkunftshaus
Café Restaurant Alpenwildpark
Bärenwand
Enterrottach
Almhof
Mautstelle
Rinnerspitz
0 500 m

Bergtour 29

Zur Kreuzbergalm

Almwanderung zwischen Schliersee und Tegernsee

DAUER	2h 45min
LÄNGE	8 km
HÖHENMETER	530 hm
SCHWIERIGKEIT	MITTEL
MIT ÖPNV ERREICHBAR	ja

Das erwartet euch ...

Die hübsche Rundwanderung beschert uns nicht nur eine idyllische Almlandschaft und – zumindest unter der Woche – einsame Wälder. Die Kreuzbergalm bietet uns außerdem prächtige Aussichten auf die Gipfel des Mangfallgebirges. Beim Abstieg von der Gindelalm müssen wir ein wenig Vorsicht walten lassen, der Weg ist recht steil. Einkehrmöglichkeiten finden wir auf der Kreuzberg- und der Gindelalm.

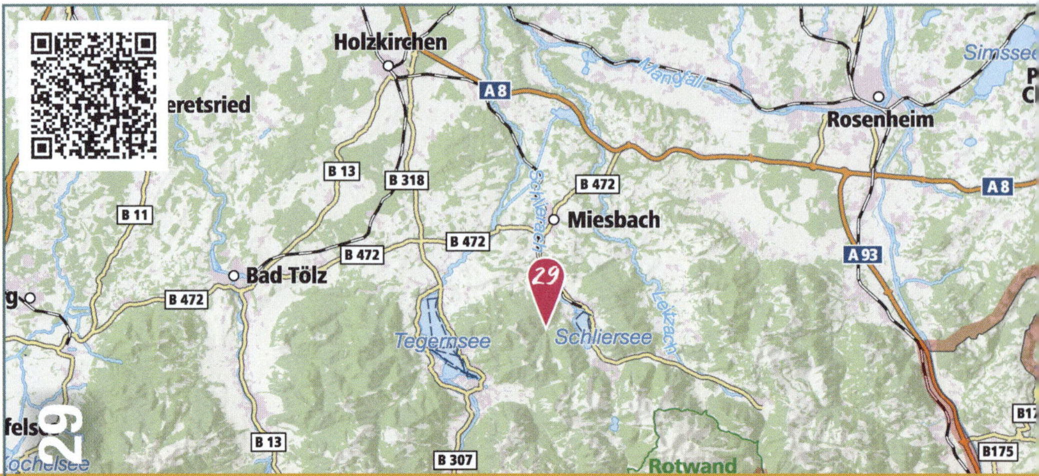

Bergtour 29

Start & Ziel & Anreise

Los geht's am Wanderparkplatz Hennerer im Breitenbachtal. Mit dem Auto fahren wir über die A8 Richtung Salzburg. An der Ausfahrt Irschenberg wechseln wir auf die B307, über Miesbach und Hausham nach Schliersee. Vor der Kirche St. Martin geht's rechts über die Gleise in die Breitenbachstraße. Wir folgen der Straße ins Tal bis zu ihrem Ende an der Hennerer Au. Mit der Regiobahn geht's von München nach Schliersee. Von hier aus zu Fuß in 45 Minuten ins Tal.

Tourenbeschreibung

Die Kreuzbergalm ist eigentlich ein Gipfelhaus, und wenn das Gradhügerl auch nur ein kleines ist, bietet es doch eine bemerkenswerte Aussicht auf zahlreiche Höhenzüge des Mangfallgebirges. Und auch über die Fernblicke staunen wir nicht schlecht: Im Süden ragt das Karwendelgebirge in die Höhe, und im Nordosten erblicken wir an guten Tagen sogar den Großen Arber. Und der Bayerische Wald ist immerhin 180 Kilometer entfernt! Abgerundet wird die Gipfelschau mit einer zünftigen Hüttenbrotzeit, zu der wir uns auf der Terrasse der Alphütte niederlassen.

Wie sicherlich schon oft erlebt, starten wir das erste Stück der Tour über eine Forstpiste. Wir nehmen am Parkplatz gleich einmal den Prinzenweg, der uns erst sanft, dann stärker ansteigend ins bewaldete Stadeltal hinaufführt. Er verbindet den Schliersee mit dem Tegernsee; sein Name erinnert an den Prinzen Karl von

Bayern, einen Sohn des bayerischen Königs Maximilian I. Joseph. Ihm wurde als General im Deutschen Krieg eine eher unglückliche Rolle zuteil. Frustriert demissionierte er und verbrachte seinen Lebensabend am Tegernsee, was sicherlich auch keine schlechte Wahl war. Bei der Verzweigung im Talinnern halten wir uns rechts und folgen dem nun deutlich schmaleren Weg. Er steigt weiter an und quert dabei die Ostflanke des Kreuzbergköpfls. An der namenlosen Senke mündet er in eine Straße, die von Tegernsee heraufkommt. Auf ihr geht's nun weiter bis zur Kreuzbergalm.

Der Fortlauf des Weges führt zunächst hinunter in eine sumpfige Senke, dann über den von Erosion gezeichneten Hang hinauf zur Gindelalmschneid. Der Pfad ist hier schon sehr ausgetreten und von Erosion mitgenommen. Eine Sanierung wäre dringend einmal nötig. So verhält es sich auch auf dem Abstieg zur Gindelalm. Vorsichtig steigen wir hinab. Zur Belohnung bietet uns die Alm dann gleich drei Einkehrmöglichkeiten. Für die Kleinen gibt es einen kleinen Sandkasten und eine Schaukel, aber sie werden im Sommer ohnehin hier oben nur Augen für die Kühe haben, die rund um die Alm weiden. Recht steil, aber ohne Frage komfortabler gestaltet sich dann der weitere Abstieg durchs Schilchental zum Parkplatz am Breitenbach.

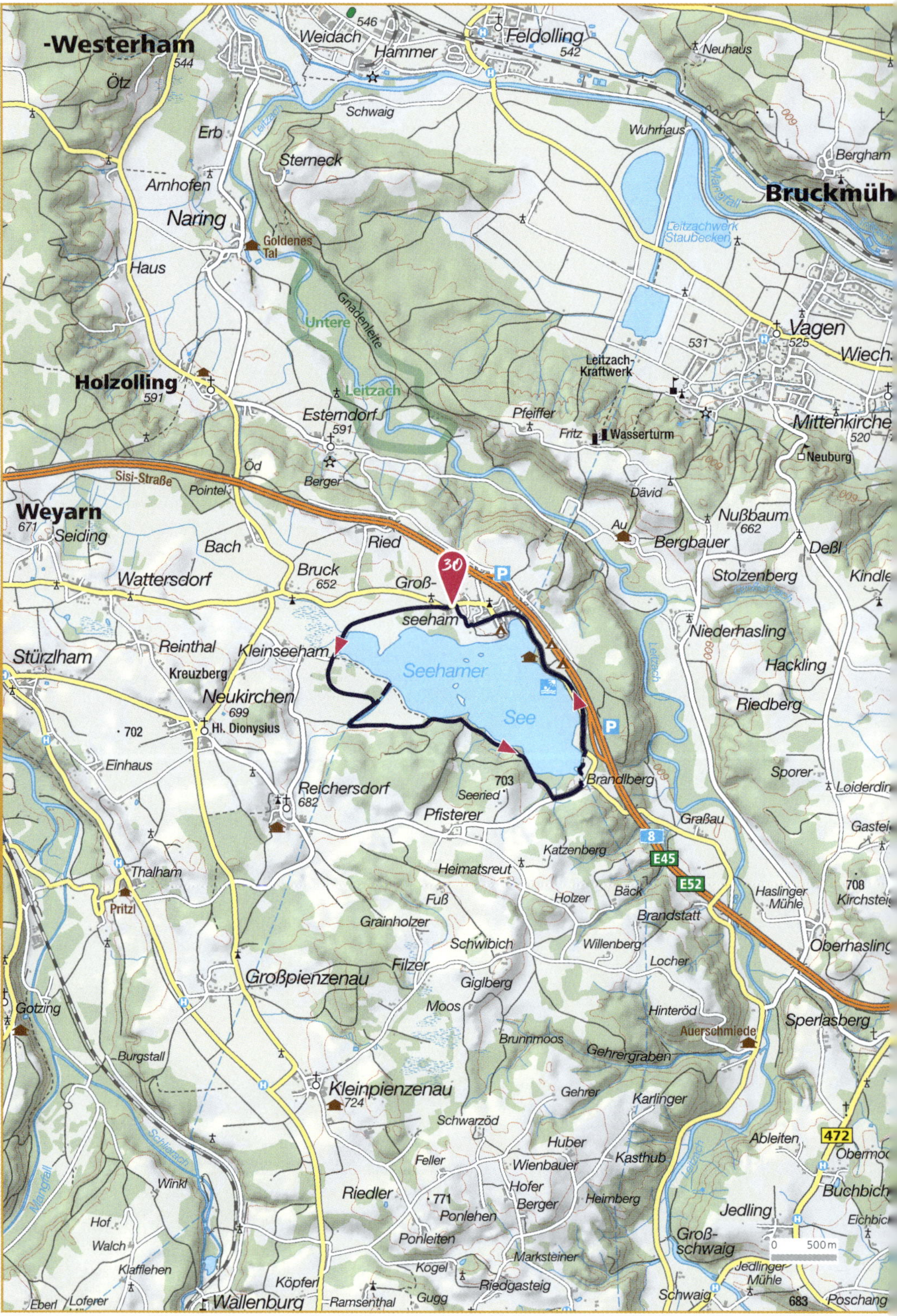

-Westerham
544
Weidach
546
Hammer
Feldolling
542
Neuhaus
Ötz
Schwaig
Erb
Leitzach
Wuhrhaus
Bergham
Sterneck
Arnhofen
Bruckmüh
Naring
Leitzachwerk
Staubecken
Goldenes
Tal
Haus
Gradenleite
Untere
Vagen
531
525
Wiech
Leitzach-
Kraftwerk
Holzolling
591
Leitzach
Esterndorf
591
Pfeiffer
Fritz
Wasserturm
Mittenkirche
520
Neuburg
Öd
Sisi-Straße
Pointel
Berger
Dävid
Weyarn
671
Seiding
Nußbaum
662
Bach
Ried
Au
Bergbauer
Deßl
Bruck
652
30
Wattersdorf
Groß-
seeham
Stolzenberg
Kindle
Reinthal
Kleinseeham
Niederhasling
Stürzlham
Kreuzberg
Seehamer
Hackling
Neukirchen
699
See
Riedberg
702
Hl. Dionysius
Einhaus
Sporer
703
Brandlberg
Loiderdin
Reichersdorf
682
Seeried
Pfisterer
Graßau
Gastei
8
Katzenberg
E45
Thalham
Heimatsreut
E52
708
Fuß
Holzer
Bäck
Haslinger
Mühle
Kirchstei
Pritzl
Grainholzer
Brandstatt
Schwibich
Willenberg
Oberhasling
Filzer
Großpienzenau
Giglberg
Locher
Gotzing
Moos
Hinteröd
Sperlasberg
Auerschmiede
Brunnmoos
Burgstall
Gehrergraben
Kleinpienzenau
724
Gehrer
Karlinger
Schwarzöd
Schlierach
Huber
Ableiten
472
Obermoo
Feller
Kasthub
Winkl
Wienbauer
Mangfall
Hofer
Buchbich
Riedler
771
Berger
Heimberg
Jedling
Hof
Ponlehen
Eichbich
Walch
Ponleiten
Groß-
schwaig
0
500 m
Klafflehen
Marksteiner
Kögel
Jedlinger
Mühle
Köpfer
Riedgasteig
Eberl
Loferer
Wallenburg
Ramsenthal
Gugg
Schwaig
683
Poschang

Seetour 30

Seehamer See

Zur Deifiriadi-Quelle

DAUER	1h 45min
LÄNGE	6,6 km
HÖHENMETER	90 hm
SCHWIERIGKEIT	LEICHT
MIT ÖPNV ERREICHBAR	nein

Das erwartet euch ...

Eine schöne Seerundwanderung und das Gasthaus Seehaus in Großseeham erwarten uns. Der Seehamer See wurde zur Energiegewinnung im Jahr 1913 aufgestaut. Hier erzeugen die Stadtwerke München in den Leitzachwerken Strom aus Wasserkraft. Eine besondere Attraktion auf der Wanderung ist die Deifiriadi-Quelle. „Deifi ria di", „Teufel, rühr Dich"- zugegeben, ein merkwürdiger Name für eine Quelle, aber magisch.

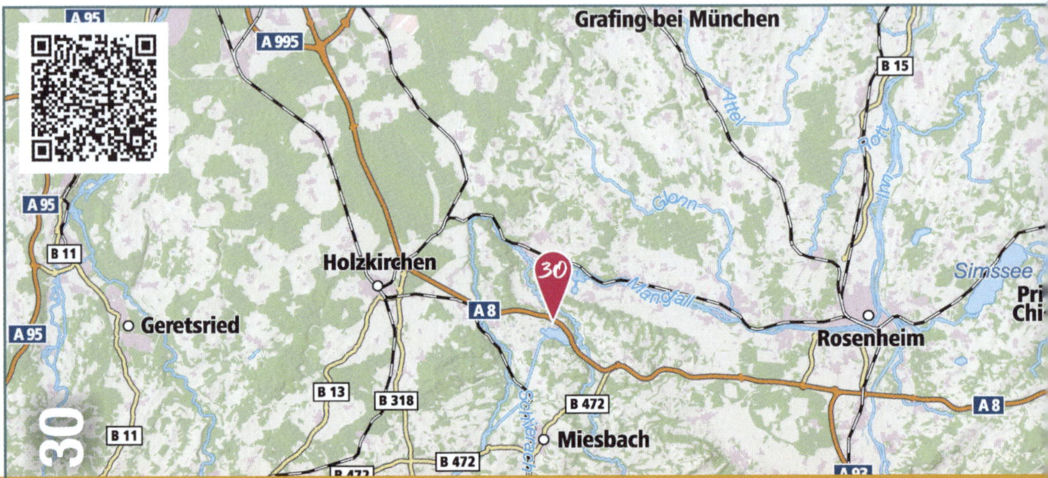

Seetour 30

Start & Ziel & Anreise

Ausgangspunkt ist der Parkplatz Seeham beim Sportplatz in Großseeham. Mit dem Auto fahren wir auf der A8 München–Salzburg zur Ausfahrt 98 Weyarn. Dort nach Weyarn abbiegen. Durch den Ort, dann links über Wattersdorf nach Großseeham. Beim Parkplatz am Ortsrand von Großseeham beginnt die Seerundwanderung. Trotz der Nähe zur Autobahn ist der Seehamer See ein beliebtes Naherholungsziel und das auch vollkommen zu Recht.

Tourenbeschreibung

Wir gehen ein paar Meter nach Süden zur Infotafel, biegen nach rechts auf ein Asphaltsträßchen ein und folgen ihm Richtung Kleinseeham. In der Kurve verlassen wir das Sträßchen und gehen geradeaus auf dem Feldweg bis an den kanalisierten Seebach. Von dort kann man einen kurzen Abstecher nach links zum aussichtsreichen Seeufer einlegen. Der Seehamer See wurde von 1911-1913 zur Energiegewinnung aufgestaut und besteht seitdem als einheitlicher See. Interessant sind außerdem die fünf kleinen Inseln, die jedoch als Moor- und Feuchtflächen ausgewiesen sind und somit nicht betreten werden sollten.

Zurück gehen wir entlang des Seebaches und stoßen auf einen Weg. Dort biegen wir links ab und gehen bei der folgenden Verzweigung geradeaus weiter. Auch dort, wo die Fahrspur rechts abknickt, folgen wir dem Weg geradeaus und erreichen einen Waldweg, der über etliche Holzstege führt. Einer davon ist neben der interessanten Deifiriadi-Quelle. Schließlich fällt der Weg wieder zum Seeufer ab und stößt auf eine Asphaltstraße.

Hier gehen wir nach links hinunter zum Weiler Brandlberg und gleich nach den Häusern biegen wir auf einen Pfad links ab. Dieser führt am südöstlichsten Seezipfel über die Staumauer und neben einer kaum befahrenen Autostraße zur Wasserwachtstation, zum Campingplatz und zum Gasthaus Seehaus.

In Großseeham folgen wir zuerst der Hauptstraße, verlassen diese aber in ihrer Rechtskurve, um geradeaus der Seestraße zu folgen. Hinter der Bebauung halten wir uns rechts über eine Wiese zur Osterseestraße und gelangen an die Hauptstraße. Noch einmal links und wir sind schon am Ausgangspunkt zurück.

Autoren Tipp

Besonders spannend wird der Rundweg für Kinder im Zusammenspiel mit den vielen Informationstafeln, die rund um den See aufgestellt sind. Der Seehamer Sie bildet unter den 430 Seen im Freistaat Bayern eine kleine Besonderheit: Er verfügt über künstlich erzeugte Gezeiten, die einen Höhenunterschied von bis zu zwei Meter ausmachen können. Holzstege über kleine Gräben und durchs Moor versprechen zusätzliche Spannung auf dem schönen Seerundweg.

31

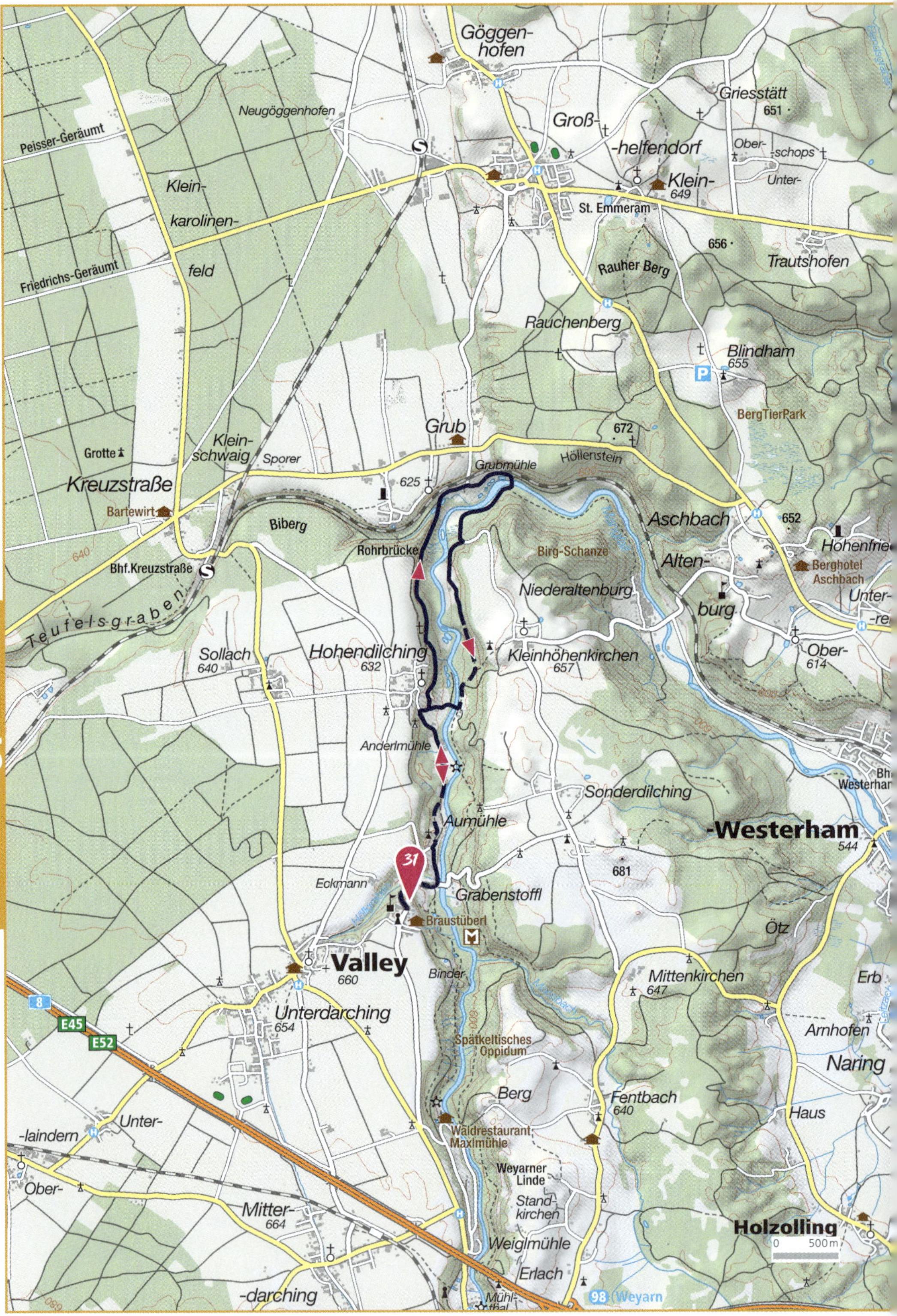

Göggenhofen
Neugöggenhofen
Peisser-Geräumt
Griesstätt
651
Groß-helfendorf
Ober-schops
Unter-
Klein-
649
St. Emmeram
Klein-karolinen-feld
Friedrichs-Geräumt
656
Trautshofen
Rauher Berg
Rauchenberg
Blindham
655
BergTierPark
Grub
672
Klein-schwaig
Sporer
Grotte
Kreuzstraße
Grubmühle
Höllenstein
625
Bartewirt
Biberg
Aschbach
652
Hohenfrie
Alten-burg
Berghotel Aschbach
Rohrbrücke
Birg-Schanze
Bhf.Kreuzstraße
Niederaltenburg
Unter-
Teufelsgraben
Sollach
640
Hohendilching
632
Kleinhöhenkirchen
657
Ober-
614
Anderlmühle
Sonderdilching
Westerham
Aumühle
-Westerham
544
681
Eckmann
Grabenstoffl
Braustüberl
Ötz
Valley
660
Binder
Mittenkirchen
647
Erb
8
E45
E52
Unterdarching
654
Spätkeltisches Oppidum
Arnhofen
Naring
Berg
Fentbach
640
Haus
Unter-laindern
Waldrestaurant Maxlmühle
Weyarner Linde
Ober-
Stand-kirchen
Mitter-
664
Holzolling
0 500m
Weiglmühle
Erlach
-darching
98 (Weyarn)
Mühlthal

Naturtour 31

Valley – Mangfallknie

Traumrunde am reißenden Gebirgsbach

DAUER	2h 30min
LÄNGE	8,8 km
HÖHENMETER	220 hm
SCHWIERIGKEIT	MITTEL
MIT ÖPNV ERREICHBAR	ja

Das erwartet euch ...

Auf dieser Traumrunde wandern wir abwechselnd auf schmalen asphaltierten Sträßchen und bequemen Waldwegen. Dabei begleiten uns die herrlichen Wälder an der Mangfall. Am Wendepunkt unserer Runde bei der Grubmühle haben wir die Möglichkeit, an der Brücke mal kurz die Füße zu kühlen. Für Kids ein toller Ort zum planschen!

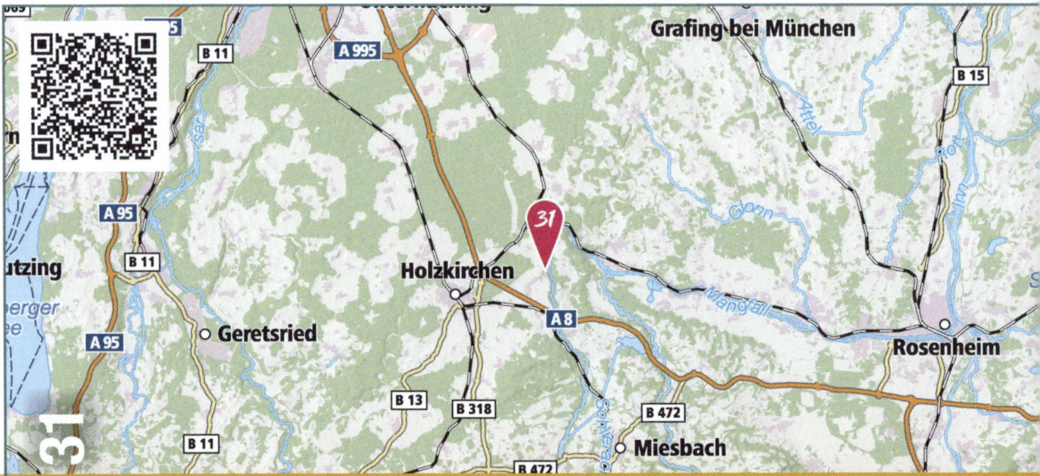

Start & Ziel & Anreise

Los geht's in Valley. Über die A8 fahren wir bis zur Ausfahrt Holzkirchen oder Weyern. Dann weiter über die St2073 nach Valley. Parkmöglichkeiten gibt's neben dem Schloss in der Graf-Arco-Straße. Mit den Öffentlichen fahren wir mit der S3 von München nach Holzkirchen. Hier steigen wir in den Bus Nr. 9561 Richtung Miesbach um, Haltestelle Unterdarching Abzw. Valley. Von hier aus gehen wir noch 5 Minuten zu Fuß zum Schloss Valley.

Tourenbeschreibung

Eine herrliche kleine Familienwanderung steht uns heute bevor. Im Mittelpunkt steht die Mangfall, ein malerischer Gebirgsbach, der sogar an manchen Stellen zu einem kleinen, stattlichen Flüsschen avanciert. Ihr 58 km langer Lauf ist ein linker Nebenfluss des Inns und mündet bei Rosenheim in die Isar. Dabei hat sie keinen eigenen Quellsprung, sondern ist ein Abfluss des Tegernsees. Am Mangfallknie bei Valley kehrt sie ihren Lauf um etwa 135° in südöstliche Richtung. Dabei durchbricht sie die Seitenmoräne des ehemaligen Inntalgletschers.

Am Schloss Valley gehen wir zunächst die Graf-Arco-Straße steil hinab. In einem Rechtsbogen führt uns der Schlossberg noch an ein paar Häusern vorbei, dann schwenken wir vor der Brücke nach links in den Aumühler Weg. Wir wandern zum Aumühler Hof und seiner hübschen hofeigenen Kapelle, dann geht's auf Höhe des letzten Gebäudes an einer Schranke vorbei und in den Wald. Kurz schwenken wir hier nach rechts, auf einen schmäleren Weg an der Mangfall entlang. Bald geht's auf einem Sträßchen an der Anderlmühle und ein paar Pferdeskulpturen vorbei. Danach spazieren wir kurz durch ein Waldstück, und schwenken vor den nächsten Gebäuden bei Hohendilching nach rechts. Nach ca. 50 Metern halten wir uns links und wandern bald auf einem schönen Weg oberhalb der Mangfall auf einem schönen Waldweg am Hang entlang.

Wir spazieren gut eineinhalb Kilometer so dahin, bis wir einen kleinen Weiher erreichen. Von links stößt ein Weg zu uns, dem wir folgen. Ein schöner Waldweg leitet uns bis zu einem Sträßchen, auf dem wir durch Grubmühle hindurchspazieren. Nach dem Pumpenhaus macht die Route einen Rechtsbogen über die Brücke über die Mangfall. Wir haben das Mangfallknie erreicht. Hier, am bekannten Knick des Flusses strömten vor Tausenden von Jahren die Schmelzwasser des Gletschers ein. An warmen Sommertagen, wenn die Mangfall nicht zu viel Wasser führt, finden wir hier einen tolle Stelle, an der wir mal in die Fluten springen oder einfach auch nur bis zu den Knien durchs Wasser waten können – die Mangfall ist ziemlich kalt, dementsprechend ist das Baden wohl auch eher was für Hartgesottene. Wir wandern einen halben Kilometer auf dem Sträßchen durch den Wald, dann biegen wir rechts ab und gehen auf asphaltiertem Weg weiter. Immer wieder tun sich dabei herrliche Blicke hinunter zur Mangfall auf. Nach Breitmoos geht's wieder auf einen Waldweg. Er leitet uns durch den lichten Laubwald, bis wir die hölzerne Brücke an der Anderlmühle erreichen. Wir queren die Mangfall und halten uns an der Lichtung mit den Skulpturen links. Kurz darauf stoßen wir wieder an die bekannte Gabelung, an der wir zu Beginn der Wanderung abgebogen sind. Auf bekanntem Weg geht's von hier aus zurück zum Schloss Valley.

Autoren Tipp

Wer eine Stärkung braucht, der kann im Bräustüberl in Valley einkehren. Es gibt einen schönen Biergarten und eine große Auswahl an Speisen. Für musikbegeisterte, große und kleine Entdecker befindet sich gegenüber des Schlosses das Orgelzentrum Altes Schloss Valley, das die größte Orgelsammlung der Welt beheimatet. Daneben befindet sich das Zollinger Haus, ein Wunder der Statik und Akustik. Führungen nach Voranmeldung.

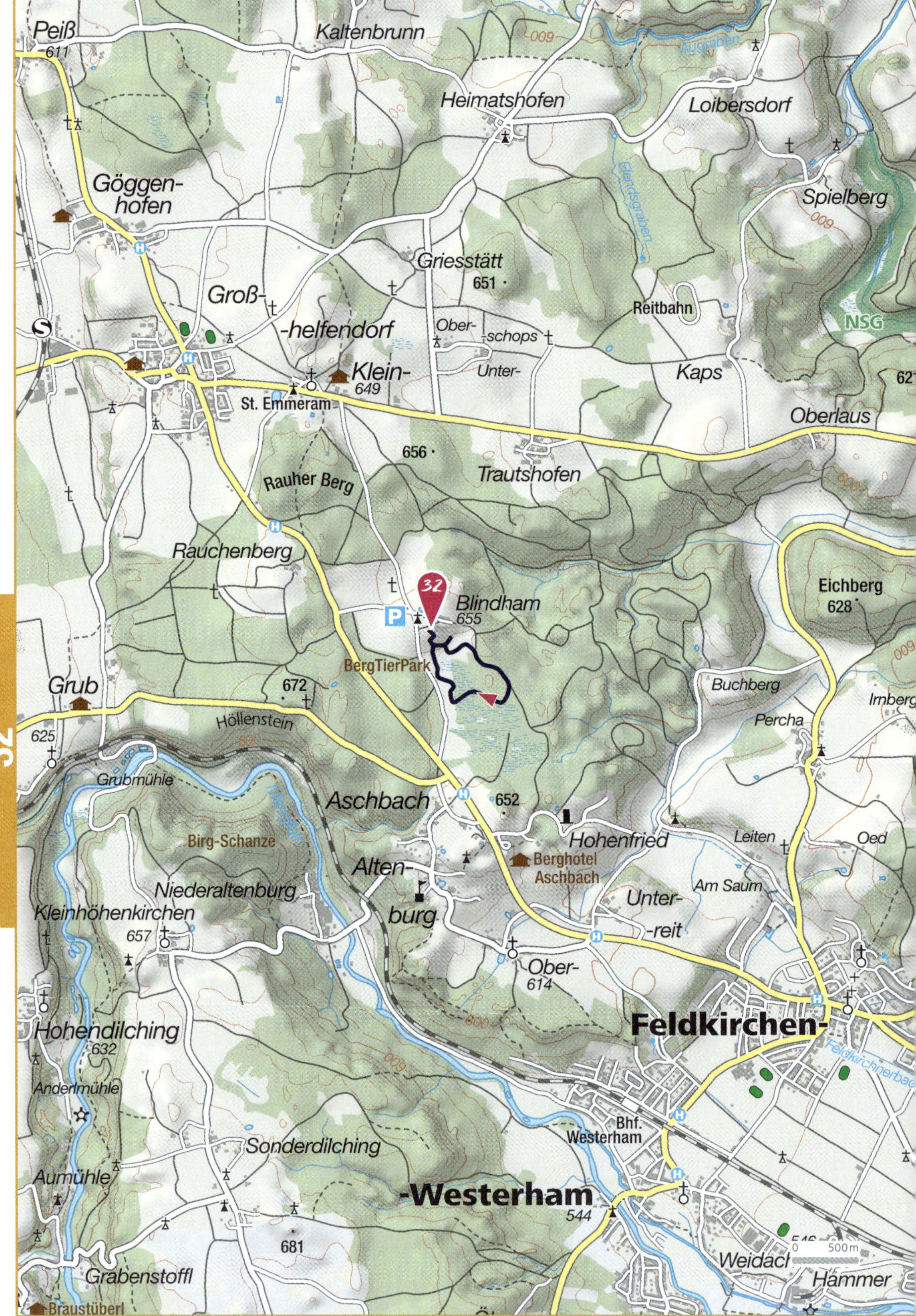

Peiß
611
Kaltenbrunn
Heimatshofen
Loibersdorf
Aurgraben
Elendsgraben
Spielberg
Göggen-
hofen
Griesstätt
651
Reitbahn
NSG
Groß-
-helfendorf
Ober-
-schops
Unter-
Kaps
Klein-
649
St. Emmeram
Oberlaus
656
Trautshofen
Rauher Berg
Rauchenberg
32
Blindham
655
Eichberg
628
BergTierPark
Grub
625
672
Höllenstein
Buchberg
Irnberg
Percha
Grubmühle
Aschbach
652
Hohenfried
Leiten
Oed
Birg-Schanze
Berghotel
Aschbach
Alten-
burg
Niederaltenburg
Am Saum
Unter-
-reit
Kleinhöhenkirchen
657
Ober-
614
Hohendilching
632
Feldkirchen-
Feldkirchnerbach
Anderlmühle
Bhf.
Westerham
Sonderdilching
Aumühle
-Westerham
544
681
Weidach
Hammer
0 500 m
Grabenstoffl
Braustüberl

Tour 32

Bergtierpark Blindham

Erlebnisbauernhof bei Aying

DAUER	1h
LÄNGE	2,5 km
HÖHENMETER	40 hm
SCHWIERIGKEIT	LEICHT
MIT ÖPNV ERREICHBAR	ja

Das erwartet euch ...

Der BergTierPark Blindham bei Aying ist ein schönes Ausflugsziel für die ganze Familie. Der Tierpark ist ganzjährig geöffnet, der Spaziergang dauerte etwa eine Stunde und führt über bequeme Wege. Kinder erhalten hier tolle Möglichkeiten die Tiere zu beobachten und Näheres über deren Lebensweise zu erfahren. Die Gehege sind gut einsehbar und mit informativen Schildern versehen. Der Rundgang ist auch gut für Kinderwagen geeignet.

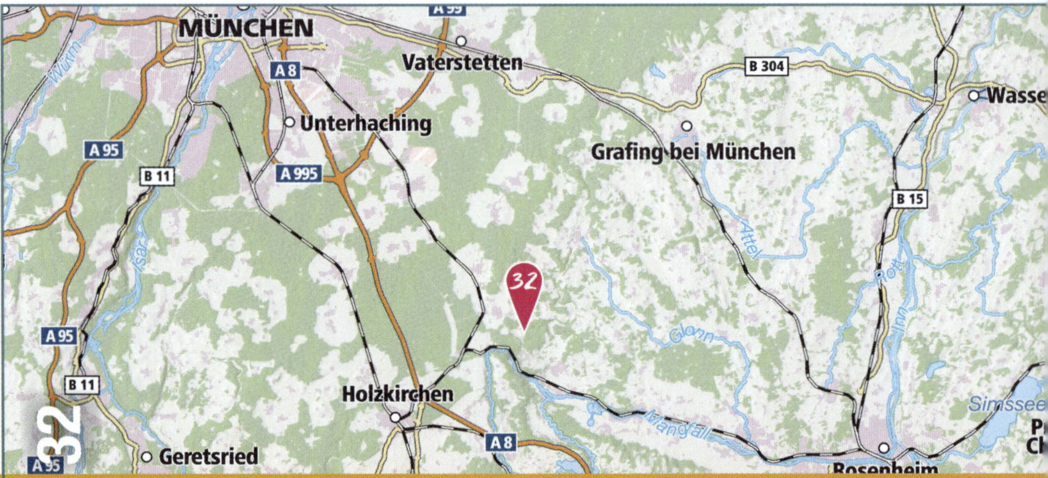

Start & Ziel & Anreise

Los geht's am Parkplatz des Bergtierparks. Mit dem Auto erreichen wir Blindham von München über die A8. An der Ausfahrt Hofoldinger Forst fahren wir dann weiter Richtung Aying. Vor Aying biegen wir rechts auf die St 2078 Richtung Rosenheim ab, dann ca. 6 km geradeaus. Von Aying fährt der Bus Nr. 9582 Richtung Bahnhof Bad Aibling, Haltestelle Blindham/ Aying. Von hier aus muss man allerdings noch eine Viertelstunde zu Fuß laufen.

Tourenbeschreibung

Heute wird es tierisch – im Bergtierpark gibt es Vielzahl an Nutz- und Haustieren wie Schafe, Ziegen, Schweine, Hirsche und Ponys zu besichtigen. In großzügigen Gehegen grasen auch heimische Wildtiere auf den Wiesen: Mufflons, Damwild, Rotwild und Wildschweine sind hier vertreten. Ein Insektenhotel gibt es am Rande der Obstwiese mit Wespen, Bienen, Spinnen und Käfern. Die Kids können aber auch aktiv werden: Der Park bietet Führungen, einen Naturerlebnispfad durch ein Hochmoor, Greifvogel-Aufführungen und Ponyreiten an. Am Streichelzoo begrüßen die gutmütigen Braunen Bergschafe und die hübschen Walliser Schwarzhalsziegen alle kleinen und großen Besucher und freuen sich auf eine Krauleinheit.

Sollte es einmal regnen, können sich die Kids in einem umgebauten Stadel austoben. Bei schönem Wetter erklimmen die größeren Kinder die Höhen: Meterlange Hängebrücken, Schaukeln, Wackelstege und riesige Rutschen sind auf unterschiedlichen Ebenen über Rampen und Treppen erreichbar. Spielplatz-Highlight ist sicherlich der riesige Abenteuerspielplatz mit Bungee-Trampolin, Hüpfburg und Kletterkugel. Drumherum gibt es weitläufige Sandflächen, in denen die Kleineren Buddeln können. Währenddessen entspannen die Eltern auf Liegen und Terrassenfenstern.

Vom Parkplatz gehen wir bis zum Eingang des Bergtierparks, an dem uns auch schon ein gemütliches Café erwartet – hier können wir uns einen leckeren Kuchen nach dem Rundgang gönnen. Nach einem erneuten Spielplatz kommt auch schon der Pferdestall. An der Gabelung danach können wir als nächstes zweimal linksherum verschiedene Schafrassen begutachten. Danach kommen wir wieder zu ein paar Stallungen und Schweinen. Auch hier befindet sich ein toller Spielpatz. An der großen Vogelvoliere erfahren wir alles Wissenswerte über unsere gefiederten Freunde. Direkt daneben befindet sich ein schöner Grillplatz, an dem wir unser selbstmitgebrachtes Grillgut auf den Rost werfen können. Auf der gesamten Strecke reiht sich quasi ein Spielplatz an den nächsten. Da können große und kleine Kinder rennen, hüpfen, klettern und sich künstlerisch im Sandkasten verwirklichen. Aber auch mit den vielen unterschiedlichen Vierbeinern wird es im Bergtierpark nicht langweilig.

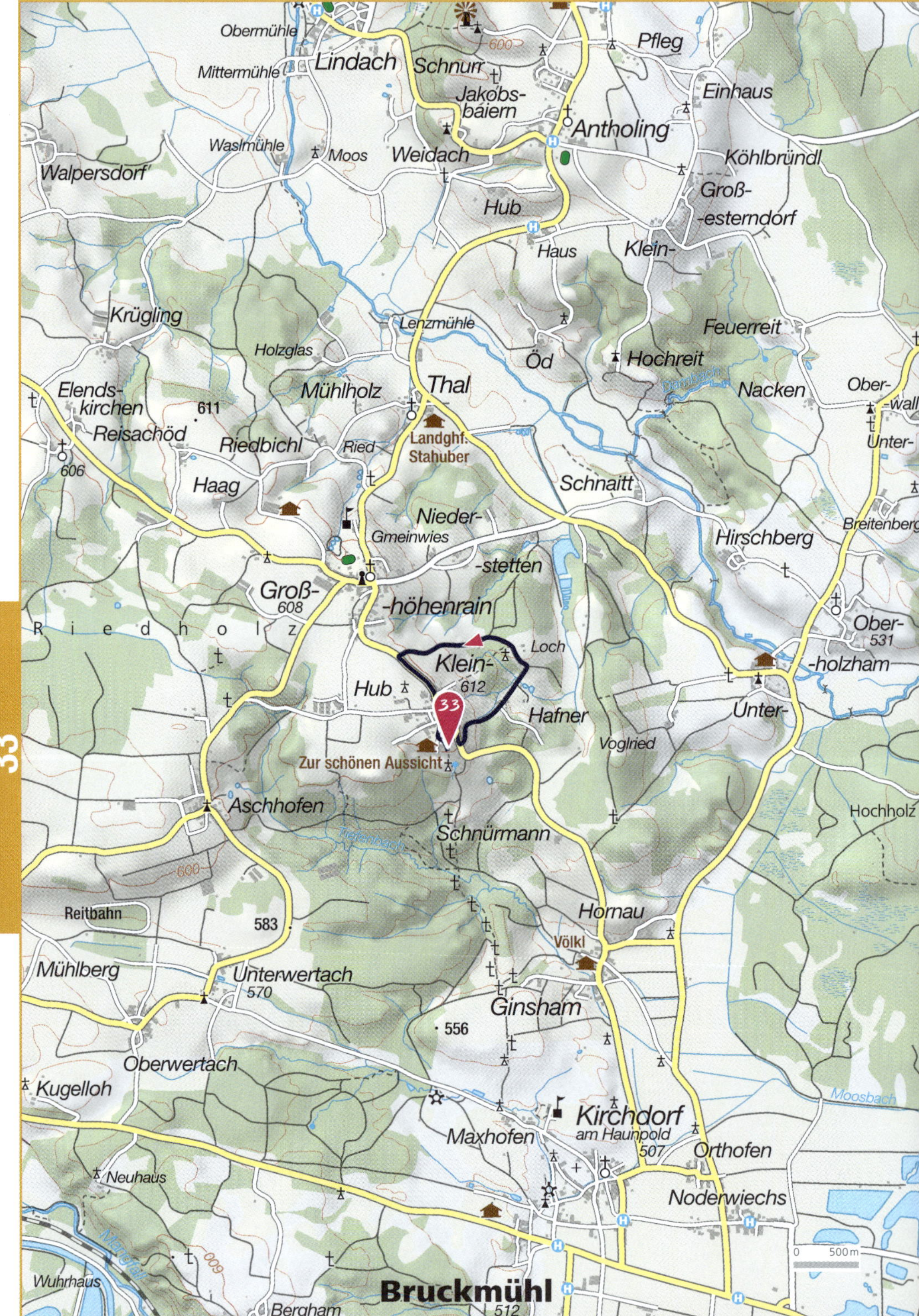
Obermühle
Mittermühle
Lindach
Schnurr
Jakobs-
baiern
600
Pfleg
Einhaus
Antholing
Waslmühle
Moos
Weidach
Walpersdorf
Köhlbründl
Groß-
-esterndorf
Hub
Haus
Klein-
Krügling
Lenzmühle
Holzglas
Feuerreit
Öd
Hochreit
Elends-
kirchen
611
Mühlholz
Thal
Nacken
Ober-
-wall
Unter-
Reisachöd
606
Riedbichl
Ried
Landghf.
Stahuber
Haag
Schnaitt
Nieder-
Gmeinwies
Hirschberg
Breitenberg
-stetten
Groß-
608
-höhenrain
Ober-
531
R i e d h o l z
Loch
Klein-
612
-holzham
Hub
33
Hafner
Unter-
Voglried
Zur schönen Aussicht
Aschhofen
Schnürmann
Hochholz
600
Reitbahn
583
Hornau
Völkl
Mühlberg
Unterwertach
570
Ginsham
556
Oberwertach
Kugelloh
Moosbach
Kirchdorf
am Haunpold
507
Maxhofen
Orthofen
Neuhaus
Noderwiechs
Mangfall
0
500 m
Wuhrhaus
Bruckmühl
Bergham
512

Tour 33

Themenweg 33

Bienenlehrpfad

Alles rund um die fleißige Biene in Kleinhöhenrain

DAUER	45min
LÄNGE	2,6 km
HÖHENMETER	65 hm
SCHWIERIGKEIT	LEICHT
MIT ÖPNV ERREICHBAR	ja

Das erwartet euch ...

Der Bienenlehrpfad ist ein schöner und sehr gepflegter Themenweg in Höhenrain. Er führt relativ eben über eine kurze Strecke von 2,3 km und ist auch für Kinderwägen bestens geeignet. Neben herrlichen Ausblicken erwarten uns viele informative Schautafeln über Bienen und alles was dazugehört. Auf dem Weg kommen wir an einem herrlichen Picknickplatz vorbei. Wer lieber einkehren möchte, der hat dazu im Gasthaus „Schöne Aussicht" zu Beginn bzw. am Ende des Lehrpfades Gelegenheit. Dienstag und Mittwoch ist jedoch Ruhetag.

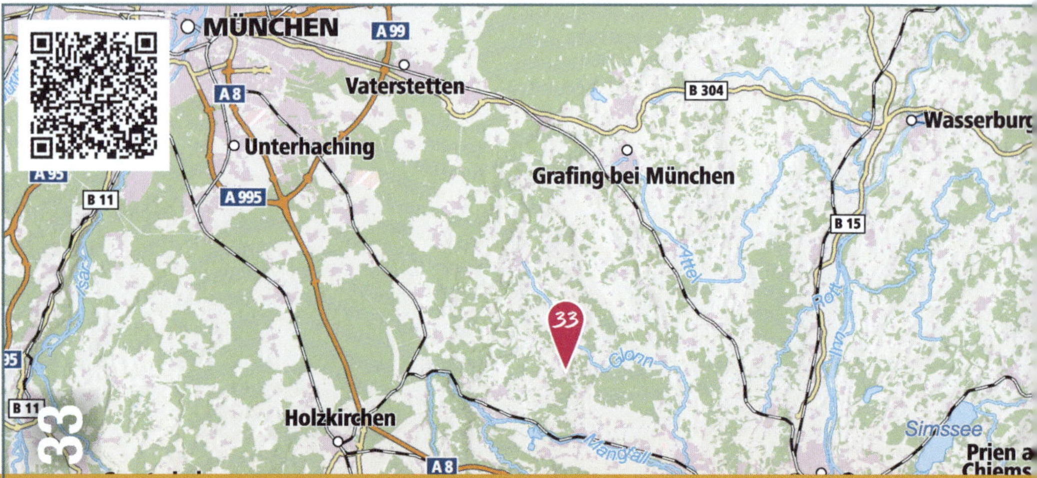

Themenweg 33

Start & Ziel & Anreise

Unser Ausgangspunkt ist der Gasthof „Schöne Aussicht" in Höhenrain. Mit dem Auto geht's über die A8 Richtung Salzburg. An der Ausfahrt Weyarn dann weiter Richtung Feldkirchen-Westerham. Über die Landstraße fahren wir Richtung Großhöhenrain. Kurz nach Aschhofen rechts über den Kürschnerweg nach Kleinhöhenrain. Vom Bahnhof Bruckmühl fährt der Bus Nr. 9585 Richtung Beyharting, Tuntenhausen. Haltestelle Kleinhöhenrain.

Tourenbeschreibung

Unsere heutige Route ist bestens ausgeschildert und führt östlich von Kleinhöhenrain in einer großen Runde an vielen Infotafeln vorbei. Wir gehen zunächst vom Gasthaus in die Dorfmitte. An der Dorfstraße biegen wir rechts ein und spazieren wenig später links über den Schäferweg aus dem Ort hinaus. Der Wegweiser des Bienenweges zeigt zwar in beide Richtungen, auf unsere Weise kommen wir jedoch erst zum Ende an den schönen Spielplätzen vorbei. Auf einem schmalen, asphaltierten Sträßchen geht's nun eine gute Viertelstunde mal am Waldrand entlang, dann durch den Wald. Unterwegs streifen wir immer mal auch ein paar Häuser darunter Lohmayrs Edelbrände. Ein Fuß- und Radweg neben der Straße bringt uns zuletzt zurück nach Kleinhöhenrain.

Der Bienenlehrpfad hat eine Menge zu bieten: Nicht nur jede Menge Bienen und mehr als 30 interessant gestaltete Schautafeln; sondern auch eine besondere Vielfalt an Wald und Wiesen, verschiedenste Wildfrüchte, Vögel und Kleinsäuger bekommen hier ihren Platz. Der Lehrpfad wurde von Imkern der Region Höhenrain, der Gruppe „Naturgugga" und den Höhenrainer Vereinen im Jahre 2012 errichtet. Was sind Bienenweiden oder Wildbienenhotels? Dies und viele andere spannende Fakten erfahren wir an den Schautafeln des Bienenweges. Sie vermitteln auf verständliche Art und Weise Leben und Arbeit der Bienen oder ihrer Verwandten wie Ameisen, Hornissen, Hummeln und Wildbienen. So lernen wir am „Bienenlehrpfad Kleinhöhenrain" Wissenswertes über die Bedeutung der Bienen und ihrer Artgenossen für das Ökosystem.

Am Ende der Runde geht's noch an einem schönen Spielplatz vorbei, auf dem sich die Kids austoben können. Der Bienenweg kann eigenständig durchwandert werden oder aber auch mit geschultem Fachpersonal. Im Kalender im Internet kann man sich erkundigen, welche Termine noch frei sind. Ein umsichtiger Umgang mit den Bienen ist auf dem Bienenweg von Vorteil, denn Bienen können auch stechen! Zu guter Letzt statten wir der Kirche in Kleinhöhenrain einen Besuch ab. Hier steht nämlich ein Pavillon mit Informationen zum Bienenpfad. Nur wenige Meter daneben ist eine kleine Laube mit der Aufschrift „Bienen-Kino". Dort kann man sich für zwei Euro einen Bienenlehrfilm ansehen.

34

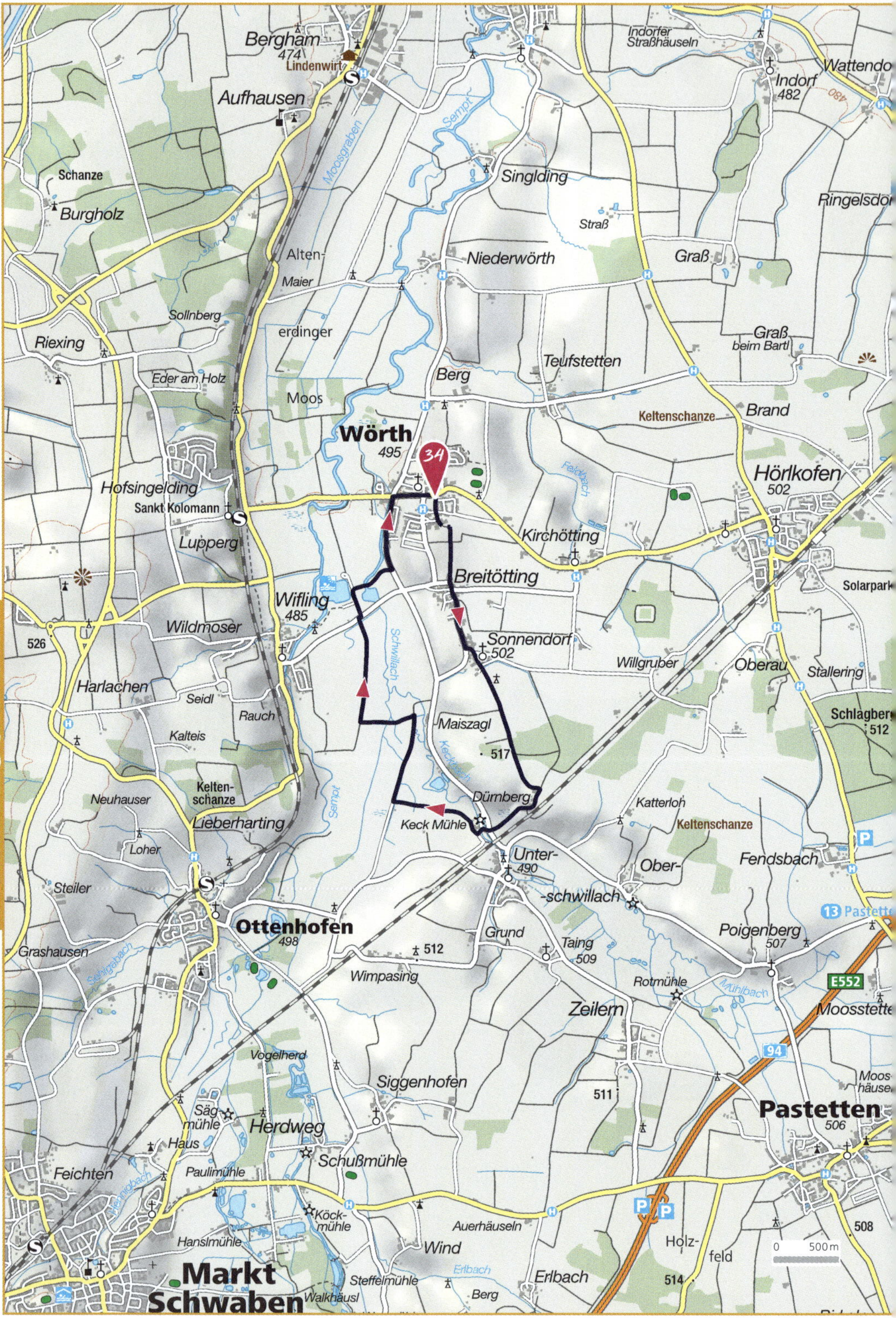

Bergham
474
Lindenwirt
Aufhausen
Schanze
Burgholz
Alten-
Maier
erdinger
Moos
Sollnberg
Riexing
Eder am Holz
Moosgraben
Sempt
Singlding
Straß
Niederwörth
Indorfer
Straßhäuseln
Indorf
482
Wattendo
Ringelsdo
Graß
Graß
beim Bartl
Teufstetten
Berg
Keltenschanze
Brand
Wörth
495
Hörlkofen
502
Feldbach
Kirchötting
Hofsingelding
Sankt Kolomann
Lupperg
Breitötting
Solarpark
Wifling
485
Wildmoser
526
Sonnendorf
502
Willgruber
Oberau
Stallering
Schwillach
Harlachen
Seidl
Rauch
Kalteis
Maiszagl
517
Schlagberg
512
Kelten-
schanze
Neuhauser
Lieberharting
Loher
Keckbach
Dürnberg
Keck Mühle
Katterloh
Keltenschanze
Unter-
490
Ober-
-schwillach
Fendsbach
Steiler
Ottenhofen
498
Pastetten
Grashausen
Schaigabach
Grund
Taing
509
Poigenberg
507
512
Wimpasing
Rotmühle
Mühlbach
E552
Zeilern
Moosstette
94
Vogelherd
Siggenhofen
511
Moos-
häuse
Säg-
mühle
Herdweg
Pastetten
506
Haus
Schußmühle
Feichten
Paulimühle
Hennigbach
Köck-
mühle
Auerhäuseln
508
Hanslmühle
Wind
Holz-
feld
0 500 m
Markt
Schwaben
Steffelmühle
Erlbach
Erlbach
514
Walkhäusl
Berg

Tour 34

Badetour 34

Zum Wilfinger Weiher

Badeausflug an der Schwillach

DAUER	2h
LÄNGE	7,7 km
HÖHENMETER	80 hm
SCHWIERIGKEIT	LEICHT
MIT ÖPNV ERREICHBAR	ja

Das erwartet euch ...

Die kleine Rundwanderung ist kurz und verläuft ohne nennenswerte Steigungen auf bequemen Wegen. Das Wandergebiet im Norden Münchens ist generell sehr eben, viele Wälder gibt es auch nicht. Deswegen ist es umso erfreulicher, dass wir heute einigen auf unserer Tour begegnen. Zum Ende der Tour bietet der Wörther Weiher einen zünftigen Badespaß.

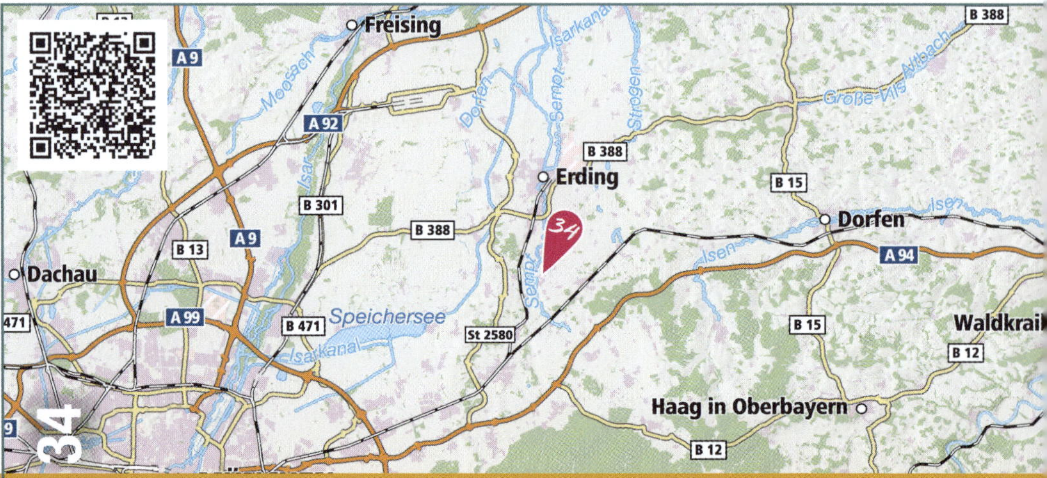

Badetour 34

Start & Ziel & Anreise

Los geht's in der Ortsmitte von Wörth, genauer gesagt „Am Platzl". Über die A94 geht's Richtung Deggendorf bis zur Ausfahrt Pastetten. Wir fahren weiter über die St2331 nach Hörlkofen. Hier wechseln wir auf die Landstraße nach Wörth. Von München fährt die S2 Richtung Erding nach St. Koloman. Von hier aus sind es noch zu Fuß 15 Minuten nach Wörth.

Tourenbeschreibung

Wir beginnen die kleine Runde „Am Platzl" in Wörth. Direkt neben dem Maibaum geht's los. Zunächst folgen wir der Pfarrer-Ostermayr-Straße nach Süden hinauf, geradeaus auf den Georgenweg und an der Sportanlage links vorbei. Hinterm Kindergarten beginnt dann ein Feldweg. Wir folgen ihm nach rechts, unter der Hochspannungsleitung durch und in die Ortschaft Breitötting.

Wir durchqueren das Dorf und gelangen fast nahtlos in die nächste Ortschaft Sonnendorf. Hier zweigt kurz vor einer Gefällstrecke nach links eine Straße ab. Sie leitet uns zu der kleinen, alten Dorfkirche St. Martin. Danach wandern wir in sanftem Anstieg aus dem Dorf hinaus. Wir verlassen den Kiesweg zum bewaldeten aussichtsreichen Keckberg. Die Route führt uns weiter zwischen zwei Wäldchen hindurch. Am Waldrand halten wir uns links und erreichen ein paar schöne, sonnige Rastplätze mit freiem Alpenblick.

Neben einem Stadel biegen wir rechts zum Dorf Dürnberg ab. Mit ein paar Kurven schlängeln wir uns durch den Ort, dann spazieren wir neben dem hohen Bahndamm zur Kreisstraße 5. Wir queren sie schräg nach rechts und wandern über Schwillach und Keckbach zur Keckmühle. Links hinter der Mühle geht's dann über freies Feld und in weitem Linksbogen nach Westen. Bei einer Waldhecke stoßen wir auf einen Querweg. Er leitet uns nach rechts, dann wandern wir auf dem Steinweg neben der Schwillach ganz in die Nähe des Weilers Maiszagl. Die Route führt uns nach links auf einen schmalen Feldweg. Wir queren den Moosgraben und spazieren durch herrliche Auenlandschaft bis zu einem weiteren Querweg. Hier biegen wir rechts ein. Im weiteren Verlauf geht's über eine schmale Autostraße; wenig später haben wir den Wilfinger Weiher erreicht. Jetzt freuen sich die Kinder, denn der Weiher ist ein herrlicher Platz zum Planschen und Toben.

Vom Südostufer des Badeweihers zweigt ein schmaler Fußweg rechts ab, führt zu einem weiteren Weiher und überquert auf einem Steg die Schwillach. Kurz darauf erreichen wir in der Nähe der Hochspannungsleitung die Schwillacher Straße. Sie bringt uns linksherum nach Wörth. In Wörth wenden wir uns rechts in die Hörlkofener Straße und schlendern zum Ausgangspunkt „Am Platzl" zurück.

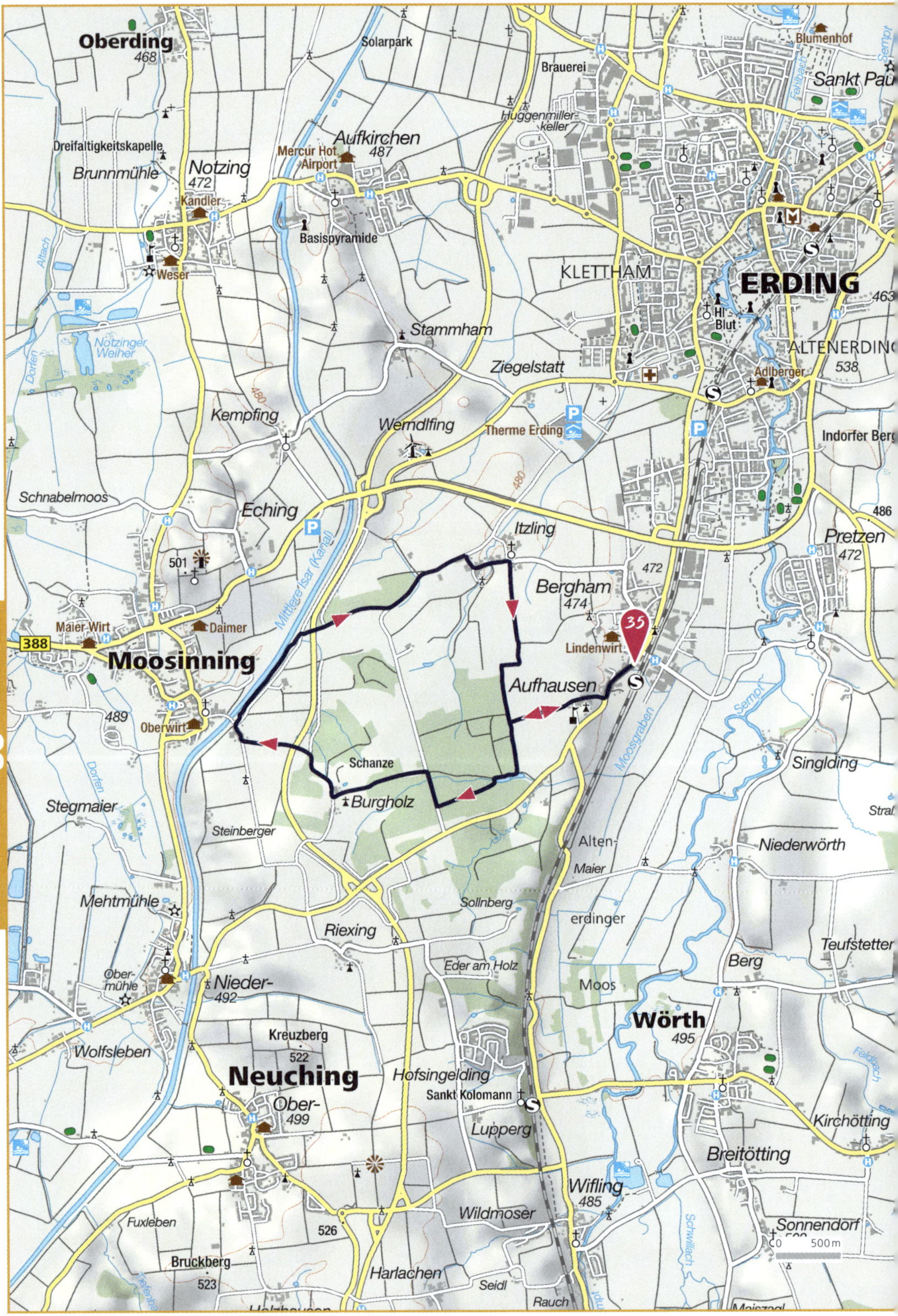

Oberding
468
Solarpark
Brauerei
Blumenhof
Sankt Paul
Huggenmiller-keller
Dreifaltigkeitskapelle
Brunnmühle
Notzing
472
Mercur Hotel Airport
Aufkirchen
487
Kandler
Basispyramide
Weser
KLETTHAM
ERDING
463
Hl. Blut
ALTENERDING
538
Adlberger
Notzinger Weiher
Stammham
Ziegelstatt
Kempfing
Werndlfing
Therme Erding
Indorfer Berg
Schnabelmoos
Eching
501
Itzling
Pretzen
472
486
Bergham
474
472
Maier-Wirt
Daimer
388
Moosinning
Mittlere Isar (Kanal)
Lindenwirt
Aufhausen
35
489
Oberwirt
Schanze
Burgholz
Singlding
Stegmaier
Steinberger
Alten-
Maier
Niederwörth
Mehtmühle
Sollnberg
erdinger
Riexing
Teufstetter
Ober-mühle
Nieder-
492
Eder am Holz
Moos
Berg
Wörth
495
Wolfsleben
Kreuzberg
522
Neuching
Hofsingelding
Ober-
499
Sankt Kolomann
Lupperg
Kirchötting
Breitötting
Wifling
485
Wildmoser
Fuxleben
526
Sonnendorf
0 500 m
Bruckberg
523
Harlachen
Seidl
Rauch
Dorfen
Sempt
Moosgraben
Schwillach
Fehlbach
Feldbach

Genusstour 35

Erding – Moosinning

Zum Aufhauser Schloss südlich des Erdinger Mooses

DAUER	2h 30min
LÄNGE	9,8 km
HÖHENMETER	50 hm
SCHWIERIGKEIT	LEICHT
MIT ÖPNV ERREICHBAR	ja

Das erwartet euch ...

Zwischen Moosinning und Erding, am Rande des Erdinger Mooses, ist das Gelände fast eben. Deshalb verlangt diese Wanderung, auch wenn sie fast 10 km lang ist, keine besondere Anstrengung. Trotzdem ist sie nicht langweilig, denn tiefe Wälder, Teiche und freies Feld wechseln sich ab. Einkehren können wir in Aufhausen beim Lindenwirt oder in Moosinnig beim Oberwirt an der Kirche.

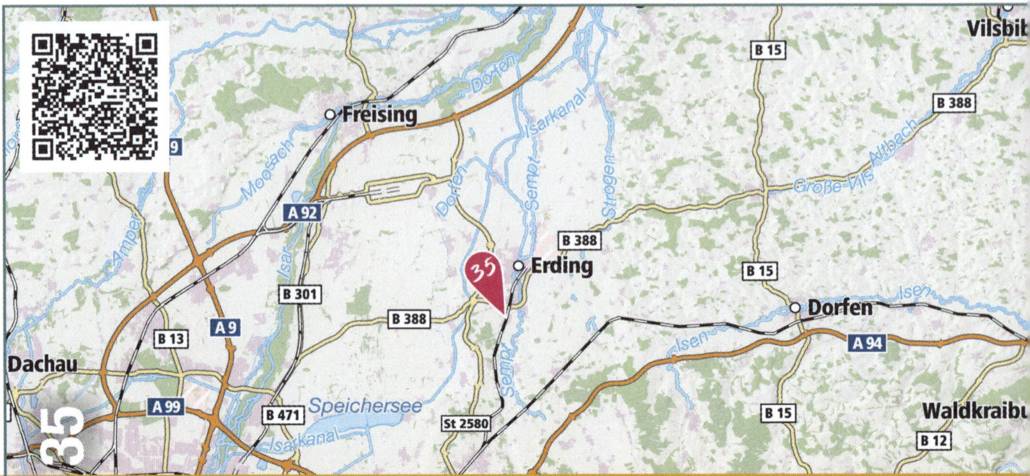

Genusstour 35

Start & Ziel & Anreise

Es geht los in Erding am S-Bahnhof Aufhausen. Mit dem Auto auf der BAB A94 München–Passau bis zur Ausfahrt 9b Markt Schwaben. Auf der Staatsstraße St 2580, der Flughafentangente, Richtung Erding bis zur Ausfahrt Neuching. Dort nach Aufhausen abbiegen. Unser Ausgangspunkt ist der Park & Ride-Parkplatz beim Bahnhof Aufhausen. Mit der S-Bahn Linie S2 von München nach Erding bis zum S-Bahnhof Aufhausen.

Tourenbeschreibung

Die kleine Naturrunde kann schöner nicht sein und lädt vor allem Kinder zu einer Entdeckungsreise ein: Auf wurzeligen, naturnahen Wegen macht das Wandern gleich viel mehr Spaß und an den kleinen Teichen und Bachquerungen tummeln sich so manche Frösche oder Libellen.

Vom S-Bahnhof Aufhausen gehen wir den schmalen Fußweg zur Bushaltestelle an der Schlossallee. Neben ihr gehen wir links Richtung Schloss, am Hotel vorbei und gleich danach nach rechts auf eine Privatstraße zum schmucken Hotel Schloss Aufhausen. Das Schloss hat eine lange Geschichte und „Ufhusa" wurde im Jahr 788 n. Chr. das erste Mal erwähnt, als ein Herrenhof an das Kloster Mondsee geschenkt wurde. Die Errichtung des eigentlichen Schlosses begann jedoch erst im Jahr 1596 in Auftrag des Münchner Bürgermeisters.

Es geht weiter geradeaus und durch die Allee kommen wir zum Wäldchen. Dort gehen wir links weiter bis zu den Fischteichen. Am Querweg gehen wir nach rechts und folgen dem Fahrweg, bis links die Brücke zwischen den Fischteichen über den Hutgraben kommt. Jetzt über die Brücke und dann nach rechts, auf schmalem Pfad schnurgerade bis zum Naturkindergarten der Erdinger Mooswichtel. Dort rechts und wieder über den Hutgraben. Nach einem kurzen Wegstück nehmen wir links den schmalen Weg zum Weiler Burgholz. Am Ende des Weilers wandern wir rechts über die Straßenbrücke zur Kirchstraße nach Moosinning.

Vor dem Mittleren Isar-Kanal führt die Wanderung rechts auf dem Sträßchen Zum Schloßloh am Kanal entlang, über die Brücke der Flughafentangente nach Itzling. An der ersten Querstraße im Ort biegen wir rechts ein und erreichen die Kirche St. Vitus. Vor den Häusern bei der Kirche gehen wir rechts den Feldweg auf die Felder hinaus.

Wir stoßen auf einen Querweg, spazieren nach rechts und gleich wieder nach links am Waldsaum entlang bis zur Allee von Schloss Aufhausen. Linker Hand gehen wir zum Schloss und weiter auf der Straße zurück zum Bahnhof Aufhausen, unserem Ausgangspunkt.

Wildmoos
Ostermoos
Dornreiter
Dorfenkanal
Eitting
449
Vincenti
Post
Da Massimo
Mooslern
Sempt
Lohkirchen
Tratmoos
Tittenkofen
Saubach (Eittinger Bach)
Mittlere Isar (Kanal)
447
Eichenkofen
Gasthof Fischer
454
Altham
Reisen
456
Neumühle
Freizeit- und Erholungsgebiet
Kronthaler Weiher
Fehlbach
LANGENGEISLING
454
457
Fliegerhorst Erding
Straßmaier
456
Siglfing
36
Blumenhof
Solarpark
Brauerei
Sankt Paul
388
Kehr
Huggenmiller-keller
Aufkirchen
487
Loh
Salmanns-kirchen
479
Schollbach
Schollbächlein
KLETTHAM
ERDING
463
Hl. Blut
Stammham
Ammersdorf
Strogen
ALTENERDING
538
Flanning
Ziegelstatt
Adlberger
Neukirchen
460
Therme Erding
Werndlfing
Indorfer Berg
Neuhausen
0 500 m
486
Itzling
Pretzen
Kiefing

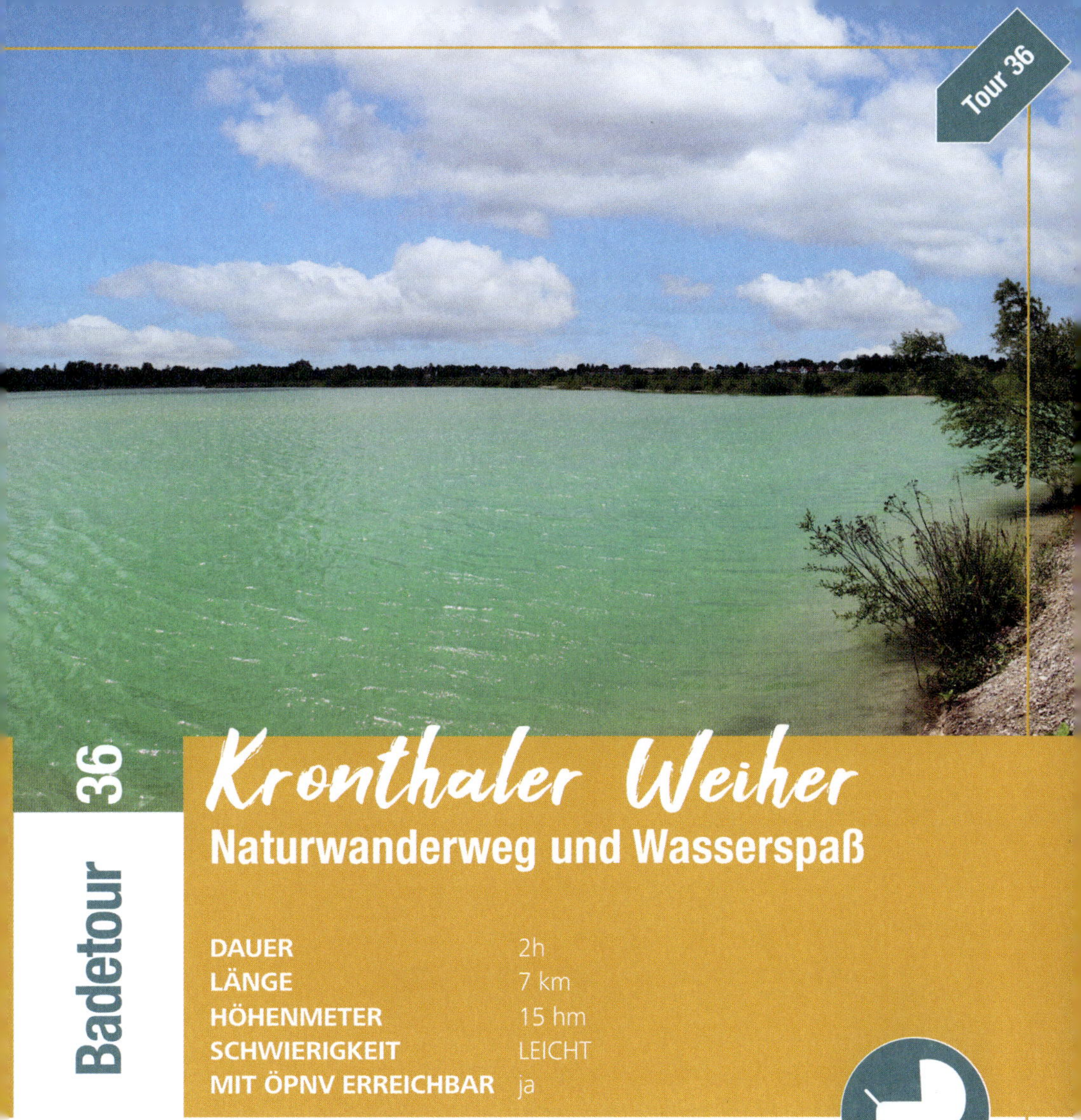

Kronthaler Weiher

Naturwanderweg und Wasserspaß

DAUER	2h
LÄNGE	7 km
HÖHENMETER	15 hm
SCHWIERIGKEIT	LEICHT
MIT ÖPNV ERREICHBAR	ja

Das erwartet euch ...

Der Name Erding lässt viele natürlich zuerst an die beliebte Therme denken, die vom Erlebnisbad über die Wasserrutschen bis zum Wellenbad Wasserspaß ohne Ende zu bieten hat. Am Kronthaler Weiher kommt man jedoch auch abseits davon voll auf seine Kosten. Der größte Badesee des Landkreises hat Spielplätze, Beachvolleyballplätze und Tischtennisplatten sowie eine Surf- und eine Trampolinanlage zu bieten. Mit dem hier vorgestellten Spaziergang gibt's auf dem Naturwanderweg „Durch den Geislinger Anger" zusätzlich auch etwas Ruhe.

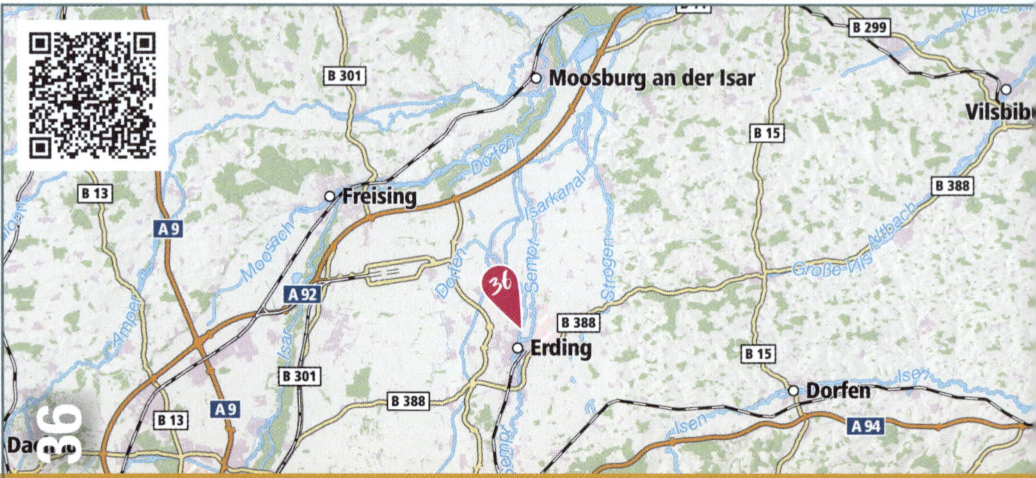

Start & Ziel & Anreise

Start- und Zielpunkt der Tour ist am Parkplatz bei den Sportanlagen in Erding (Busparkplatz, Festplatz). Die Bushaltestelle Am Stadion der Linien 530 und 540 liegt zwischen dem Stadion und dem Schwimmbad rund 500 Meter vom Ausgangspunkt entfernt. Mit dem Auto fahren wir über die B 388 von München nach Erding. Über die Anton-Bruckner-Straße und die Schützenstraße geht's zum Parkplatz.

Tourenbeschreibung

Wir verlassen den Parkplatz im Norden über den Fußweg und gehen links und gleich rechts durch die Kleingartenanlage. Am Geislinger Anger geht es dann rechts bis zum Ende der Anlage. An der Kreuzung halten wir uns links auf dem Feldweg, kommen an einer Feldkapelle mit Rastbank vorbei und gelangen in den Erdinger Stadtteil Langengeisling. Über die Erdinger Straße stoßen wir auf die Fehlbachstraße, halten uns an ihr rechts und erreichen bald den kleinen Fluss Sempt.

Vor der Brücke wenden wir uns nach links und wandern auf der kleinen Straße zum Friedhof Langengeisling. Von hier aus geht es nordwestlich weiter durch die landwirtschaftlich genutzte Feldflur, an der Weggabelung mit einem Gedenkkreuz halten wir uns links und überqueren den Fehlbach. Entlang eines kleinen Waldstücks erreichen wir die nächste Kreuzung und gehen hier nach links. Vorbei an weiteren

Feldern spazieren wir nun in südlicher Richtung zurück, halten uns an der Y-Kreuzung rechts und erreichen rasch die Kiesgrube am Kronthaler Weiher.

Auf einem schmalen Fußpfad entlang des Westufers des Kronthaler Weihers erreichen wir in wenigen Minuten den Eingang des Badeweihers. Spielplätze, eine Minigolfanlage mit Einkehrmöglichkeit und die Liegewiesen des Freizeit- und Erholungszentrums Erding-Nord laden dazu ein, sich abzukühlen und den Tag relaxed ausklingen zu lassen.

Um anschließend zum Ausgangspunkt zurückzukehren, überqueren wir die Straße An der Melkstatt, gehen auf einem schmalen Fuß- und Radweg rechts in die Franz-Xaver-Stahl-Straße und nach rund 50 Metern links über eine kleine Eisenbrücke. Nach rechts gelangen wir über die Kleingartenanlage zurück zum Ausgangspunkt.

Das Naherholungsgebiet am Kronthaler Weiher wurde teilsaniert und Mitte Mai 2018 eröffnet. Für Familien mit Kindern gibt's hier viel zu tun: Im Südosten des Sees befinden sich zwei neue Abenteuerspielplätze. Große Liegewiesen, Sandstrand und flache Einstiege ins Wasser locken kleine und große Badegäste nach Erding. Ein zusätzliches Highlight im Weiher sind die Hängebrücke und die Liege- und Badeinsel. Wer auf ein wenig mehr Action steht, der kann sich beim Beachvolleyball, am Fußball- und Bolzplatz oder auf der Trampolinanlage austoben.

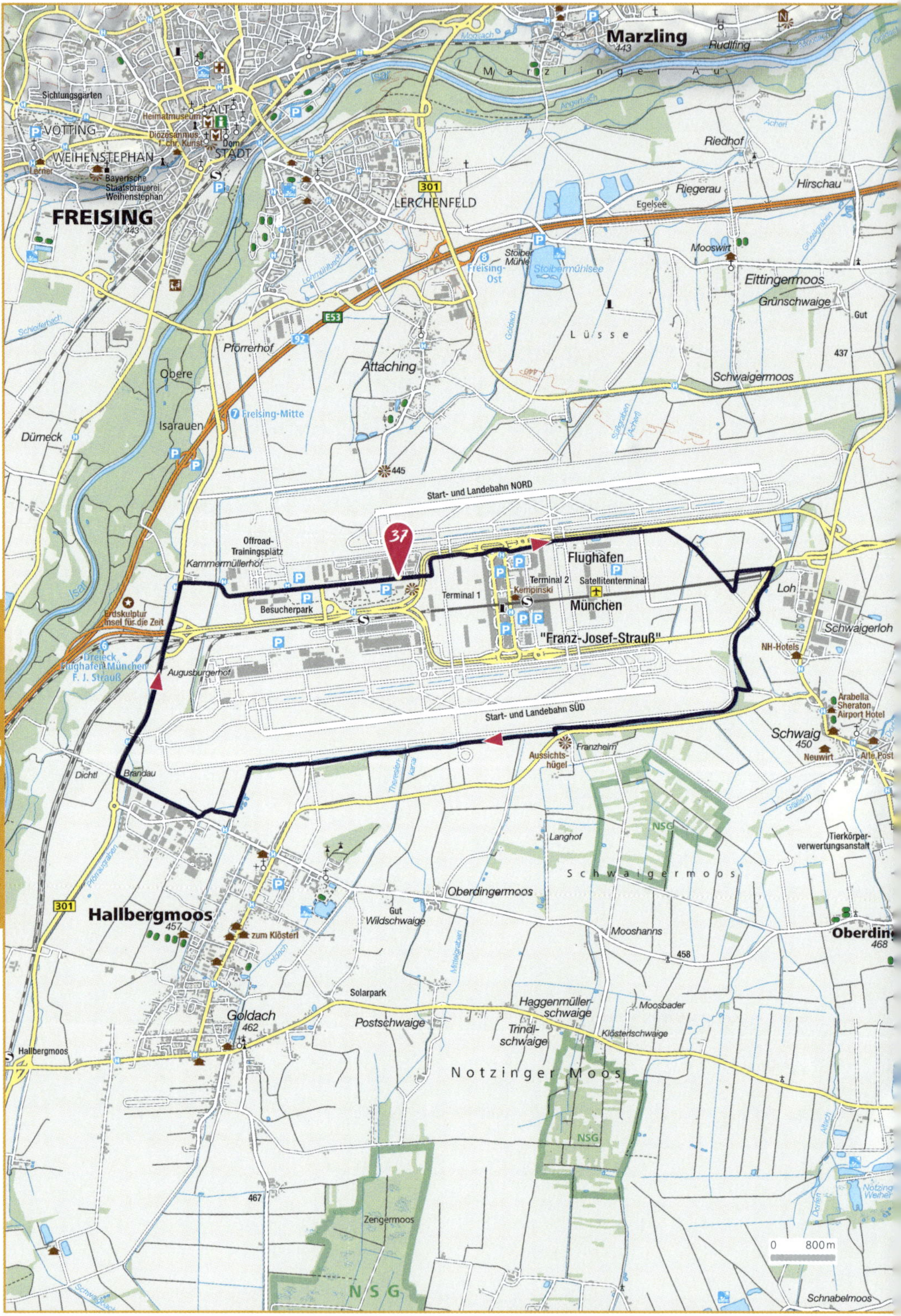

37

Marzling
443
Rudlfing
Marzlinger Au
Mosach
Isar
Angerbach
Sichtungsgarten
Heimatmuseum
ALT
STADT
Diözesanmus. f. chr. Kunst
Dom
VÖTTING
WEIHENSTEPHAN
Lerner
Bayerische Staatsbrauerei Weihenstephan
FREISING
443
Riedhof
Achen
301
LERCHENFELD
Riegerau
Hirschau
Egelsee
Stoiber Mühle
8 Freising-Ost
Stoibermühlsee
Mooswirt
Eittingermoos
Grünschwaige
Gut
Lüsse
437
Schleiferbach
E53
92
Pförrerhof
Attaching
Goldach
Schwaigermoos
Obere
Isarauen
7 Freising-Mitte
Dürneck
Süßgraben
445
Start- und Landebahn NORD
37
Offroad-Trainingsplatz
Kammermüllerhof
Flughafen
Terminal 2
Satellitenterminal
Kempinski
Terminal 1
München
"Franz-Josef-Strauß"
Besucherpark
Loh
Schwaigerloh
Erdskulptur Insel für die Zeit
6 Dreieck Flughafen München F. J. Strauß
Augusburgerhof
NH-Hotels
Arabella Sheraton Airport Hotel
Start- und Landebahn SÜD
Schwaig
450
Neuwirt
Alte Post
Franzheim
Aussichtshügel
Dichtl
Brandau
Theresienkanal
NSG
Langhof
Tierkörperverwertungsanstalt
Schwaigermoos
301
Oberdingermoos
Hallbergmoos
457
zum Klösterl
Gut Wildschwaige
Oberding
468
Mooshanns
458
Solarpark
Haggenmüllerschwaige
Moosbader
Goldach
462
Postschwaige
Trindlschwaige
Klösterlschwaige
Hallbergmoos
Notzinger Moos
NSG
467
Zengermoos
Notzinger Weiher
Dorfen
0 800 m
NSG
Schwaigbach
Schnabelmoos

Radtour 37

Münchner Flughafen

Neben Airbus und Co auf dem Umweltradweg

DAUER	2h
LÄNGE	18,8 km
HÖHENMETER	65 hm
SCHWIERIGKEIT	LEICHT
MIT ÖPNV ERREICHBAR	ja

Das erwartet euch ...

Heute begeben wir uns auf Erkundungstour rund um den Flughafen München – und zwar mit dem Radl. Dabei radeln wir auf asphaltierten Wegen und bequemen Schotterwegen, fast ganz ohne Höhenunterschiede. Neben den Flugzeugen, die wir hautnah erleben können, erfahren wir auf dem Weg viele interessante Details rund um den Umweltschutz am Flughafen München. Der Weg ist durchgängig ausgeschildert mit gelben Schildern und schwarzer Aufschrift „Flughafen München" bzw. „Flughafen München Rundweg".

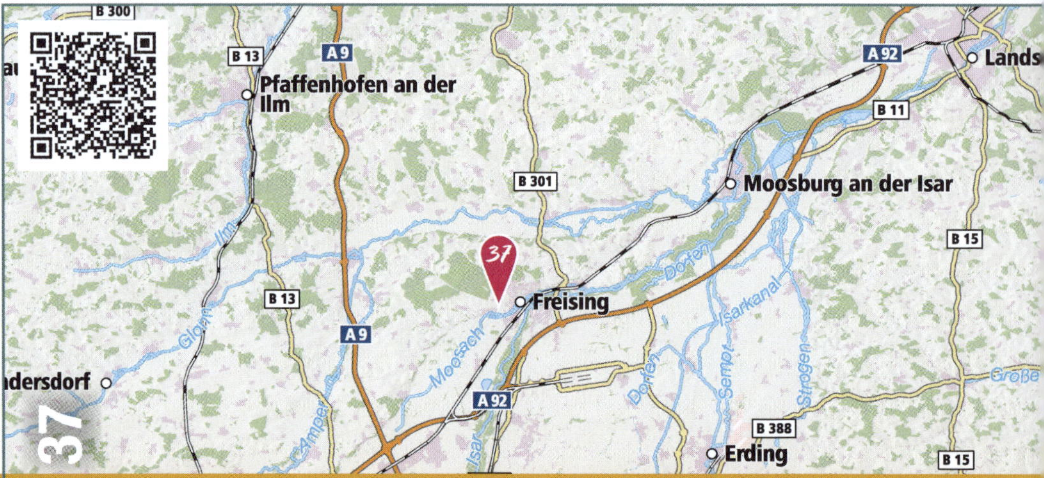

Radtour 37

Start & Ziel & Anreise

Wir starten am Besucherpark des Münchner Flughafens. Über die A9 und weiter über die A92 fahren wir bis zum Flughafen München. Über die Zentralallee unter der B301 hindurch und weiter Richtung Besucherpark. Der Parkplatz P51 liegt direkt beim Besucherpark. Ganz unkompliziert geht's mit der S1 aus der Münchner Innenstadt direkt zum Besucherpark (eine Haltestelle vor der Endstation Flughafen).

Tourenbeschreibung

Viel zu entdecken gibt es heute viel auf unserer Tour rund um den Münchner Flughafen. Dabei erfahren wir, welche Maßnahmen der Flughafen zum Schutz der Umwelt sowohl innerhalb als auch außerhalb des Flughafenzauns ergreift. Die Runde ermöglicht uns ungeahnte, spannende Ausblicke auf den Flughafen und vermittelt ganz nebenbei Details zur CO2-Strategie des Airports, Wissenswertes über das Vogelschutzgebiet, über Lärmschutz, Luftgütemessungen, Honigmonitoring oder das eigene Blockheizkraftwerk.

Zunächst radeln wir Richtung Osten, am Viewpoint vorbei – hier übrigens nach der Tour mal hochgehen, die Aussicht ist richtig toll! Wir kreuzen die Straße und machen gleich darauf eine Rechtskehre, die uns im Folgenden an der Straße entlangführt. Zu unserer Linken können wir schon erste Blicke auf das Rollfeld erhaschen. Wir folgen dem Radweg nun stetig der Straße entlang, vorbei am Terminal 2. Am Ende des Terminals schwenken wir bei der Grünfläche nach rechts. Die Route leitet uns über den Südring des Flughafens und dann mit einem Rechtsschwenk um das östliche Ende des Flughafengeländes. Dann rollen wir auf einem bequemen Schotterweg zum Rollfeld von Terminal 1.

Mit Blick auf die Start- und Landebahn radeln wir nun stetig auf diesem Weg am Zaun entlang nach Westen. Recht beeindruckend, wenn die riesigen Vögel im Landeanflug an uns vorbeidonnern. Ziemlich genau am Ende des Rollfeldes leitet uns die Route linksherum und schwenkt an der Schwaiger Straße nach rechts, bis zum Kreisel. Wir halten uns nochmals rechts, über einen Radweg an einer Wiese entlang, queren dann den Pförreraugraben, schwenken danach rechts unter der B301 hindurch und folgen ihr dann mit einem erneuten Dreh nach rechts. Wir überqueren den Zubringer zum Flughafen und biegen ca. 500 Meter später erneut rechts ab. Der Radlweg leitet uns entlang der Freisinger Allee auf die Nordallee, der wir nun geradeaus zurück zum Besucherpark folgen.

Autoren Tipp

Die spannende Runde wird noch einmal getoppt durch einen kurzen Spaziergang auf den Besucherhügel am Starpunkt. Kinderaugen werden aus dem Staunen nicht mehr herauskommen, manch Flieger scheint zum Greifen nah zu sein. Hier können wir den perfekten Blick auf das Vorfeld, das Satellitengebäude und die Start- und Landebahnen genießen. Fernglas nicht vergessen!

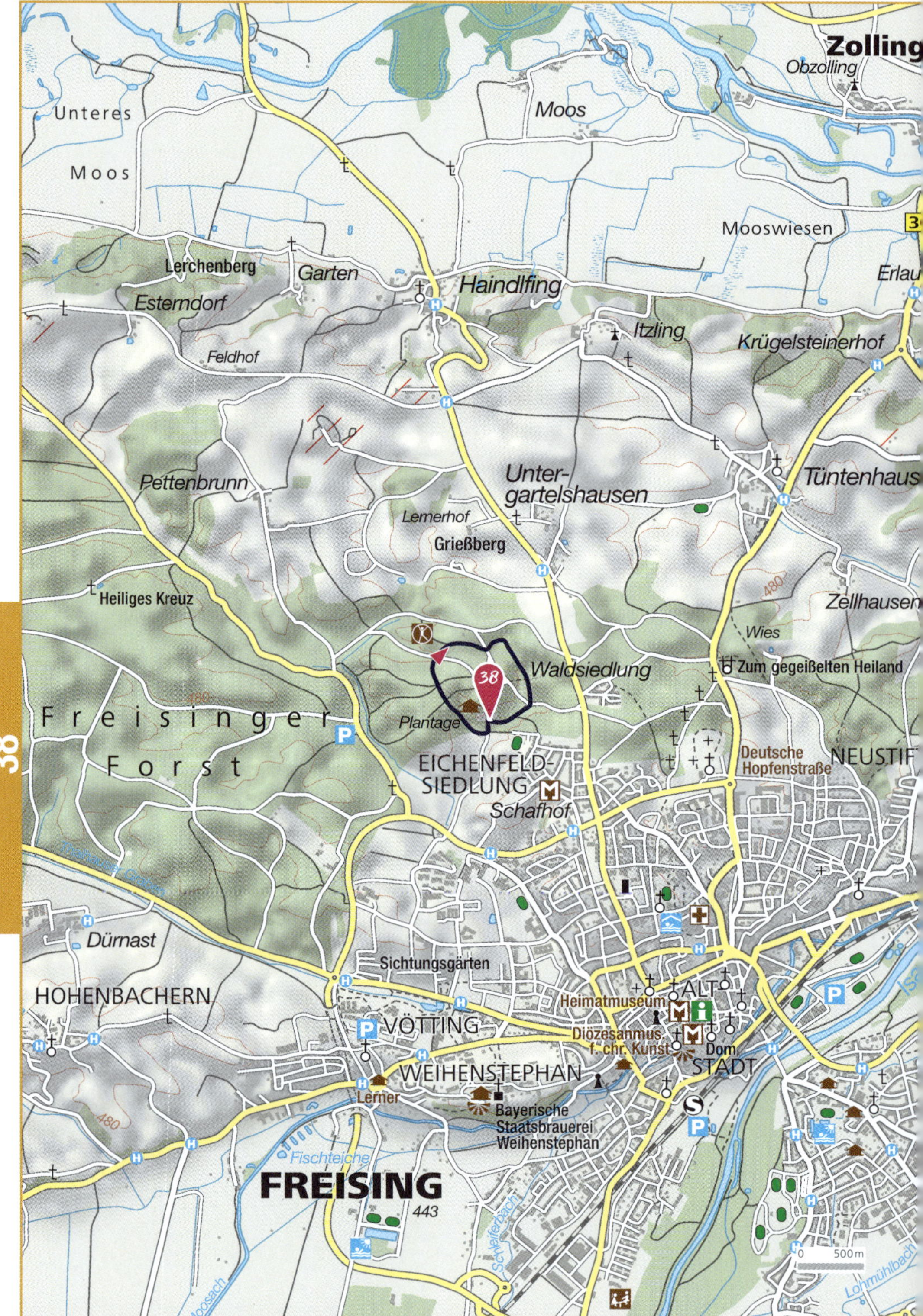

Zolling
Obzolling
Unteres
Moos
Moos
Mooswiesen
Erlau
Lerchenberg
Garten
Haindlfing
Esterndorf
Itzling
Krügelsteinerhof
Feldhof
Pettenbrunn
Unter-
gartelshausen
Tüntenhaus
Lemerhof
Grießberg
Heiliges Kreuz
480
Zellhausen
Wies
Waldsiedlung
Zum gegeißelten Heiland
38
Freisinger
Forst
480
Plantage
EICHENFELD-
SIEDLUNG
Schafhof
Deutsche
Hopfenstraße
NEUSTIF
Dürnast
Sichtungsgärten
HOHENBACHERN
ALT
Heimatmuseum
VÖTTING
Diözesanmus.
f. chr. Kunst
Dom
STADT
WEIHENSTEPHAN
Lerner
Bayerische
Staatsbrauerei
Weihenstephan
480
Fischteiche
FREISING
443
0
500 m
Lohmühlbach

38

Erlebnispfad 38

Walderlebnispfad

Spielerisch den Freisinger Forst erleben

DAUER	45min
LÄNGE	2,1 km
HÖHENMETER	15 hm
SCHWIERIGKEIT	LEICHT
MIT ÖPNV ERREICHBAR	ja

Das erwartet euch ...

Der Walderlebnispfad Freising führt über zwei Kilometer durch den Freisinger Forst. An 23 Stationen mit informativen Schautafeln und interaktiven Spielangeboten können wir über den Rundweg den Wald näher kennenlernen. Der angenehme, breite Waldweg ist auch gut für Kinderwagen geeignet. Auf der Strecke gibt es viele Spielstationen, an denen die Kids tasten, fühlen und erleben können.

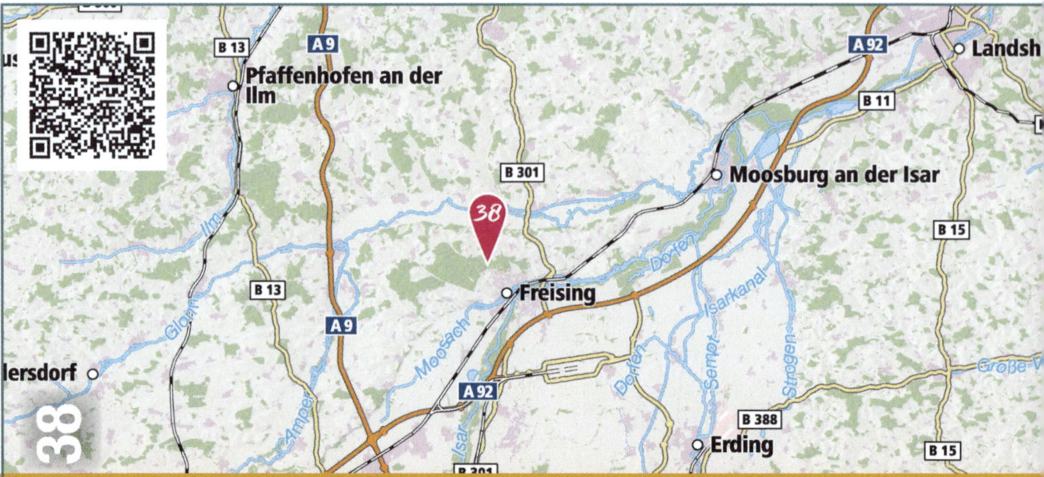

Start & Ziel & Anreise

Start und Endpunkt ist die Waldgaststätte „Plantage". Wir erreichen sie mit dem Auto von München aus über die A92 nach Freising. Über die Ringstraße im Norden von Freising geht's Richtung Untergartelshausen / Haindlfing. Etwa 200 m nach dem Ortsschild biegen wir links ab. 600 Meter später haben wir den Parkplatz an der Gaststätte erreicht. Vom Freisinger Bahnhof fährt der Bus Nr. 631 los, Haltestelle ist „Kleine Wies". Weiter zu Fuß in fünf Minuten zum Sportheim Eichenfeld und zum Gasthaus 'Plantage'.

Tourenbeschreibung

Frische Waldluft schnuppern und auf die vielen Geräusche des Waldes achten: Vogelgezwitscher, das Knacken der Äste, der Wind, der in den Blättern raschelt. Auf einem Waldspaziergang durch den Freisinger Forst kann man wahrlich den Alltag hinter sich lassen. Dabei kann sich ein solcher Ausflug auch als recht lehrreich gestalten. Und auch die Kinder werden von dieser Runde begeistert sein. Denn der Rundweg durch den Freisinger Forst gestaltet sich als wirklicher Erlebnispfad: Er bietet viele Stationen mit Erlebnischarakter: barfuß den Waldboden erfühlen; mithilfe des Baumtelefons hören, wie Holz Geräusche und Klänge weiterleitet; sich auf die Spur der Waldtiere begeben.

Der komplette Weg ist sehr abwechslungsreich. Immer wieder erwarten uns Tier-Skulpturen, lehrreiche Info-Bereiche zum Bestimmen der Baumarten und abwechslungsreiche Stationen – mal künstlerisch, mal spielerisch. Die Stationen sind gut geeignet für alle Altersgruppen. Wir starten die kleine Runde am Gasthaus 'Plantage' aus Richtung Westen, also im Uhrzeigersinn. Zuerst geht's an der Waldkathedrale vorbei, ein andächtiger Ort, der auch etwas Geheimnisvolles ausstrahlt. Das große Waldlabyrinth danach eignet sich mit seinen hohen Hecken hervorragend zum Verstecken spielen. Kurze Zeit später erreichen wir eine idyllische Lichtung mit einem wunderschönen Waldspielplatz – mit Schaukeln, Kletterbereich und „Baumtelefon". Daneben befindet sich ein Pavillon, dieser ist geeignet für eine kurze Rast.

Nach ein paar großen, schönen Holzfiguren erreichen wir den Barfußpfad. Mit geschlossenen Augen macht er am meisten Spaß! Die Holztiere nehmen kein Ende: Als nächstes erwarten uns zwei große Spinnen – eine klettert am Baum, auf die andere können sich mutige Kids mal draufsetzen. Nach dem Waldklassenzimmer erreichen wir ein kleines Biotop. Danach können sich die Kids nochmal am Tierweitsprung ausprobieren: Wer springt weiter? Die Maus, der Hase oder ich? Zu guter Letzt können wir im urgemütlichen Biergarten der „Plantage" einkehren und den Tag gemütlich ausklingen lassen.

39

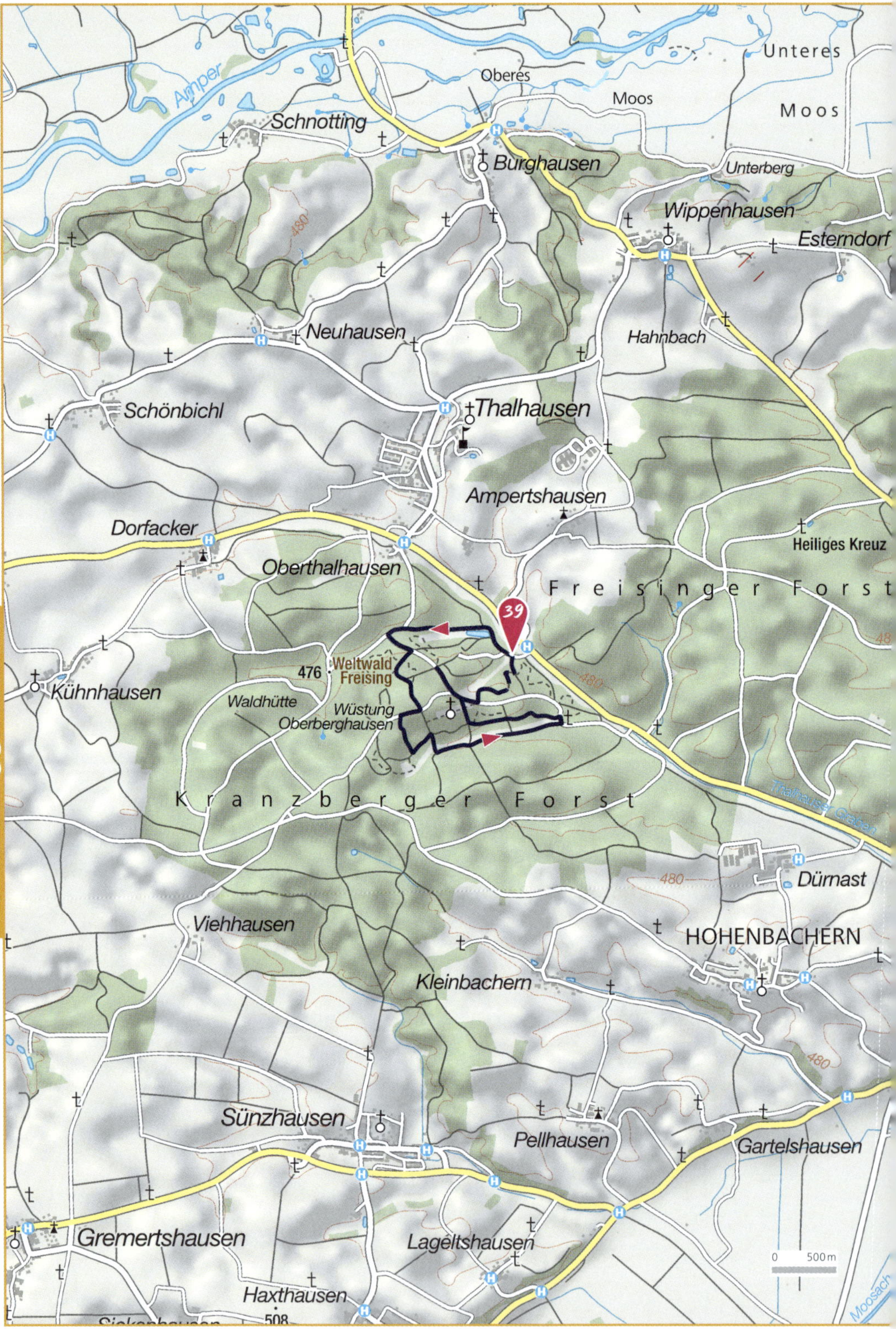

Amper
Unteres
Oberes
Moos
Moos
Schnotting
Burghausen
Unterberg
Wippenhausen
Esterndorf
480
Neuhausen
Hahnbach
Schönbichl
Thalhausen
Ampertshausen
Dorfacker
Heiliges Kreuz
Oberthalhausen
Freisinger Forst
39
476
Weltwald Freising
480
Kühnhausen
Waldhütte
Wüstung Oberberghausen
Kranzberger Forst
Thalhauser Graben
480
Dürnast
Viehhausen
HOHENBACHERN
Kleinbachern
480
Sünzhausen
Pellhausen
Gartelshausen
Gremertshausen
Lageltshausen
0 500 m
Haxthausen
508
Moosach

Tour 39

Themenweg 39

Weltwald bei Freising

Streifzug durch die Wälder der Erde

DAUER	1h 30min
LÄNGE	6,5 km
HÖHENMETER	130 hm
SCHWIERIGKEIT	LEICHT
MIT ÖPNV ERREICHBAR	ja

Das erwartet euch ...

Im Kranzberger Forst vor den Toren Freisings gibt es einen ganz besonderen Wald, der nicht nur die Herzen von Naturliebhabern höher schlagen lässt: Der Weltwald vor den Toren von Freising lädt große und kleine Besucher dazu ein, die unterschiedlichsten Baumarten der ganzen Welt kennenzulernen. Auf gut 100 ha Fläche ist bisher eine illustre Sammlung von Bäumen entstanden, die in Staunen versetzt und spannende Informationen an die Hand gibt.

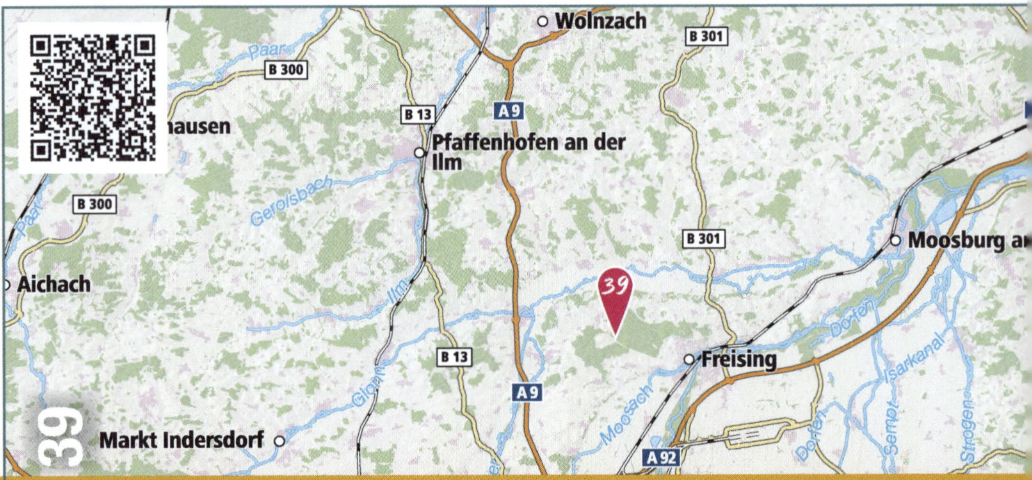

Themenweg 39

Start & Ziel & Anreise

Wir starten am Parkplatz am Weltwald. Von München geht's mit dem Auto über die A9 Richtung Berlin, am Kreuz Neufahrn wechseln wir auf die A92. Ausfahrt Freising Mitte geht's raus, auf der Staatsstraße 2084 weiter Richtung Allershausen. Nach etwa 3 km biegen wir links in den Kranzberger Forst ein. Hier gibt es die Parkplätze P 1 und P 2, jeweils kurz nach dem Abzweig zum Wald. Wer mit der MVV-Buslinie 619 anreist, nimmt am besten den Ausstieg „Ampertshausen". Von da sind es nur etwa 200 m bis zum Parkplatz.

Tourenbeschreibung

Der Weltwald ist durchzogen von einem Netz bequemer, breiter Forstwege. Wer es ein bisschen abenteuerlicher mag, der kann durchaus auch über die kleinen Zwischenpfade durchs Dickicht streifen. Dann sollte allerdings besonders auf Mücken- und Zeckenschutz geachtet werden. Der Weltwald ist für Besucher das ganze Jahr über geöffnet und bietet zu jeder Jahreszeit ein besonderes Naturerlebnis. Die heutige Runde ist lediglich ein Vorschlag, grundsätzlich kann man die Tour zu einer ausgedehnteren Wanderung verlängern oder zu einem kleineren Spaziergang abkürzen.

Erste Pflanzungen des Bayerischen Landesarboretums fanden 1987 statt. Mittlerweile ist das Areal auf über 300 Baum- und Straucharten angewachsen. Mehr als doppelt so viele sollen es einmal werden. Der Wald kann dabei über verschiedene Themenpfade erkundet werden oder mit der Weltwald-App. Sie leitet uns gezielt zu bestimmten Regionen oder Baumarten. So oder so wird der Besuch zu einem Erlebnis werden.

Wir starten am Parkplatz beim Zucker-Ahorn-Pavillon und folgen dem schmalen Schotterweg, dem Themenpfad Europa und Vorderasien, leicht aufwärts. Entlang dieses Themenpfades entdecken wir heimische Baumarten, aber auch winterharte Vertreter aus dem Mittelmeerraum bis hin zur Südküste des Kaspischen Meers. Wir halten uns stets westwärts, auf den kleinen Pfaden oder den breiten Waldwegen, durchstreifen einen Pappelwald und wandern an verschiedenen Ahornen und Nadelhölzern vorbei. Höhepunkte dieser Region sind ein Abstecher ins Botanikum oder zu einer durch Baum- und Strauchpflanzungen angedeuteten Burganlage, dem Europagarten.

Am Botanikum und Europagarten spazieren wir dann nach Südwesten. Dabei streifen wir die erste Vegetation der Himalaya Region, bevor wir unter Buchen, Linden und Ulmen wandeln. Die Route dreht hier wieder nach Osten, und schon bald tauchen wir vollends in die Wälder Mittel- und Ostasiens ein. Aus dem Fernen Osten kommen einige besonders exotisch anmutende Baumarten z.B. der Urweltmammutbaum, die Sicheltanne oder der Hibalebensbaum. Auf halber Strecke des Themenpfades, zwischen den Bereichen „Japan" und „Zentralchina", ist der Asien-Garten nicht zu übersehen. Sein Zentrum ist die Rote Pagode, zu der man durchs Mondtor oder über eine Brücke gelangt. Kleine Waldpfade bringen uns über Zentralchina in die Amur-Region. Direkt dahinter schließt der Zentralpavillon an. Hier laufen alle Themenpfade zusammen und mehrere Rundbänke laden zum Rasten ein. Ganz in der Nähe befindet sich die Waldkirche.

Hier machen wir uns auf den Rückweg, der uns wieder Richtung Osten durch die östlichen und westlichen Regionen Nordamerikas führt. Der Osten Nordamerikas besticht durch ein ausgedehntes Laubwaldgebiet, lediglich in den Hochlagen der Appalachen und nördlich der Großen Seen haben die Nadelwälder die Überhand. Auf dem Themenweg Nordamerika West sprießen die Wälder der Pazifischen Küstengebirge, der Sierra Nevada, den Kaskaden oder den Rocky Mountains. An imposanten Nadelbäumen wie Douglasie, Gelb-Kiefer oder Mammutbaum geht's dann zurück zum Parkplatz.

Im Themengebiet Nordamerika West führt uns der geschlängelte Pfad nicht nur an den typischen Bäumen des Wilden Westens vorbei. Beim Amerika-Garten gibt es ein Indianerdorf im Felsengarten, das in einen tollen Abenteuerspielplatz mit Sandplatz für Kinder integriert ist. Vom Tipi-Dorf, das einem Lager des Cree-Stammes ähnelt, gelangt man durch einen kleinen Canyon zu einer Steganlage mit Aussichtstürmen. Ein Totem-Pfahl darf hier natürlich auch nicht fehlen.

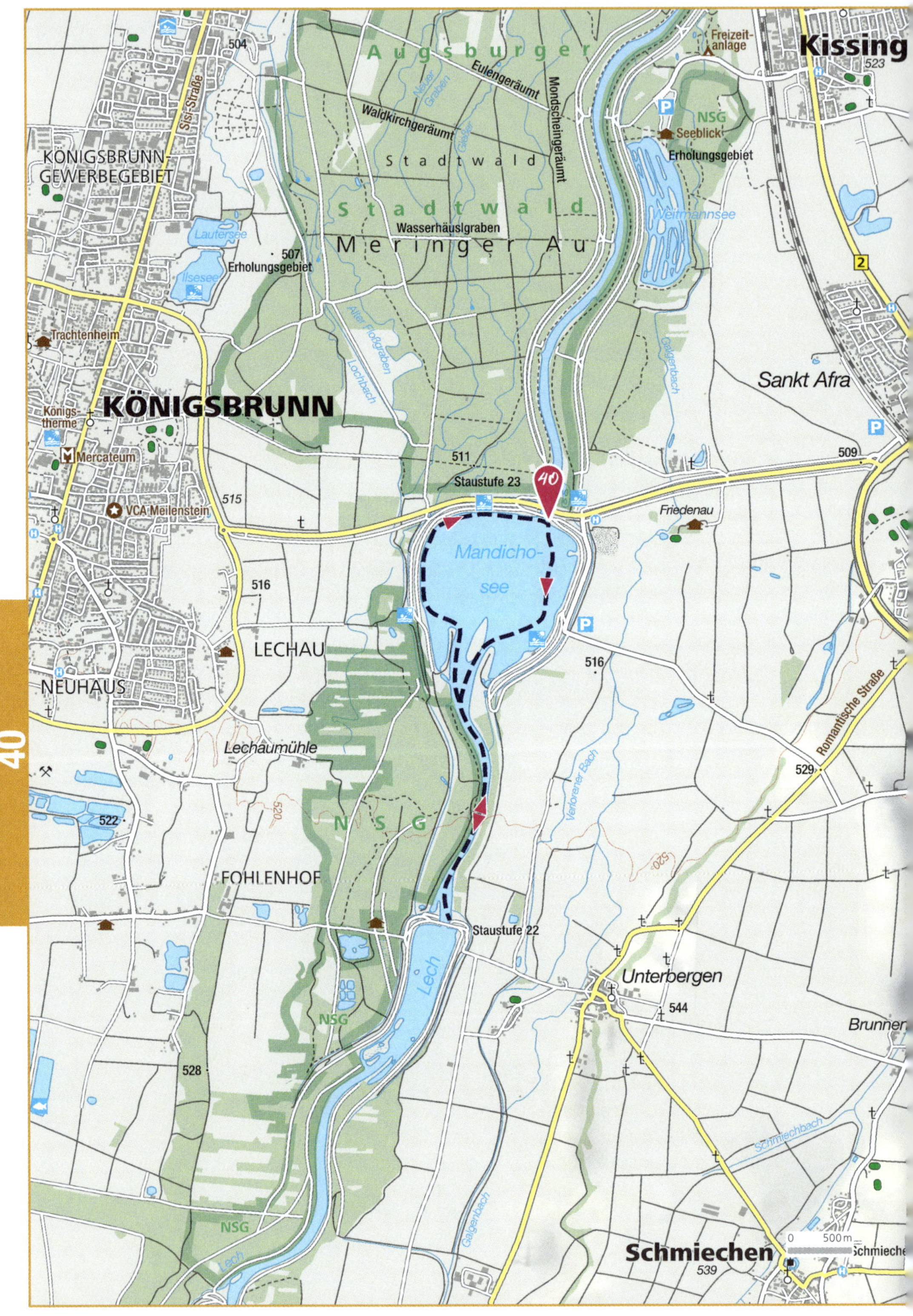
Kissing
523
Freizeit-
anlage
Augsburger
Eulengeräumt
Mondscheingeräumt
Waldkirchgeräumt
Stadtwald
Stadtwald
Wasserhäuslgraben
Meringer Au
NSG
Seeblick
Erholungsgebiet
Weitmannsee
504
Sisi-Straße
KÖNIGSBRUNN-
GEWERBEGEBIET
Lautersee
507
Erholungsgebiet
Ilsesee
Trachtenheim
KÖNIGSBRUNN
Königs-
therme
Mercateum
VCA Meilenstein
515
Alter Floßgraben
Lochbach
Galgenbach
Sankt Afra
511
Staustufe 23
40
509
Friedenau
Mandicho-
see
516
516
LECHAU
NEUHAUS
Lechaumühle
522
520
NSG
Verlorener Bach
529
Romantische Straße
FOHLENHOF
Staustufe 22
Lech
Unterbergen
544
NSG
528
Brunnen
Schmiechbach
NSG
Lech
Galgenbach
Schmiechen
539
0
500 m
Schmieche

40

40

Kajak-/
Kanutour

Mandichosee

Freizeitparadies für Wassersportler

DAUER	2h
LÄNGE	7,9 km
STROMSCHNELLEN	nein
SCHWIERIGKEIT	LEICHT
MIT ÖPNV ERREICHBAR	nein

Das erwartet euch ...

Der Mandichosee liegt südlich von Augsburg, eingebettet ins Tal des Lech. Die Runde ist zwar recht kurz aber doch etwas kräftezehrend, da man sich auf dem ruhigen See mit kräftigem Paddeln fortbewegen muss. Die Route führt uns an der Ostseite herum zum Lech, dem wir bis zur nächsten Staustufe folgen. Gut geeignet auch für jüngere Kinder.

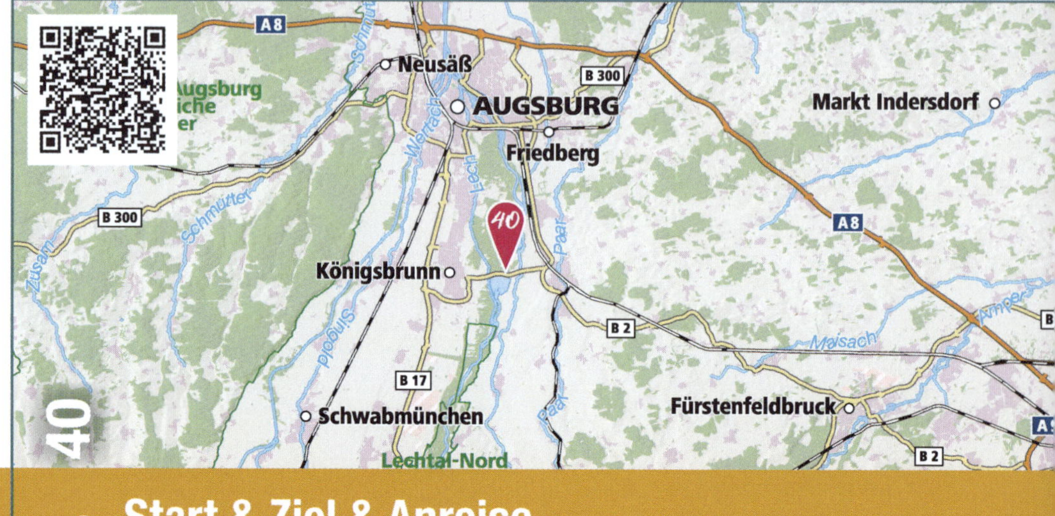

40

Kajak-/ Kanutour

Start & Ziel & Anreise

Los geht's am Wasserkraftwerk zwischen Mering und Königsbrunn-Süd. Mit dem Auto erreichen wir den naheliegenden Parkplatz über die A8 nach Augsburg. An der Ausfahrt Friedberg wechseln wir auf die B2 weiter nach Mering. Nach Querung der Bahngleise geht's rechts ab auf die St2380 zum Laufwasserkraftwerk Merching. Der Parkplatz befindet sich auf der linken Seite.

Tourenbeschreibung

Der Mandichosee ist ein wahres Freizeitparadies, das vor allem Surfern und Seglern bekannt ist. Aber auch alles andere, was Paddel oder Segel hat, ist hier willkommen. Regelmäßig werden auf dem See Regatten und Segelwettbewerbe ausgetragen. Vom zeitigen Frühjahr bis in den Herbst hinein können Segler, Surfer und auch Kajaker ihrem Hobby nachkommen. Der See ist eigentlich die Staustufe 23 des Lech. Neben der Wasserkraftgewinnung dient sie auch als Naherholungsgebiet. 2003 wurde der Stausee nach dem bayerischen Fürsten Mandicho umbenannt.

Einstiegsstelle ist beim Wasserkraftwerk – hier gibt es im Übrigen auch ein paar interessante Schautafeln, die spannende Informationen über Wasserkraft vermitteln. Wir paddeln erstmal linksherum, an der Ostseite des Sees. Beim Wassersportcenter und der Wasserwacht sehen wir auch einen schönen Badestrand herüberwinken, an dem wir kurz mal pausieren können, falls das Paddeln schon zu anstrengend geworden ist. Weiter geht's, unter der Brücke zwischen den beiden Inselchen hindurch und weiter Richtung Süden den Lech hinauf. An der Lechstaustufe 22 bei Unterbergen wenden wir unser Kajak. Zurück geht's auf der gleichen Strecke. Im See fahren wir dann an der Westseite wieder zum Wasserkraftwerk.

Die Tour eignet sich zu jeder Jahreszeit, vorausgesetzt, der See ist nicht zugefroren. Mit ein wenig Glück zeigen sich ab und an in der Nebensaison sogar Eisvögel.

Auf der Ost- sowie auf der Westseite erstrecken sich Badestrände und Liegewiesen. Ein Spielplatz mit Attraktionen wie einer Matschanlage und einem Kletternetz sowie ein Beachvolleyballfeld sind der ideale Tummelplatz für die kleineren Paddler nach der Tour. Ein Kiosk mit Toilettenanlagen, eine Wasserwachtstation sowie Parkplätze an der Ost- und Westseite vervollständigen das attraktive Naherholungsangebot.

41

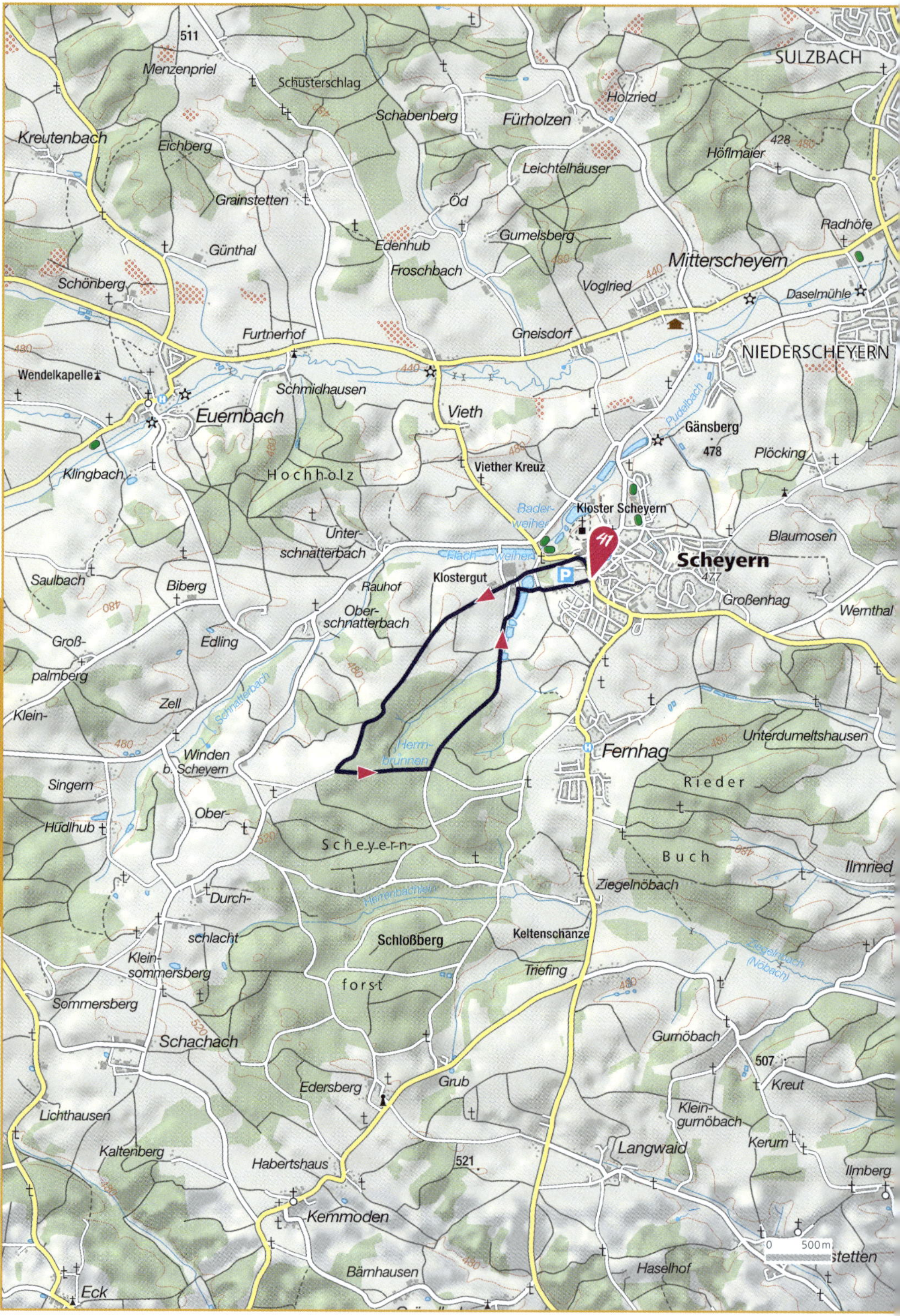

511
Menzenpriel
Schusterschlag
SULZBACH
Holzried
Schabenberg
Fürholzen
Kreutenbach
Eichberg
428
Höflmaier
Leichtelhäuser
Grainstetten
Öd
Radhöfe
Gumelsberg
Edenhub
Günthal
Mitterscheyern
Froschbach
440
Schönberg
Voglried
Daselmühle
Furtnerhof
Gneisdorf
NIEDERSCHEYERN
480
Wendelkapelle
440
Schmidhausen
Euernbach
Vieth
Pudelbach
Gänsberg
478
Plöcking
Klingbach
480
Hochholz
Viether Kreuz
Bader-
weiher
Kloster Scheyern
Unter-
schnatterbach
41
Blaumosen
Flach
Weiher
Scheyern
Saulbach
Rauhof
Klostergut
P
477
Biberg
Ober-
schnatterbach
Großenhag
Wernthal
480
Edling
Groß-
palmberg
480
Zell
Schnatterbach
Klein-
480
Unterdumeltshausen
Winden
b. Scheyern
Herrn-
brunnen
Fernhag
Singern
Rieder
Hüdlhub
Ober-
520
Scheyern-
Buch
Ilmried
Ziegelnöbach
Durch-
Herrenbachl
schlacht
Schloßberg
Keltenschanze
Klein-
sommersberg
Triefing
forst
Ziegelnbach
(Nöbach)
Sommersberg
520
Schachach
Gurnöbach
507
Kreut
Edersberg
Grub
Klein-
gurnöbach
Lichthausen
Kerum
Kaltenberg
Langwaid
Habertshaus
521
Ilmberg
480
Kemmoden
0
500 m
stetten
Bärnhausen
Haselhof
Eck

Themenweg 41

Die Wälder von Scheyern

Auf dem Planetenweg

DAUER	1h 30min
LÄNGE	5,9 km
HÖHENMETER	120 hm
SCHWIERIGKEIT	LEICHT
MIT ÖPNV ERREICHBAR	ja

Das erwartet euch ...

Galaktisch geht's für Kinder auf der Wanderung rund um Scheyern zu: Der Planetenweg ist eine modellhafte Darstellung unseres Sonnensystems und wurde von einer Projektgruppe des Schyren-Gymnasiums Pfaffenhofen in Zusammenarbeit mit dem Kloster Scheyern erarbeitet. Am Rande des Scheyerer Benediktusweges erfahren wir nicht nur allerlei über die Mitglieder der Planetenfamilie, sondern erwandern auch die Größenverhältnisse unseres Sonnensystems.

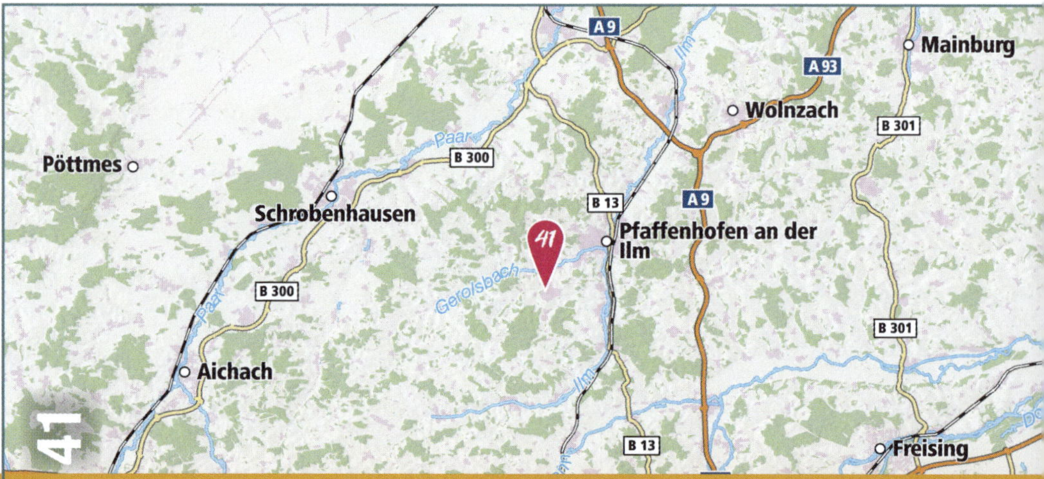

Start & Ziel & Anreise

Wir starten in Scheyern am Parkplatz auf dem Klosterberg gegenüber der Klosterwirtschaft. Zunächst geht's über die A8 nordwärts nach Allershausen. Bei Hohenkommer nehmen wir die B13 Richtung Pfaffenhofen. Bei Ilmünster dann auf die Staatsstraße nach Scheyern. Zwischen Pfaffenhofen und Schrobenhausen fährt der Bus Nr. 9242 nach Niederscheyern.

Tourenbeschreibung

Vom Parkplatz am Klosterberg spazieren wir erst einmal am Supermarkt vorbei. Noch ein paar Meter weiter, dann schwenken wir gegenüber der Klosterbrauerei auf einen asphaltierten Weg ein. Wir passieren einen Parkplatz und gehen geradewegs auf einem Schotterweg durch ein Wäldchen hinab. Unten queren wir geradeaus die Straße und schlendern am Ledererweiher entlang Richtung Prielhof.

Hier beginnt auch schon unser schöner, sehr spannender Planetenweg. Zu Beginn finden wir eine große blaue Schautafel vor, die den Weg erläutert. Wir wandern geradeaus am Prielhof vorbei und treffen dabei auf die Sonne, den Merkur, die Erde, die Venus und den Mars. Nicht erschrecken, hier kann es sein, dass immer wieder Ziegen und Böcke zwischen den Höfen hin- und herlaufen. Sie sind aber Wanderer schon gewohnt und machen sich sowieso durch lautes

Meckern bemerkbar. Am Ende der Hofgebäude, bei Vesta, steigt der Schotterweg kurz an. Wir bleiben nun stetig auf diesem Weg, der uns mal an Feldern, mal an Wiesen vorbeileitet. Er ist immer wieder auch mit Bäumen gesäumt.

Nach ungefähr zehn Minuten ab dem Klostergut zweigt rechts einmal ein Schild „Planetenweg" ab. Es leitet uns auf einem Grasbuckel zu einem Baum, unter dem uns die Infotafel über Kometen erwartet. Außerdem können wir von hier oben eine fantastische Aussicht auf die Ländereien rund um das Kloster Scheyern genießen. Wir kehren zum Schotterweg zurück und setzen unseren Weg fort. Allmählich tritt die Route in den lichten Wald ein. Wir treffen noch auf Uranus, dann biegt unser Weg um eine Linkskurve und führt uns am Waldrand entlang. Etwas später erreichen wir eine Weggabelung, an der uns das Wanderschild des Planetenweges scharf nach links schickt. An der Gabelung steht auch eine kleine Bank, ideal für ein Päuschen. Gleich bei Waldeintritt begrüßt uns schon Neptun, dann bringt uns der Weg an einem besonderen Zuckerl vorbei: einem Hügelgrab. Wir spazieren weiter geradeaus, bis wir eine große Kreuzung erreichen. Wir biegen links ein und wandern auf dem angenehmen Weg hinauf, dann wieder hinab und zurück bis kurz vor dem Prielhof. Am Sauweiher biegen wir rechts ab und wandern dann zwischen ihm und dem Ledererweiher hindurch bis zum Benediktusweg. Er bringt uns zurück auf den Klosterberg.

42

Königsfelder Holz
Niederlauterbach
Königsfeld
Fahlenbach
Kriesel-brunnen
Schwaig
Kreuzberg
Irlmühle
Wolnzbach
Starzhausen
Burgstall
Ilm
Gütervehrkehr
Krönmühle
Burgstallhöhe
Gosseltshausen
Schlagenhausermühle
Schinderberg
Rohrbach
411
Rohrbach
Heuwegtal
440
Dt. Hopfenmuseum
Fuchsberg
Markt
Wolnza
415
Lohwinden
Hopfenhotel Hallertau
Edental
Edenthal
Schlacht
54
Wolnzac
Kreithof
93
Bruckbach
Feierabend-mühle
Schermbach
Bruckbachtal
Gemeindeholz
Thongräben
E45
Galgenberg
Hanfkolm
481
Seeberg
9
Haunerhof
Schreinmühle
Beigels-winden
Siegelhof
438
93
65/55
Dreieck Holledau
Siegertszell
Mittelalterliche Wehranlage
Eschelbach an der Ilm
Rodenhof
440
Schloßberg
425
Haushausen
Kemnathen
0 500 m
Pfaffenberg
9
Geroldshausen

42

Lehrpfad

Hallertauer Hopfpfad

Lehrpfad rund um den Hopfen

DAUER	1h
LÄNGE	4 km
HÖHENMETER	65 hm
SCHWIERIGKEIT	LEICHT
MIT ÖPNV ERREICHBAR	ja

Das erwartet euch ...

Der Hopfenpfad startet direkt vor den Toren Wolnzachs und hält allerlei Wissenswertes rund um das „Grüne Gold" bereit. Er ist kurz und mit vielen Schau- und Infotafeln ausgestattet. Dabei leitet er uns überwiegend auf schmalen Teerweglein, aber auch schönen Waldwegen an den Hopfengärten entlang. Auf dem Rückweg geht's mal ein Stück auf einem Pfad steil durch den Wald hinab. Hier auf Wurzelwerk achten, es lädt gern mal zum Stolpern ein.

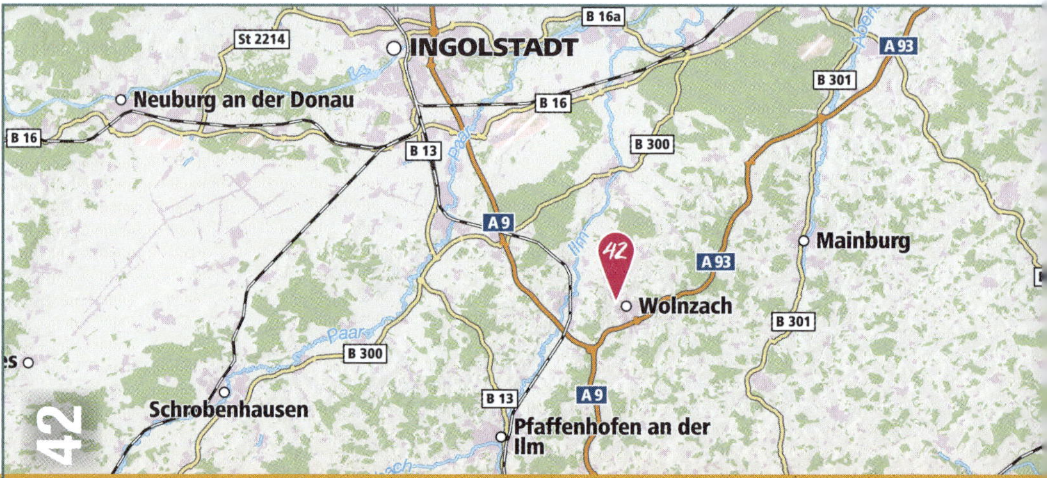

42 Lehrpfad

Start & Ziel & Anreise

Wir starten am Parkplatz des Hopfenpfades Wolnzach. Über die A9 geht's Richtung Nürnberg. Beim Dreieck Holledau wechseln wir auf die A93. Gleich die erste Ausfahrt bringt uns nach Wolnzach. Weiter über die Wendenstraße Richtung Rohrbach. Am Ortsende links zum Parkplatz. Mit den öffentlichen Verkehrsmitteln besteht nur eine Verbindung per Zug nach Rohrbach, dann weiter mit dem Rufbus.

Tourenbeschreibung

Der Hopfenlehrpfad leitet auf ca. 4 Kilometern an Hopfengärten, Feldern, Wäldern, Hecken mit herrlichem Blick auf die Hopfenmetropole Wolnzach und das Wolnzachtal vorbei. 26 Lehrtafeln informieren dabei über Hopfenbau und die Flora und Fauna der Region.

Vom Parkplatz wandern wir auf dem Teerweg in Richtung der ersten Hopfenfelder. Schon nach 200 Metern gabelt sich der Weg. Hier halten wir uns rechts und spazieren den bequemen Weg sanft aufwärts, an den Infotafeln des Hopfenlehrpfades entlang. Nach einer Viertelstunde erreichen wir auf einer kleinen Anhöhe ein letztes Hopfenfeld, dann betreten wir lichten Wald. Kurz darauf stehen wir kurz vor der Landstraße. Wir wenden uns um 90° nach links und folgen einem schönen Waldweg, nochmals durch ein Waldstück hindurch. Auch hier reihen sich die Schautafeln in kurzen Abständen aneinander. Wir ignorieren alle Abzweigungen und wandern geradeaus weiter Richtung Süden. Insgesamt wandern wir eine gute Viertelstunde so dahin, dann treffen wir auf eine Dreieckskreuzung.

Wir biegen mit dem Weg um die Linkskurve. Ein breiter Schotterweg leitet uns an Feldern entlang zurück Richtung Wolnzach. Nach ca. 200 Metern zweigt links ein Weg ab. Ein Schild macht uns auf .... aufmerksam. Nicht mal einhundert Meter weiter biegen wir links auf einen schmalen Pfad ein. Er führt uns über einen Rechtsbogen teils steil über Wurzelwerk hinab zu ein paar Scheunen. Hier stoßen wir wieder auf einen breiten Waldweg, der uns am Waldrand entlangleitet. An einer kleinen Baumschule halten wir uns rechts und folgen dem Weg geradewegs in wenigen Minuten zurück zum Parkplatz.

Nur wenige hundert Meter entfernt befindet sich im Zentrum von Wolnzach das Deutsche Hopfenmuseum. Hier erfahren wir alles Wissenswerte zum Hopfen: von der Botanik bis zum Bierbrauen, vom Anbau bis zum Hopfenhandel, von der Geschichte bis zur Gegenwart. Besonders für Kinder hält das Museum ein tolles Angebot bereit: Angefangen vom Hopfenrucksack mit Rätseln und Aufgaben, die die Kids während eines Rundganges durchs Museum lösen können, über eine Museumsrally bis hin zur großen Spielstation, an der Hopfen-Golf oder ein Hopfen-Puzzle gespielt werden kann; hier ist für Kinder jeden Alters was dabei.

43

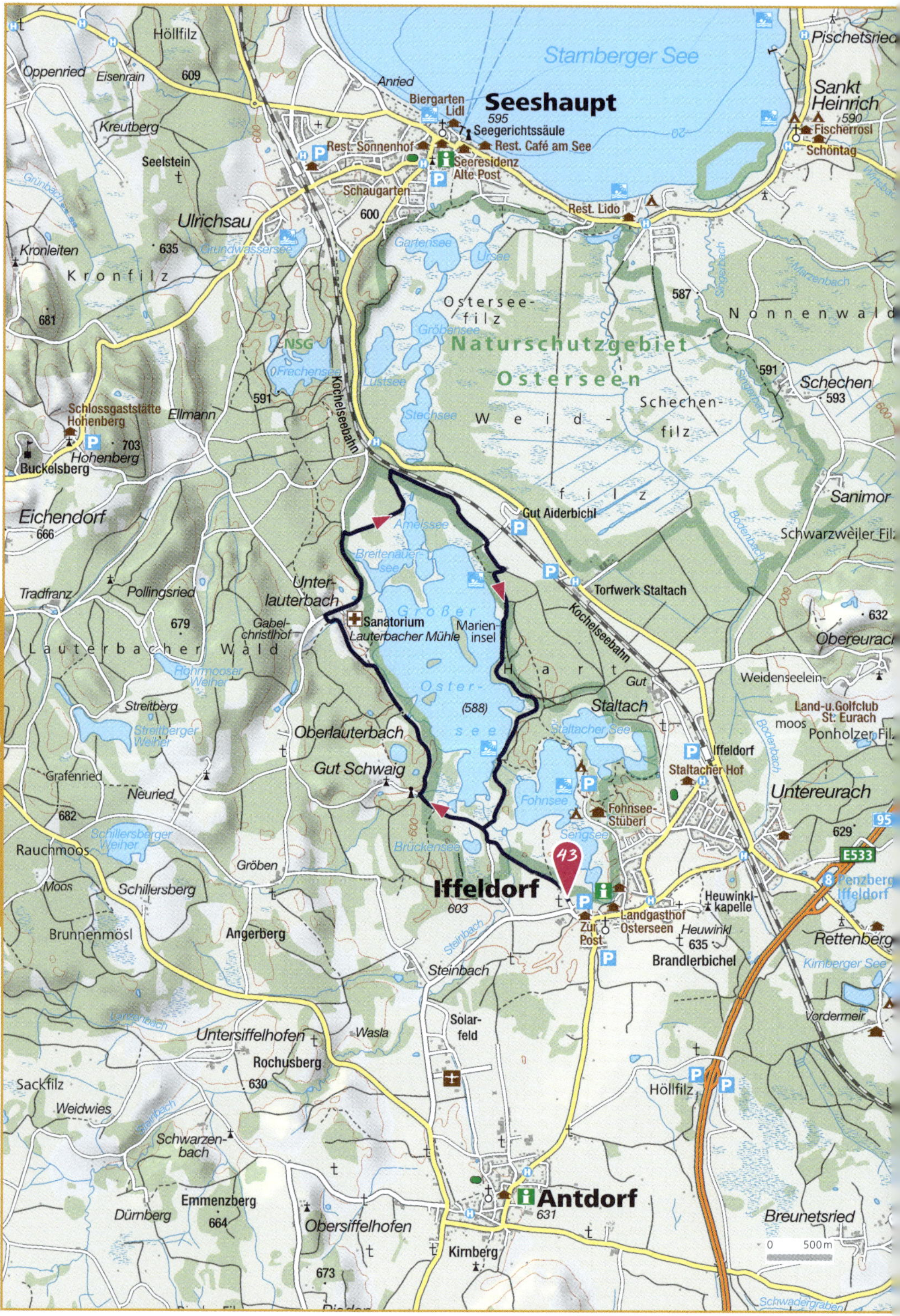

Starnberger See
Seeshaupt
595
Biergarten Lidl
Seegerichtssäule
Rest. Sonnenhof
Rest. Café am See
Seeresidenz Alte Post
Schaugarten
Anried
Rest. Lido
Pischetsried
Sankt Heinrich
590
Fischerrosl
Schöntag
Höllfilz
Oppenried
Eisenrain
609
Kreutberg
Seelstein
Ulrichsau
600
Kronleiten
635
Kronfilz
Grundwassersee
681
Gartensee
Ursee
Ostersee-filz
Gröbensee
Naturschutzgebiet Osterseen
587
Nonnenwald
NSG
Frechensee
Lustsee
Kochelseebahn
591
Schechen
593
Stechsee
Weid-filz
Schechen-filz
Schlossgaststätte Hohenberg
Ellmann
703
Hohenberg
Buckelsberg
Eichendorf
666
Gut Aiderbichl
Sanimor
Ameisee
Breitenauer-see
Schwarzweiler Filz
Unter-lauterbach
Torfwerk Staltach
Tradfranz
Pollingsried
679
Gabel-christlhof
Sanatorium Lauterbacher Mühle
Großer Ostersee
Marien-insel
(588)
632
Obereurach
Lauterbacher Wald
Rohrmooser Weiher
Hart
Gut Staltach
Weidenseelein
Streitberg
Streitberger Weiher
Oberlauterbach
Staltacher See
Land-u. Golfclub St. Eurach
moos
Ponholzer Fil.
Iffeldorf
Grafenried
Gut Schwaig
Staltacher Hof
Neuried
Untereurach
682
Fohnsee
Fohnsee-Stüberl
629
Schillersberger Weiher
Rauchmoos
Brückensee
Sengsee
43
E533
95
Moos
Gröben
Iffeldorf
603
Schillersberg
8 Penzberg Iffeldorf
Heuwinkl-kapelle
Landgasthof Osterseen
Brunnenmösl
Angerberg
Zur Post
Heuwinkl
635
Rettenberg
Steinbach
Brandlerbichel
Kirnberger See
Lanzenbach
Solar-feld
Vordermeir
Untersiffelhofen
Wasla
Rochusberg
Sackfilz
630
Höllfilz
Weidwies
Schwarzen-bach
Antdorf
631
Dürnberg
Emmenzberg
664
Obersiffelhofen
Breunetsried
Kirnberg
673
0 500 m
Schwadergraben

Tour 43

Seetour 43

Die Osterseen

Runde um idyllische Moorseen

DAUER	1h 30min
LÄNGE	9,3 km
HÖHENMETER	20 hm
SCHWIERIGKEIT	LEICHT
MIT ÖPNV ERREICHBAR	ja

Das erwartet euch ...

Einfache Wanderung auf dem Osterseerundweg durch eine von der Eiszeit geprägte einmalige Landschaft. Mit Wasser gefüllte Toteislöcher wie die Blaue Gumpe am Südende des Großen Ostersees sind eindrucksvolle Zeugnisse der letzten Eiszeit. Die Moorgebiete und schimmernden Seen sind besonders für Kinder eindrucksvolles Naturerlebnis im Naturschutzgebiet Osterseen. Der Weg ist mit der Nummer 25 blau markiert. In Iffeldorf gibt es einige Cafés und Restaurants.

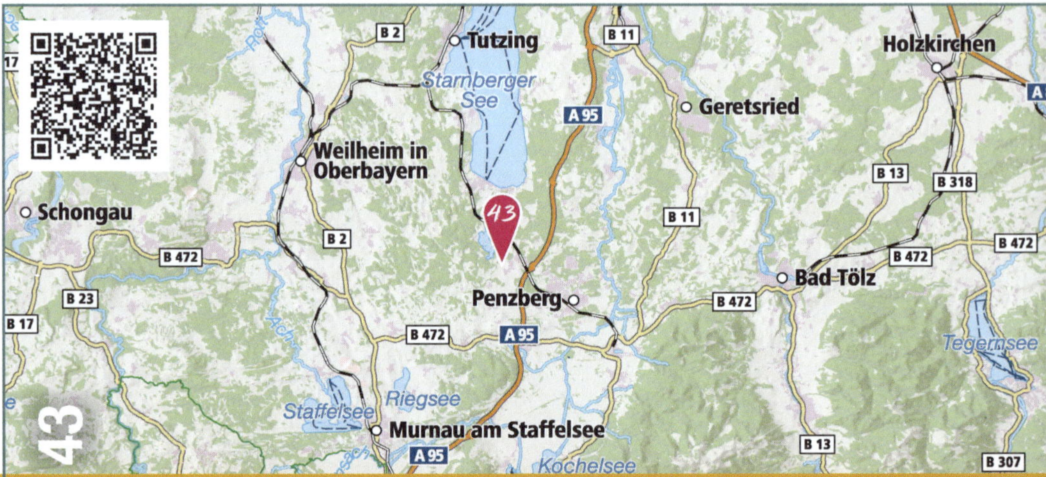

43 Seetour

Start & Ziel & Anreise

Ausgangspunkt ist der Wanderparkplatz Jägergasse bei der Kirche St. Vitus in Iffeldorf. Mit dem Auto auf der BAB A95 München–Garmisch-Partenkirchen bis Ausfahrt Penzberg/Iffeldorf. Nach Iffeldorf abbiegen und in Untereurach links über den Bahnübergang ins Zentrum von Iffeldorf. Hinter der Kirche rechts in die Jägergasse zum Parkplatz einbiegen. Von München fahren regelmäßig Züge nach Iffeldorf.

Tourenbeschreibung

Die Wanderung beginnt beim kostenpflichtigen Wanderparkplatz Osterseen an der Station für Gewässerforschung. Der Fußweg führt über Feuchtwiesen und Felder am Waldsaum nahe des Brückensees entlang. Die Abzweige rechts und links ignorieren wir und wandern weiter bis zur Wegekreuzung. Dort verlassen wir das asphaltierte Sträßchen, biegen rechts ab und folgen dem Wegweiser nach Lauterbach. Der Wanderweg verläuft nun am malerischen Ufer des Großen Ostersees entlang. Schon bald erreichen wir die Rehaklinik Lauterbacher Mühle.

Am Parkplatz stößt der Wanderweg auf die Zufahrtsstraße zur Klinik. Hier rechts und auf dem Sträßchen entlang. Links liegt ein bewaldeter Hang, rechts weitere Feuchtwiesen und der Breitenauer See. An einem Rastplatz verlassen wir die Straße nach rechts und gehen auf dem Wanderweg zum Nordufer des Ameissees. Im weiteren Verlauf kommen wir zur Bahnlinie, die nach Iffeldorf führt. Dort gehen wir nach rechts und parallel zur Bahn Richtung Gut Aiderbichl.

Am Abzweig zum Gut Aiderbichl halten wir uns halb rechts bis an das Wäldchen. Davor wandern wir nun rechts und gleich links durch den Wald an das Ufer des Großen Ostersees. Gegenüber erblickt man die Marieninsel. Der Uferfußweg kommt an eine Brücke. Dort gehen wir rechts über die Brücke und geradeaus zu einem Steg, von dem aus man die Blaue Gumpe sehen kann.

Sie ist typisch für die vielen Quelltrichter, die die Osterseen speisen. Die Wände der Blauen Gumpe sind überzogen von weißen Kalkablagerungen, die mit dem stark kalkhaltigen Quellwasser ausgeschieden werden. Da das Wasser eine gleichbleibende Temperatur von 10 °C hat, friert der See dort nie zu. An besonders kalten Wintertagen bildet sich deshalb über der Blauen Gumpe eine Wasserdampfwolke.

Anschließend gelangen wir an das asphaltierte Sträßchen vor dem Brückensee. Hier schließt sich der Kreis unserer Rundwanderung. Nochmals links und gleich wieder links auf den Fußweg zurück zu unserem Ausgangspunkt.

44

Schlagsimmer
Schlaghäuseln
Schwarz-
berg
Waldruh
Beselmühle
Niederndorf
Freundsbach
Salzberg
471
Schlag
Schweiners-
dorf
Gandorf
Riedlmühle
480
Hagsdorf
Schecken-
hofen
Hanslmühle
Kronwinkl
Mauerner Bach
440
Hörgersdorf
Pfettrach
Isarec
Sixthasel-
bach
Wang
Ziegl-
berg
Kiesberg
Schöneck
Inzkofen
Aselmühle
Ländl
440
Amper
Hocksberg
446
Thalbach
Mühlbach
Burgschlag
Grub
Haselbach
Wittibsmühle
Dornhaselbach
Murr
Bergen
Ambacher Bach
440
Gassen-
häuser
Neustad
Oberambach
Feldkirchen
Pillhofen
44
Kirschberg
480
Niederambach
Martlbräu-
schwaig
Drei Tannen
Lohberg
Reischelbrau-
schwaig
Kirchamper
Weiglschwaig
Schloss
Asch
Westerberg
Inkofen
Neumühl
44
Sollern
440
Mähmoos
Unterreit
Amper-Überführungs-
Kanal
Oberreit
MOOSBURG
a. d. Isar
421
Hagenau
Thonstetten
Moosham
Moosburg
Au
Langenbach
429
Grünseiboldsdorf
Rast
433
Isar
Rosenau
Rosenau
. 472
Niederhummel
Vogelherd
N S G
MALP
Munich Airport
Logistics Park
Moosbach
Mühlbach
Dorfen
Oberhummel
Isar
0 500 m
Windham
Sempt Flutkanal
Dorfner Au
E53
Asenkofen
92

44

Kajak-/ Kanutour

In die Thalbacher Au

Kajakvergnügen auf der Amper

DAUER	2h 30min
LÄNGE	7,8 km
STROMSCHNELLEN	nein
SCHWIERIGKEIT	LEICHT
MIT ÖPNV ERREICHBAR	nein

Das erwartet euch ...

Die Amper ist ein dankbarer Fluss zum Kanu- bzw. Kajakfahren. Ihre Fließgeschwindigkeit ist recht langsam, so ist der schöne Fluss auch gut für Kinder geeignet. Dafür ist allerdings ein wenig mehr Paddelarbeit gefordert. Auf der recht kurzen Strecke von Inkofen nach Thalbach erleben wir den Fluss von seiner schönsten Seite: saftige Wiesen, Schilfe und Farne einer unberührten Auenlandschaft.

44 Kajak-/Kanutour

Start & Ziel & Anreise

Wir beginnen den kleinen Kajak-/Kanuausflug in Inkofen. Auf der A92 geht's Richtung Deggendorf, Ausfahrt Moosburg-Süd. Über die St2350 umfahren wir das Städtchen südlich und über die St2054 gelangen wir nach Inkofen. Parkmöglichkeiten befinden sich hinter der Amperbrücke am Spielplatz. Für den Rückweg empfiehlt es sich ein zweites Auto am Ausstieg zu parken um zum Ausgangspunkt zurückzukehren.

Tourenbeschreibung

Das Ampertal zieht sich als grünes Band vom Ende des Ampermooses bei Grafrath bis zur Mündung in die Isar bei Moosburg. Auf gut 100 Kilometer Flusslänge zwischen Fürstenfeldbruck, Dachau, Freising und Moosburg durchschneidet das Ampertal vier geologische Räume: die verschiedenen Moränenlandschaften der Würm- und Risseiszeit, die Münchner Schotterebene und das Tertiärhügelland. Vielerorts finden sich noch artenreiche Streuwiesen und Niedermoore mit Raritäten wie Sumpf-Gladiole, Wohlriechendem Lauch oder Kriechendem Sellerie. Naturnahe Au- und Bruchwälder säumen den Fluss auf weiten Strecken.

Das Ampertal ist nicht nur mit seinem Fluss, sondern auch mit seinen Stillgewässern wie den vielen Altarmen, Lebensraum für verschiedenste Libellenarten, Wasservögel und diverse Fischarten, darunter rasante Räuber wie den

Rapfen oder den selten gewordenen und auf Großmuscheln angewiesenen Bitterling.

Wir parken unser Auto am Spiel- und Sportplatz bei der Amperbrücke und gehen ein paar Meter über die Straße zum Einstieg am Amperufer. Gegenüber von Schloss Inkofen und St. Michael geht's im ruhigen Wasser Richtung Nordosten.

Wir schuppern durch die herrliche Auenlandschaft; eigentlich müssen wir garnicht großartig paddeln – in der angenehm langsamen Fahrt lassen sich die herrlichen Uferlandschaften ausgiebiger genießen. Der mäandernde Fluss schlängelt sich gute fünf Kilometer an Busch-und Strauchwerk, Wiesen und kleinen Wäldchen vorbei. Immer wieder zweigen ein paar Altarme der Amper ab, auf denen es oft hoch hergeht: Mit lautem Gekreische streiten Wasservögel um die besten Plätze und dicksten Happen an den Uferhängen. Wir ziehen noch ein paar wenige Kurven nach der Straßenbrücke, dann sind wir am Ende unserer Bootstour angelangt. Der Ausstieg befindet sich direkt gegenüber des Wasserkraftwerks Wittibsmühle.

GUT ZU WISSEN

Unsere Outdoor-Hacks

Es geht auch einfacher

HACKS

TOURENPLANUNG

Wichtig für den Einstieg ist die Wahl der richtigen Tour. Auch kurze Touren mit viel Kletterei oder sogar über Eis und Schnee machen schnell keine Freude mehr, wenn man ihnen nicht gewachsen ist. Also besser erstmal durch die Klamm wandern, bevor es gleich an den Klettersteig geht. Die Tour auch dem Alter und Können der Kinder anpassen – damit die Freude nicht verloren geht.

ERSTE HILFE

Das richtige Equipment und Verhalten ist bei Bergunfällen extrem wichtig, um schnell Hilfe leisten zu können: Mit einem Erste-Hilfe-Set kann man kleinere Verletzungen schnell selbst versorgen. Es gehört, genauso wie eine kleine Apotheke, in jeden Rucksack. Auch die Auffrischung eines Erste-Hilfe-Kurses ist sicherlich von Vorteil.

DIE RICHTIGE AUSRÜSTUNG

Passende Ausrüstung sollte nicht unterschätzt werden. Also lieber zweimal hinschauen, ob man für die Wanderung nicht doch lieber die Bergschuhe einpackt oder für die wilde Kajaktour Wechselklamotten mitnimmt. Bei schweißtreibenden Touren seien atmungsaktive Klamotten ans Herz gelegt. Ein Allrounder für eigentlich fast jeden Outdoor-Beschäftigung ist ein Merinooberteil: Es trocknet schnell, kühlt oder wärmt – je nachdem – und stinkt nicht.

Endlich was Neues ausprobieren

Lust, was Neues auszuprobieren?

WENN JA HABEN WIR EIN PAAR VORSCHLÄGE FÜR DICH.

- **FLOSSFAHRT AUF DER ISAR:** Mit Musik und zünftiger Verpflegung wird die Floßfahrt auf der Isar zu einem geselligen Ausflug.
- **BIKEPARKS:** Die Alternative zum Skifahren im Winter macht auch Kids enormen Spaß – und schult sie für die Bikeabenteuer rund um München.
- **BIERGARTEN:** Zwar nichts Neues, aber was wäre München, ohne einen Steckerfisch oder a Hendl in einem Biergarten zu genießen.
- **KNEIPPEN:** Dazu braucht man nicht unbedingt eine Kneippanlage. Eisbach, Isar oder Mangfall laden geradezu dazu ein, nach oder während einer Tour mal die Füße reinzustrecken.
- **MIDNIGHT-BAZAR:** Second-Hand und Street-Food gibt es jeden Samstagabend am Nachtflohmarkt im Backstage-Kulturzentrum. Da gehen auch die Kleinen auf Schnäppchenjagd.

Neues

Von Vorteil FÜR MENSCH & NATUR

Nachhaltigkeit

BEI OUTDOORAKTIVITÄTEN

Wandern, Radeln und Kanufahren sind recht schonende Sportart für die Natur und unsere Umwelt, wenn wir einige wenige Dinge beachten. Denn das Gleichgewicht ist hier extrem sensibel: Jedes zurückgelassene Papierchen in schönster Umgebung, jede Plastikwasserflasche oder auch noch so tolle Outdoorjacke, dafür voll von chemischen Inhaltsstoffen, fallen ins Gewicht. Folgende fünf Punkte geben euch einen kurzen Überblick darüber, was ihr für euch und die Natur tun könnt. Denn Umweltschutz betrifft uns alle, schließlich haben wir nur eine Erde und mit dieser sollten wir behutsam und respektvoll umgehen.

Und das kannst du machen …

Green-Guide

01 Nachhaltigkeit beginnt schon bei der Anreise: Je mehr Menschen mit dem Auto fahren, desto mehr CO_2-Ausstoß und desto mehr umweltschädlichen Gummiabrieb der Reifen gibt es. Doch viele Ausgangspunkte sind auch gut mit den öffentlichen Verkehrsmitteln zu erreichen. Also einfach mal das Auto stehen lassen, oder Fahrgemeinschaften bilden.

02 Keine Einwegflaschen: Gerade das Trinken ist auf Wanderungen wichtig. Doch sollte man aus Rücksicht zur Natur und sich selbst zuliebe auf Einwegflaschen aus Plastik verzichten und lieber seine eigene wiederverwendbare Trinkflasche mitnehmen.

03 Kein Verpackungsmüll: Die Verpflegung für den Hunger zwischendurch ist mindestens genauso wichtig wie das Trinken. Brotdosen bieten sich zum Transport von Proviant an. Alternativ kann man einfach alles in ein Bienenwachstuch einwickeln.

04 Sportausrüstung leihen: Gerade beim Ausprobieren einer Sportart muss nicht gleich alles neu gekauft werden, was dann vielleicht im Keller landet. Manche Ausrüstungsgegenstände können auch erst einmal ausgeliehen werden. Auch ist es nicht notwendig, jedes Jahr ein neues Outfit zu kaufen. Achtet ihr schon beim ersten Kauf auf Qualität, macht sich das bemerkbar, denn qualitativ hochwertigere Produkte begleiten uns oft jahrelang.

05 Weniger ist mehr: Oft findet sich die schönste Natur in unmittelbarer Nähe. So muss es nicht immer die weit entfernte Gebirgskette sein. Auch Ziele, die aufgrund ihrer Bekanntheit an Wochenenden und in den Ferien total überlaufen sind, freuen sich über ein paar Besucher weniger. Weniger bekannte Ziele haben auch ihren Reiz und warten nur darauf, entdeckt zu werden.

Endlich Familienzeit

Karl-Kapferer-Straße 5, A-6020 Innsbruck

1. Auflage 2024 (24.01)
Verlagsnummer 3544
ISBN 978-3-99154-103-5

Konzept und Bildnachweis

Konzept & Gestaltung: © KOMPASS-Karten GmbH

Text: KOMPASS-Karten AutorInnen (s. Klappe)

Projektleitung: Jeff Reding

Grafische & Kartografische Herstellung:
© KOMPASS-Karten GmbH

Kartengrundlage: © KOMPASS-Karten GmbH unter Verwendung von OpenStreetMap Contributers (www.openstreetmap.org)

Titelbild: Herbstlicher Spaziergang mit Kindern;
© Halfpoint - stock.adobe.cwom

Cover Rückseite: Fröhliche junge Familie draußen;
© Василий Солдатов - stock-adobe.com

Weiterer Bildnachweis:
S.2 © Ralf - stock.adobe.com
S.8, 9 © AVTG - stock.adobe.com
S.15 © turtles2 - stock.adobe.com
S.18 © Halfpoint - stock.adobe.com
S.21 © zauberblicke - stock.adobe.com
S.22 © Sergii Mostovyi - stock.adobe.com
S.24 © serkat Photography - stock.adobe.com
S.27 © München Tourismus, Luis Gervasi
S.31, 43, 75, 83, 131, 139, 161, 163, 165, 197 © Siegfried Garnweidner
S.35 © Elena Odareeva - stock.adobe.com
S.39 © franke 182 - stock.adobe.com
S.47, 51 © Flo Reindl - stock.adobe.com
S.55 © Bianca Hübner
S.59 © 2019 Anja Vlasblom stock.adobe.com
S.61 © Luisa Fumi
S.63 © Daniel stock.adobe.com
S.67 © Foto Deutsches Museum
S.71 © satura_ - stock.adobe.com
S.73 © Michael Eichhammer - stock.adobe.com
S.77 © Havrilex - stock.adobe.com
S.79 © wWeiss Lichtspiele - stock.adobe.com
S.87 © Rufus46 stock.adobe.com
S.91 © Tanja Tilch - stock.adobe.com
S.95 © Frank Lambert - stock.adobe.com
S.101 © Michael Eichhammer - stock.adobe.com
S.103 © Pablo - stock.adobe.com
S.105 © Siegfried Garnweidner
S.109 © wojciech nowak - stock.adobe.com
S.111 © Kamzoom - stock.adobe.com
S.113 ©European Southern Observatory
S.117, 121, 135 © Jürgen Nickel - stock.adobe.com
S.119 © jwan - stock.adobe.com

S.125 © Tomaz Kunst - stock.adobe.com
S.129 © Himmelswiese - stock.adobe.com
S.133 © ah_fotobox - stock.adobe.com
S.137 © turtles2 - stock.adobe.com
S.141 © mmphoto - stock.adobe.com
S.143 © Uwe - stock.adobe.com
S.145 © lichtblick89 - stock.adobe.com
S.149 © H. Rambold - stock.adobe.com
S.153 © Xia - stock.adobe.com
S.155 © Markus - stock.adobe.com
S.157 © Natalie Lutz - stock.adobe.com
S.159 © frangipani.s - stock.adobe.com
S.167 © Gilbert - stock.adobe.com
S.169 © LegusPic - stock.adobe.com
S.171 © LegusPic - stock.adobe.com
S.173 © Flughafen Muenchen GmbH
S.177 © Felix - stock.adobe.com
S.179 © Xia - stock.adobe.com
S.181 © Samuel Gumberger - stock.adobe.com
S.185 © ARochau - stock.adobe.com
S.187 © Flamingo Images - stock.adobe.com
S.189 © Robbeld - stock.adobe.com
S.191 © Robbeld - stock.adobe.com
S.193 © Anastasiia - stock.adobe.com
S.195 © Kzenon - stock.adobe.com
S.199 ©Peter Maszlen - stock.adobe.com
S.201 © Ina Ludwig - stock.adobe.com
S.203 © Jenny Sturm - stock.adobe.com
S.204 © Studio Romantic - stock.adobe.com
S.207 © aero-pictures.de - stock.adobe.com
S.208 © frangipani.s - stock.adobe.com
S.209 © TomRoarMadland - stock.adobe.com
S.210 © Halfpoint - stock.adobe.com

Alle Angaben und Routenbeschreibungen wurden nach bestem Wissen gemäß unserer derzeitigen Informationslage gemacht. Die Wanderungen wurden sehr sorgfältig ausgewählt und beschrieben, Schwierigkeiten werden im Text kurz angegeben. Es können jedoch Änderungen an Wegen und im aktuellen Naturzustand eintreten. Wanderer und alle Kartenbenützer müssen darauf achten, dass aufgrund ständiger Veränderungen die Wegzustände bezüglich Begehbarkeit sich nicht mit den Angaben in der Karte decken müssen. Bei der großen Fülle des bearbeiteten Materials sind daher vereinzelte Fehler und Unstimmigkeiten nicht vermeidbar. Die Verwendung dieses Führers erfolgt ausschließlich auf eigenes Risiko und auf eigene Gefahr, somit eigenverantwortlich. Eine Haftung für etwaige Unfälle oder Schäden jeder Art wird daher nicht übernommen. Für Berichtigungen und Verbesserungsvorschläge ist die Redaktion stets dankbar. Korrekturhinweise bitte an folgende Anschrift:

KOMPASS KARTEN GMBH
Karl-Kapferer-Straße 5, A-6020 Innsbruck
www.kompass.de/service/kontakt

MIX
Papier | Fördert gute Waldnutzung
FSC® C147178

Deine Orientierung

Hallo!
Ich bin deine Anleitung, wie du zu den GPX-Tracks aus deinem neuen Buch kommst. Damit kannst du dir die Route in Outdoor-Apps und Navigationsgeräte laden. Scann den QR-Code oder gehe auf folgende Webseite:

www.kompass.de/gpx

Für Navigationsgeräte und Apps haben wir auf unserer Webseite alle Touren im GPX-Format zum Download bereitgestellt:
Hier findet man alle weiteren Informationen. Einfach das richtige Produkt auf der Seite auswählen, die Daten herunterladen und auf das Zielgerät oder in die gewünschte App importieren.

Was ist ein GPX-Track? GPX ist ein Datenformat für Geodaten. Das Wort GPS steht für Global Positioning System (Globales Positionsbestimmungssystem). Mit einem GPX-Track bekommt man die rote Linie, also den Wegverlauf, als geografische Koordinaten.